공개입양가족의 적응
—한국입양홍보회에 대한 문화기술지

공개입양가족의 적응

―한국입양홍보회에 대한 문화기술지

권 지 성

사회복지
전문출판 나눔의집

이 책은 필자의 박사학위논문을 새로 엮어 펴낸 것이다. 학위논문을 쓰는 오랜 고통의 과정을 마친 대부분의 연구자들이 논문을 마치면서 생각하게 되는 것은 다시는 이 논문을 보지 않으리라는 것과 다른 사람들 또한 이 논문을 보지 않았으면 하는 바람일 것이다. 그것은 아마도 자기 논문의 결함을 다른 누구보다도 잘 알고 있기 때문일 것이고 그 부족한 부분을 해결하지 못한 아쉬움도 한 몫을 할 것이다. 아마도 또 다른 어떤 연구자들은 자기의 논문이 완벽하다고 생각하기는 하지만 겸손의 미덕 때문에 다른 사람들에게 그런 식의 말을 할지도 모르겠다.

필자는 물론 전자의 경우이다. 박사학위논문을 마치면서, 심사를 통과하기는 했지만 많이 부족하다는 것을 알고 있었고 그래서 좀더 노력했더라면 하는 아쉬움을 한숨으로 환기하기도 했다. 그리고 바로 그런 이유로 다른 사람들, 특히 동료 연구자들에게 논문을 주면서 늘 망설여야만 했다. 그럼에도 불구하고, 필자는 그렇게 부족한 논문을 별로 고치지도 않은 채로 책으로 내기로 결심했다. 그에 대한 변명들은 다음과 같다.

먼저 가장 큰 이유는 공개입양을 활성화하는 데 기여해야 한다는 사명감 때문이다. 필자는 논문을 쓰면서 공개입양이 바람직하다는 신념을 갖게 되었다. 그리고 필자 스스로도 멀지 않은 미래에 공개입양을 하고자 한다. 이 책이 담고 있는, 달리 말하면 필자의 박사학위논문이 담고 있는 주된 내용은 공개입양가족의 생활에 대한 이야기이다. 필자는 문화기술지라는 질적 연구접근을 통해 공개입양가족들의 자조모임인 한국입양홍보회를 이해하고자 하였다. 1년이 넘는 기간에 걸쳐 참여관찰과 심층면접을 하였고 그 결과 공개입양가족들이 전통문화에 대한 도전을 통해 하나의 가족을 이루어가는 과정을 볼 수 있었다. 결론을 이야기하자면, 공개입양은 바람직하면서도 불가피한 대안이다. 왜 그러한지는 이 책을 끝까지 보면 알게 될 것이다. 필자는 공개입양이나 공개입양가족을 미화하려 하지 않았다. 그들의 삶을 있는 그대로 보여주고자 했다. 따라서 어떤 사람들은 이 책을 보고나서도 입양과 공개입양을 망설이게 될 것이다. 그러나 필자가 하고 싶은 말은 '더 행복해 지기 위해 도전하라!'는 것이다.

두 번째 이유는 필자가 칭찬에 약하다는 점을 들어야겠다. 박사학위논문을 마치기 전과 마친 후에 주위의 많은 사람들−사회복지학을 전공하는 동료 연구자들과 비전공자들을 모두 포함한−에게 논문을 주었는데, 그중에서 꽤 많은 사람들이 필자의 논문을 '재미있게' 읽었다는 평을 해주었다. 본디 박사학위논문이란 전공지식들로 가득 차 있어서 일반인들이 읽기에는 부담스러운 법인데, 사회복지학을 전공하지 않은 일반인들이 '재미있게' 읽었다면 논문이 쉽게 쓰여졌다는 의미가 아니겠는가! 그것이 바로 필자가 논문을 거의 고치지 않고 그대로 책으로 내는 이유이도 한 것이다. 또 몇몇 사람들은 '눈물을 흘리면서' 이 논문을 읽었다고까지 말해 주었다. 그리고 그들은 이 논문을 책으로 내는 게 어떠냐는 조언을 하기도 했다. 그네들의 조언이 이 책을 펴내게 된 또 하나의 강력한 동기가 된 것이다.

그런데 이제 다시 진심으로 겸손해져야 할 때가 된 것 같다. 위에서 밝힌 것처럼 몇몇 사람들이 눈물을 흘리게 된 것은 필자의 글솜씨 때문이 아니라 공개입양가족들의 삶 자체가 감동적이기 때문이라는 것을 필자 스스로가 누구보다도 더 잘 알고 있다. 그래서 그런 칭찬을 들을 때마다 정말 민망하기 짝이 없었다. 필자는 공개입양가족들을 만나면서 삶을 살아가는 새로운 관점을 배우게 되었고 그것을 논문의 독자들과 나누고 싶었다. 이 책을 통해 더 많은 사람들과 그 생각을 나누고 싶고 앞에서 밝힌 것처럼 이 땅에서 입양과 공개입양이 더욱 활성화되기를 바란다.

많은 질적 연구 책들을 읽어보면 이런 식의 표현이 자주 눈에 띈다. '진실은 연구자가 찾아내는 것이 아니라 연구자에게 드러나는 것이다'. 겉으로 보기에는 연구자가 새로운 무언가를 찾아낸 것 같지만 사실은 그 무언가가 연구자에게 가르쳐준 것이다. 필자에게 위대한 가르침을 준 공개입양가족들에게 다시 한 번 감사드린다. 2004년 8월 논문을 마치고 1년이 넘은 지금도 관계를 유지하고 있는 그 분들과의 인연이 평생 계속되기를 바란다.

그리고 논문을 쓰는 과정에서 도움을 준 수많은 사람들과 내 삶의 근원이신 하나님, 사랑하는 가족들, 끊임없이 지지해주고 격려해주는 사랑하는 아내와 아들 시온이에게도 고마운 마음을 전하고 싶다. 마지막으로 여러 가지 위험부담을 안고서도 이 책을 출판하기로 결심하고 지지해주신 나눔의집 관계자분들에게도 감사드린다.

2005년 12월
권 지 성

목 차

제1장 서 론

제1절 문제 제기

입양은 생물학적 과정을 통해서가 아니라 법적, 사회적 과정을 통해 부모자녀관계를 형성하는 것이다(Kadushin, 1980). 즉, 입양 가족은 법적, 사회적 과정을 거쳐 '가족'으로 형성된다. 법적 과정은 입양과 관련된 법률에 의해 정해진 절차를 따라 진행되며, 이 절차를 무사히 마치면 '합법적인' 가족이 되는 것이다. 사회적 과정은 사회의 다른 구성원들로부터 가족으로 인정받는 과정을 말한다. 합법적인 절차를 거쳐 가족이 되었더라도 사회적인 인정을 받지 못하면 가족으로 살아가기 어려운 경우가 많다. 한편, 가족이라는 말에는 정서적인 관계의 의미가 포함되어 있다. 즉, 가족은 친밀감과 애착으로 대표되는 감정적인 유대를 가지고 있어야 하며, 감정과 생각들을 나눌 수 있어야 한다. 따라서 입양 가족은 법적, 정서적, 사회적인 관계를 형성하고 있어야 하나의 가족으로 기능할 수 있다.

그런데 한국 사회에서 입양 가족은 이러한 측면들을 모두 갖추기 어렵다. 비밀입양 전통이 만연해 있는 현실에서 상당수의 입양 가족들은 공식적인 입양 절차를 거치지 않고 불법적인 과정을 통해 입양을 한다. 또한 혈연중심의 전통적인 문화로 인해 입양 가족은 사회로부터 진정한 의미의 가족으로 인정받지 못해왔다. 그리고 비밀입양이 대부분인 입양 가족들은 가족 내에서 입양 사실을 비밀로 해야 했기 때문에 개방적인 의사소통을 하는데 어려움을 겪어 왔으며, 가족 구성원들이 겪는 정서적인 어려움을 가족 내에서 나누거나 외부에 드러낼 수 없었다.

한국의 입양 가족들이 이러한 어려움들을 겪고 있다는 것은 입양 기관의 상담 사례를 통해 조금씩 알려졌으며 언론을 통해서 일반적으로 인식되어 왔다. 이러한 인식들은 다시 입양에 대한 사회적 편견으로 굳어져서 입양 가족들이 자신의 어려움을 해결하는 데 장애가 되어 왔다.

1954년 현대적 의미의 입양이 시작된 이래로 그동안 입양법을 통해 공식적으로 국내외로 입양된 아동은 약 21만명 정도이며, 그 중 국내에서 입양된 아동은 6만여 명에 이르는 것으로 보고되었다(보건복지부, 2001). 공식적인 입양 인구가 전체 인구에서 차지하는 비율은 그리 높지 않지만, 비공식적인 입양 인구와 그 가족들의 수를 고려하면 전체 인구에서 입양과 관련된 인구(입양아동, 입양부모, 친생부모 등 입양의 세 당사자[1])와 그들의 확대가족을 포함한)의 비율은 상당히 높을 것으로 추정된다.

입양이 주위에서 어렵지 않게 경험할 수 있는 현상임에도 불구하

---

1) 본 연구에서는 입양의 세 당사자들에 대한 명칭을 입양부모, 입양아동, 친생부모로 통일했다. 법률에 의한 공식적인 명칭은 각각 양부모, 양자, 친부모이지만, 본 연구가 문화기술지 연구라는 점에서 연구참여자들이 사용하는 명칭을 그대로 사용하기로 했다.

고 입양의 당사자들에 대한 실천적, 이론적 관심은 매우 적은 편이었다. 이는 일차적으로 한국의 가족문화에 뿌리를 둔 비밀입양 전통 때문이라고 할 수 있으며, 해외입양 중심의 입양 실무에도 그 책임이 있다. 즉, 대부분의 입양가족들은 입양사실이 공개되는 것을 두려워하여 법적인 사후관리 기간만 지나고 나면 연락을 끊고 심지어 다른 지역으로 이사를 가는 경우도 많았으며, 입양기관들도 주로 해외입양에 주력하여 서비스를 제공하다 보니 국내입양을 활성화한다거나 국내 입양가족들에게 서비스를 제공하는 일에는 소홀했던 것이다. 결국 입양 실무자들도 입양 가족이 입양 이후 어떻게 적응하며 살고 있는지 알 수 없었고, 이론적인 연구들은 더욱 이루어질 수 없었다.

그런데 최근 공개입양의 활성화를 목적으로 하는 공개입양부모모임 등을 통해 입양가족들의 모습들이 매스컴에 자주 등장하고 보도되면서 입양에 대한 사회적 인식이 조금씩 변화되어 가고 있고, 입양과 관련된 문제들도 스스로 또는 입양기관과의 협력을 통해 해결해 가려는 움직임을 보이고 있으며, 이들을 중심으로 입양가족의 적응을 파악하려는 연구가 다수 이루어지고 있다.

이러한 상황에서 본 연구는 이들 공개입양가족들을 대상으로 하여 적응의 의미와 적응과정을 파악하고자 하였다. 특히, 적응의 의미는 공개입양가족들이 경험하는 주관적 의미를 파악하였다. 그동안 서구 사회, 특히 미국에서 이루어진 입양에 관한 연구들에서는 입양 아동과 입양 부모 각각을 대상으로 하여 심리사회적인 적응의 정도를 측정하였다. 그 결과 초기 연구들에서는 입양아동들이 심리정서적 문제, 행동문제, 사회적 적응문제에서 일반아동들보다 높은 비율을 나타내는 것으로 조사되었고, 입양부모들도 불임과 관련된 자존감 손상, 상실감, 불안, 부부관계에 있어서의 문제, 양육 스트레스 등을 경험하고 있는 것으로 나타났다(김현용 외, 1997; Barth & Berry, 1988; Partridge et al., 1986).

그러나 최근의 연구들에서는 이러한 초기의 연구결과들이 실제보다 과장된 것이라고 주장한다. 최근의 많은 연구들에서 입양아동과 일반아동들간에 적응의 차이가 없는 것으로 보고되고 있고, 오히려 입양아동이 더 높은 수준의 적응을 보이는 경우도 있었다. Bohman과 Sigvardsson(1990)의 종단적 연구에서는 어린 시절 입양아동들에게서 발견되는 각종 문제들조차도 단기적인 현상인 경우가 많아 뒤이은 사후조사에서는 더 이상 나타나지 않는 것으로 조사되고 있고, 입양인의 전생애를 거쳐서 볼 때 이러한 문제를 극복하는 과정이 오히려 적응에 긍정적인 영향을 끼치는 것으로 나타났다.

이러한 연구결과들을 종합해 보면, 일반적인 인식과는 달리 입양가족들과 비입양가족들간에 적응에 있어서 유의미한 차이는 없는 것으로 볼 수 있다. 그러나 의문시되는 것은 우리나라의 현실에서도 과연 그러한가 하는 것이다. 공개입양이 일반화되어 있고 입양에 대한 인식 또한 비교적 긍정적인 서구와는 달리, 비밀입양이 입양실무의 주를 이루고 입양에 대해서도 부정적인 태도가 만연해 있는 우리나라에서는 입양가족들이 '적응'해 가는 것이 상당히 힘든 과정인 것으로 보인다. 더 중요한 문제는 우리가 국내 입양가족들의 적응에 대해 전혀 알고 있지 못하다는 것이다. 따라서 연구자는 우리나라의 공개입양가족들이 주관적으로 인식하는 적응의 의미를 이해하고자 하였다.

또한, 본 연구는 국내 공개입양가족의 적응과정에도 관심을 가지게 되었다. 앞서의 연구들에서 입양가족의 적응수준에 대해서는 많은 논란이 진행되고 있지만, 입양 자체와 그 이후의 입양과 관련된 이슈들이 입양가족에게 특정한 스트레스를 주고 있다는 점에 대해서는 대부분 동의하고 있다. 특히 입양가족의 부모들은 입양아동에게 입양사실을 말해주기 전과 말해주는 과정에서 큰 스트레스를 경험하고, 입양아동들도 자신의 입양사실을 듣게 된 후 상실감과 그로 인한 스트레스를 경험하는 것으로 알려져 있다. 이러한 부분들은 입양아동에게 입양사실을 공개하는 공개입양가족들에게서만 파악될 수 있는 것인데, 문화적 맥락을 고려할 때, 국내 공개입양가족들이 이러한 스트레스나 어려움에 대처하는 과정에는 다소 차이가 있을 것으로 가정하였다. 따라서 연구자는 본 연구에서 공개입양가족들이 적응해 가는 과정을 파악하고자 하였다.

그동안 국내에서도 입양에 대해 적지 않은 연구가 이루어졌다. 그러나 대부분의 연구들이 입양과 관련된 법과 제도, (사후관리)서비스 등에 초점을 맞추고 현재의 실태를 파악하여 개선점을 제안하는 데 그치고 있으며, 입양가족의 적응을 다루고 있는 연구들은 주로 해외 입양인을 대상으로 하여 다른 인종과 문화를 가진 가정에서의 적응 문제 또는 이들의 뿌리찾기 이슈를 다루고 있다(이미선, 2001; 박인선, 1994; 허남순, 1985). 국내입양인들을 대상으로 한 연구로는 박미현(1994)의 연구가 유일한데, 이 연구는 파양사례들만을 다루고 있고 연구방법에 있어서도 입양기관의 사례기록에 의존하고 있어 전체 입양가족들의 적응을 다루는 데는 제한점이 많다.

한편, 최근 입양가족을 대상으로 한 연구들이 이루어졌는데, 윤현선(2001)은 국내입양부모의 사회적 지지와 부모역할 수행 자신감, 가족적응력간의 관계를 분석하였으며, 이현정(2002)은 입양형태에 따른 입양부모의 양육경험을 질적으로 분석하였고, 김영화(2002)는 국내입양가족의 가족기능을 분석하였다. 이들 연구가 입양가족을 이해하는 데 도움을 주기는 하였지만 윤현선과 김영화의 연구는 양적 분석을 함으로써 입양가족의 관점에서 입양가족의 적응을 이해하는 데는 한계가 있고, 이현정의 연구는 입양가족의 관점에서 이루어지기는 했으나 주로 입양가족이 경험하는 어려움과 욕구에 초점을 두었다는 점에서 입양가족의 적응과 그 과정을 이해하는 데는 한계가 있다. 이상과 같이 국내 연구들은 공개입양가족의 적응의 의미와 적응과정을 파악하지 못하고 있다.

따라서 본 연구는 공개입양가족들의 적응의 의미와 적응과정을 이해하고자 하였으며, 이를 위해 국내 공개입양가족들의 자조모임인 한국입양홍보회를 대상으로 문화기술지 연구를 수행하였다. 본 연구를 통해 국내 공개입양가족의 적응의 의미와 적응과정을 파악함으로써, 입양가족의 심리사회적 적응을 도울 수 있는 개입방향과 개입방법들을 제시하고자 하였다.

제 2 절 연구문제

본 연구의 목적은 국내 공개입양가족들이 일상생활 속에서 경험하는 적응의 의미와 적응과정을 이해하고자 하는 것이다. 이러한 연구목적을 달성하기 위한 연구문제는 다음과 같다.

국내 공개입양가족들이 경험하는 적응의 의미와 적응과정은 어떠한가?

제 2 장 문헌고찰

제 1 절 입양가족의 적응

적응이란 개인과 환경간의 관계를 나타내는 개념으로 "개인이 그의 일생동안 생존과 성장, 생산적 기능들을 충족하기 위해 그의 환경과의 적합성을 성취하기 위한 적극적 노력"이라 할 수 있다(Germain, 1979). Lazarus(1977)는 적응은 두 가지 종류의 과정, 즉 주어진 환경에 자신을 맞추는 과정과 자신의 욕구를 충족시키기 위해 환경을 변화시키는 과정으로 구성되어 있으며, 개체와 환경의 두 개념을 포함하는 적응은 단순히 환경의 요구에 수동적으로 일치시키는 소극적 의미뿐만 아니라 개체와 환경간의 역동적인 관계를 파악하여 현실적인 목표를 세우고 이를 적극적으로 달성해 나가는 과정으로 이해해야 한다고 주장하였다(오승환, 2001에서 재인용).

입양가족의 적응은 이러한 개념보다 복합적인 의미를 가지고 있다. 왜냐하면 입양은 단순히 어느 한 대상자의 문제를 해결하기 위한 일차원적인 방법이 아니라 동시에 여러 당사자가 참여하게 되는 복잡한 실천활동이기 때문이다. 따라서 입양이 원래의 목적대로 잘 이루어졌는가를 평가하기 위해서는 입양의 당사자들 모두가 잘 적응하고 있는지를 평가해야 할 것이다.

그러나 그동안 입양에 있어서의 적응은 주로 입양아동을 대상으로, 임상적 집단과 비임상적 집단 각각에 대해, 부적응의 차원에서 이루어졌다. 연구 결과들을 정리해 보면, 어떤 연구들에서는 입양아동들이 비입양아동들에 비해 더 많은 심리정서적, 행동적, 사회적, 학업상의 문제들을 경험하고 있는 것으로 나타난 반면, 또 다른 많은 연구들에서는 입양아동 집단과 비입양아동 집단간에 차이가 없는 것으로 나타났다.

한편, 입양아동에 대한 최근의 연구들은 입양아동이 일반 인구집단과 다른가 또는 얼마나 다른가에 대한 연구를 넘어서서 그러한 패턴이 왜 존재하는가에 대한 이론적 탐색으로 옮겨가고 있다(Slobodnik, 1996).

지금까지 입양아동의 적응을 설명하기 위해 사용된 이론적 관점은 매우 다양한데, Brodzinsky(1990)는 대상관계이론, 애착이론, 사회역할이론, 생물학적 관점 등으로 기존 이론들의 설명을 정리하고 자신의 스트레스 대처 모델을 제시하고 있다. Currier(1991)는 애착이론, 상실이론, 심리사회 이론, 입양부모 갈등이론, 대처유형이론, 가족체계이론 등을 제시하였으며, Slobodnik(1996)은 정신분석 이론을 기반으로 한 대상관계이론과 애착이론, 스트레스 대처 이론, 입양관계이론, 그리고 가족수명주기와 관련된 이슈들을 검토하였다.

이 이론들 중에서 생물학적 관점, 정신역동 이론 등은 경험적 근거가 부족하여 많은 지지를 받지 못하고 있으며, 스트레스 대처 이론은 상실이론과 사회역할이론을 통합하여 설명하고 있다. 따라서, 지금까지의 연구결과들을 종합해 보면 애착이론과 가족체계이론, 스트레스 대처 이론이 입양아동의 적응을 잘 설명하고 있는 것으로 볼 수 있다.

한편, 본 연구는 전체 입양가족 중 공개입양을 지향하는 가족의 적응에 관심을 두고 있으며, 특히 입양아동에게 입양사실을 공개한 이후 입양가족이 적응해 가는 과정에 초점을 두고 있다. 그런데 애착이론이 주로 영아기 아동의 양육자와의 분리로 인한 애착관계 상실과 그로 인한 부적응에 초점을 두고 있고, 가족체계이론이 전반적인 가족구조와 가족기능이 적응에 미치는 영향에 초점을 두고 있다는 점을 고려하면, 이 두 이론은 입양사실 공개와 관련된 이슈들을 다루기에는 불충분하다. 또한 스트레스 대처 이론은 입양과 관련된 상실을 스트레스의 원천으로 보고 이에 대처하는 과정에 초점을 두고 있는데, 이러한 상실감이 입양사실 공개로부터 시작된다는 점을 고려하면 입양아동의 적응을 설명하는 데는 적절하지만, 입양가족 전체의 적응을 이해하는 데는 역시 불충분하다.

입양이 성공적으로 이루어졌는지를 보기 위해서는 입양아동의 적응과 함께 입양부모를 포함한 다른 입양가족 구성원들의 적응을 살펴보아야 할 것이다. 왜냐하면, 입양부모 또한 입양의 당사자로서 입양으로 인해 영향을 받게 되고, 또한 입양부모의 적응이 입양아동의 적응에도 영향을 미치게 되기 때문이다(Lawton & Gross, 1964; Currier, 1991). 입양부모의 적응에 대해서도 다수의 연구들이 이루어졌는데, 역시 연구 결과들을 정리해 보면, 입양부모, 특히 불임으로 인한 입양부모들은 입양 전후에 불안감, 상실감, 부모로서의 효능감, 부부관계, 양육 스트레스 등의 차원에서 부적응의 문제들을 경험하는 것으로 나타났다(김현용 외, 1997; Barth & Berry, 1988; Partridge et al., 1986).

한편, 기존 연구에서 입양가족의 적응과정은 주로 입양아동의 발달단계에 따라 상실과 관련된 이슈들을 다루는 방식을 중심으로 기술되었다.

친생부모에 의한 영아의 포기와 이후의 입양 자체가 유아의 경험에서 상실감을 발생시키는 것은 아니다. 아동의 일차적 애착이 입양가족에서 형성되는 전통적 입양(즉, 유아기 입양)에서는, 상실감이 서서히 나타나며 전형적으로는 초등학교 때까지 나타나지 않는다. 학령전, 대부분의 입양부모들이 아동에게 입양에 대한 정보를 공개하기 시작할 때 그러한 정보에 대한 즉각적이고 반항적인 반응에 대한 증거는 거의 없다. 사실, 어린 입양아동들은 종종 입양에 대해 매우 긍정적인 관점을 갖는데(Singer, Brodzinsky, & Braff, 1982), 이는 가정환경의 영향과 아동의 제한된 인지능력에 근거하는 것으로 볼 수 있다.

그러나 아동이 초등학교에 들어가면, 입양 적응에 유의미한 영향을 미치는 많은 중요한 변화들이 일어나게 된다. 이 발달기간동안(피아제의 구체적인 단계에 관련된) 아동은 세상에 대한 접근에 있어서 점차 반영적, 분석적, 계획적, 논리적이 되어간다. 인지적 그리고 사회적-인지적 합리화에 있어서의 이러한 성장의 일부로서, 입양에 대한 아동의 지식은 중요한 변화를 경험하게 된다. 아동은 가족으로 들어가는 대안적인 방법으로서 입양과 출생간을 분명하게 구별할 수 있을 뿐 아니라 입양된 것의 의미에 대한 새로운 통찰을 얻게 된다. 예를 들어, 학령전 아동들은 함께 사는 사람들이라는 의미에서 가족을 정의하지만, 초등학생 아동들은 대부분 가족 구성원들을 혈연(즉, 생물학적) 관계를 나눈 사람으로 본다(Pederson & Gilby, 1986; Piaget 1964). 이러한 가족에 대한 새로운 관점은 아동과 입양부모간의 생물학적 연결성의 부족에 대한 인식과 이해를 증가시키는 한편, 아동 측에서의 혼란과 스트레스를 발생시키며, 가족 내에서의 안전감과 영구성에 대한 인식을 해치게 된다(Brodzinsky, Singer, & Braff, 1984; Brodzinsky et al., 1986).

이 시기에 나타나는 입양에 대한 새로운 통찰은 아동의 포기에 대한 인식이다. 학령전 아동은 일차적으로 부모에 의해 입양된 것-즉, 새로운 가족에 편입되는 것-에 초점을 두는 경향이 있다. 이러한 초점은 가족 형성의 측면을 강조하고 친생부모의 아동 양도와 관련된 측면들을 최소화하는 대부분의 입양부모들이 제시하는 이야기 특성과 일치하는 것이다. 그러나 아동이 인지적으로 성숙해짐에 따라 이들의 논리적 호혜성에 대한 이해 능력은 깊은 통찰을 가능하게 한다. 즉, 입양되기 위해서 우선 포기되거나 버려져야 한다는 것을 알게 된다. 따라서 초등학교 연령의 아동들은 입양을 가족 형성의 의미뿐만 아니라, 가족 상실의 의미로도 보게 된다.

아동의 입양과 관련된 상실감은 많은 행동적, 정서적, 태도적 변화를 동반한다. 우선, 아동은 입양을 더 이상 긍정적인 관점에서 보지 않는다. Singer 등(1982)에 의하면, 8살 때까지 대부분의 입양아동들은 입양된 것에 대해 상당한 양가감정을 경험한다. 이러한 태도적 변화에 더하여, 많은 전문가들은 이 시기동안 많은 입양아동들에게 나타나는 분노, 공격성, 저항 행동, 말없음, 우울, 자아상 문제 등에 있어서의 증가를 지적해 왔다(Brinich, 1980; Brodzinsky, 1987; Nickman, 1985). Brodzinsky(1987)는 이러한 행동적, 정서적 패턴이 입양의 애도과정을 반영하는 것으로, 사람들이 의미있는 무언가를 잃었다는 인식에 대한 반응이라고 하였다.

청소년기에 들어가면, 상실감은 더욱 깊어진다. 상실의 경험은 더 이상 친생부모에만 제한되지 않는다. 더 높은 수준의 인지적 기능의 발달과 함께 청소년들은 정체감의 측면에서 상실을 재평가하기 시작한다. 이 시기에 유전적 계통에 대한 연결성의 상실뿐만 아니라 자아에 대한 상실을 경험하게 된다. 이러한 새로운 상실들은 애도 과정에 관련된 행동적, 정서적 반응들에 기여한다.

이러한 상실에 대한 적응과정을 입양아동만 경험하는 것은 아니다.

입양부모들도 입양이전부터 여러 가지 상실과 관련된 경험들을 하게 된다. 입양부모들의 대부분이 불임으로 인해 입양을 선택하고 있는 상황을 고려할 때, 특히 이들의 상실감에 주목할 필요가 있는데, 불임입양부모들은 친생자녀를 갖지 못하게 되는 친생자녀에 대한 상실 외에 자녀를 가질 것이라는 환상의 상실, 친생자녀가 없게 됨으로 인한 유전적인 지속성에 대한 상실, 자녀를 생산할 수 있는 개인으로서의 자신에 대한 이미지 상실, 임신과 출산에 대한 경험의 상실, 모유를 수유할 수 있는 경험의 상실, 가족생활주기 단계에서 다음 단계로 넘어갈 수 있는 기회의 상실, 자녀를 통한 인간관계의 상실, 자녀양육경험의 상실 등을 경험할 수 있다(Conway & Valintine, 1988) 불임부부는 이러한 상실에 대한 자신들의 감정을 인정하고 이해하여 애도하는 과정을 거쳐야만 결혼관계나, 직업에 대한 기능, 전반적인 건강, 복지 등에 악화를 초래하지 않게 된다(배태순, 1998).

앞서 살펴본 것처럼, 입양아동과 입양부모 각각의 적응에 대한 연구는 상당한 정도로 이루어졌지만, 입양가족 전체의 적응을 다룬 연구는 찾아보기 힘들다. 이는 대부분의 연구들이 입양아동의 적응을 설명하기 위한 한 요인으로만 입양부모와 입양가족의 적응을 살펴보고 있기 때문이다. 본 연구에서는 기존 연구의 한계를 극복하기 위해 입양아동이나 입양부모 중 어느 한 당사자가 아니라 새로 구성된 하나의 체계로서 입양가족의 적응을 살펴보고자 하였다.

또한 기존 연구에서는 입양이나 입양사실의 공개를 스트레스원으로서의 생활사건으로 보고 이에 대처한 결과를 적응적 결과로 규정하는 외부자 관점을 가지고 현상을 분석하고자 하였다. 그런데 이러한 외부자 관점은 현상의 본질적 의미를 파악하는 데는 한계가 있다. 따라서, 본 연구에서는 먼저 입양가족의 관점, 즉 내부자 관점에서 적응의 의미를 파악하고, 이에 대해 외부자 관점에서 다시 해석하고 분석하였다.

입양가족의 적응과정에 대해서도, 기존 연구들은 입양아동의 발달단계에 따라 입양아동과 입양부모 각각의 당사자들이 경험하는 적응과정을 살펴보았는데, 본 연구에서는 입양아동과 입양부모가 모두 포함된 한 단위로서 입양가족이 적응해 가는 과정을 살펴보고자 하였으며, 이 또한 입양가족들 자신의 내부자 관점에서 이해하고자 하였다.

제 2 절   국내 공개입양의 문화적 의미

입양이란 친부모로부터 아동의 현재와 미래에 대한 모든 권리와 의무가 소멸되고, 행정적·법적 권한에 의해 혈연관계가 없는 타인에게 양육의 권리와 의무가 이양되는 것을 말한다(Kadushin, 1980).

위의 정의는 입양의 법률적인 의미를 주로 다루고 있다. 그런데 입양의 의미가 이렇게 단순한 것은 아니다. 입양은 입양 당사자들이 가지고 있는 심리적인 측면에서의 의미와 함께 사회적, 문화적인 의미를 모두 가지고 있다. 그동안 국내에서 이루어진 많은 입양관련 연구들과 문헌들도 이러한 의미들을 다루고 있으며, 특히 문화적인 의미를 공통적으로 다루고 있다. 그런데 이러한 대부분의 문헌들이 제시하는 것은 '한국의 전통적인 문화, 특히 혈연중심의 가족주의 문화가 국내입양의 활성화를 저해한다'는 것이었다(보건사회부, 1991; 장인협·오정수, 1993; 배태순, 1998). 물론 이러한 진술은 정당한 것으로 볼 수 있다. 그런데 대부분의 연구들은 그러한 한국의 문화가 구체적으로 어떤 것인지, 그리고 이러한 문화가 입양과 입양가족들에게 어떤 영향을 미치는지에 대해서는 밝히지 않고 있다.

　여기에서는 국내 공개입양과 관련된 한국의 문화적 측면들을 살펴
보고, 이러한 문화가 국내 공개입양과 입양가족들에게 어떠한 영향을
미치는지 검토하고자 하였다. 구체적으로 말하면, 혈연중심의 전통적
인 가족문화와 입양 가족문화를 살펴보고, 이와 관련하여 해외입양과
국내입양의 문화적 의미를 검토한 후, 입양과 관련하여 오랜 문화적
전통이 되어버린 '비밀입양'과 새로운 대안문화로 등장하고 있는 '공
개입양' 간의 관계를 살펴보고자 하였다.

　한국의 문화를 살펴보기에 앞서 문화에 관한 이론을 검토할 필요
가 있을 것이다. '문화'를 분석하기 위한 여러 가지 방법이 있으나
각 문화의 독특성을 이해하기 위해서는 비교문화적인 방법이 유용하
다. Hofstede(1991)는 다섯 가지 문화적 차원들을 가지고 국가간 비교
문화분석을 실시하였는데, 그 문화적 차원들은 평등문화와 불평등문
화; 개인주의와 집합주의; 남성적 문화와 여성적 문화; 불확실성 회
피문화와 수용문화; 장기지향 문화와 단기지향 문화이다. 이러한 차
원들 중에서 입양과 관련된 문화적 특성을 설명할 수 있는 차원은
개인주의-집합주의와 불확실성 회피와 수용문화이다.

　먼저, 개인주의와 집합주의 차원에서 한국 문화는 집합주의에 해
당된다. 한국의 문화적 특성은 가족을 중심으로 한 소집단중심주의로
대표될 수 있다. 최준식(1997)은 가족주의가 한국인의 집단의식의 영
원한 원형이 된다고 하였다. 가족주의를 통해 가족(門)은 영원한 내집
단이 되고 다른 가문과 집단은 모두 남인 외집단이 된다. 그리고 이
러한 문화적 특성은 혈연의식을 포함하고 있다.

　한국의 문화적 요소인 강력한 혈연의식은 부(父)와 혈연으로 연관
되지 않은 자녀의 경우에, 그 자녀의 가계계승 및 자녀로서의 정당성
에 의문을 던지는 경향이 있게 된다. 또한 정당한 혼외관계 외(外)의
출산은(예를 들면, 미혼모 임신이나 그 외의 다른 혼외 임신에 의한 출산)

사회에서 존경받지 못하고 있다. 따라서 입양이 밝혀지게 되면 입양된 자녀는 사회에서 이에 상응하는 낮은 대우를 받을 가능성에 직면하게 되는 것이다. 그러므로 국내의 입양부모들은 입양아 양육과 관련하여, 특히 입양사실을 밝히는 것과 관련하여 참으로 어려운 딜레마에 빠져 있다(배태순, 1998).

입양과 관련된 또 하나의 문화적 차원은 불확실성 회피와 수용문화의 차원이다. 불확실성 회피란 한 문화의 구성원들이 불확실한 상황이나 미지의 상황으로 인해 위협을 느끼는 정도라고 정의할 수 있다(Hofstede, 1991). 불확실성 회피 경향이 강한 문화에서는 '다른' 것을 위험하게 생각하며, 어떤 것이 더럽고 위험한지에 관한 분류가 엄격하고 절대적이다. 더러움과 위험은 물질적인 것에만 한정되는 것이 아니다. 사람들에게도 해당이 된다. 어린이들은 어떤 특정한 범주에 속하는 사람들은 지저분하고 위험하다는 것을 배운다. 심지어 불확실성 회피 경향이 강한 문화에서는 어떤 범주의 사람들을 조심해야 하는지, 즉 피해야 할 위험한 타인들의 범주를 필요로 한다고 말할 수도 있다(Hofstede, 1991).

Hofstede(1991)의 연구에서 한국은 불확실성 회피 경향이 강한 문화를 가진 것으로 분류되었다. 즉, 한국인들은 '다른' 사람들을 위험하거나 더러운 것으로 생각하도록 학습 받는다는 것이다. 이것은 위의 가족주의-혈연중심 문화와도 연관된다. 이러한 문화에서 다른 가족 출신의, 그것도 미혼모에게서 출산된 '위험한' 아동을 자기 가족의 구성원으로 받아들이는 것은 가능한 회피하고 싶은 일인 것이다. 결국, 한국의 전통적인 '주류' 문화는 혈연을 통해 이루어진 가족을 중심으로 집단을 구성하고, 이 집단 외부의 사람들에 대해서는 배타적인 태도를 취하는 것이라고 할 수 있다. 이러한 문화에서 혈연이 관여되지 않는 입양은 '다른' 것, '위험한' 일이 되며 쉽게 받아들여지지 않는 대안이 된다.

한편, 입양을 전통적 의미의 입양과 현대적 입양으로 구분하여 설명하기도 한다. 전통적 의미의 입양은 가정이 없는 요보호아동의 보호라는 측면보다는 제사와 재산상속 즉 가문계승을 목적으로 한 입양이라 할 수 있다. 즉, 전통사회에서 자녀가 없는 가정 특히, 장손인 경우에는 사후 자신뿐만 아니라 조상의 제사를 수행할 자손이 없어 가문에 큰 죄를 짓는 것으로 인식되었으며 그리고 생존 중에도 주위로부터 괄시를 받게되는 원인이 되었다. 이러한 이유로 이들 후손이 없는 가족은 형제의 자녀 중 또는 형제의 자녀가 없는 경우에는 고아 등을 자신의 친자로 입적하여 가문을 계승토록 하였다(변용찬 외, 1999).

대가족 제도하에서는 가계의 영속이 기본적인 가치로 되고, 이를 위하여 상속제도와 양자제도가 대두되었다. 양자제도는 이 경우 가계의 영속을 위한 보조적 제도로서의 역할을 하였고, 우리나라의 전통적 양자제도도 역시 가계와 제사의 계승을 중심으로 하는 위가 양자제도였다. 제사 승계 또는 가계 승계를 위한 양자제도는 대가족적 공동 생활 형태에서 보이던 가족의 사회적 기능이 쇠퇴함에 따라 '사람을 위한' 양자제도로 바뀌게 된다. 비록 '사람을 위한' 양자제도라고 하나, '사람'이 의미하는 내용은 시대에 따라 다르게 나타나고 있다. 위인 양자제도의 전기적 형태에서는 양부모를 위한 위친 양자제도로 나타나고 있으며,[2] 그리고 후기적 형태에서는 어린이를 위한 위자 양자제도의 모습을 띤다. 위친 양자제도는 부모의 이익이 입양의 주된 동기가 되는데 반해서, 위자 양자제도에서는 어린이를 위한 건전

---

2) 양친 본위의 양자제도에서는 조상의 제사 및 혈육의 계승을 목적으로 삼지 않고, 노후의 외로움을 달래고자, 또는 노후의 경제적 후원을 받기 위하여 양자를 선정한다.

한 교육과 양육이 입양의 목적으로 나타나고 있다(정기원 · 김만지, 1993).

현대적 의미의 입양은 위자 양자제도의 형태를 말하며, 주로 서구에서 제1차 세계대전 후에 도입된 입양개념으로서 부모의 사망, 기아 등으로 자신의 친부모로부터 보호를 받을 수 없는 아동에 새로운 가정을 찾아주어 다른 아동과 같이 정상적인 가정의 보호아래 정상적으로 성장할 수 있도록 하는 일종의 창조적인 제도이다. 따라서, 현대적 의미의 입양은 전통적 의미의 입양이 가문계승을 목적으로 사적으로 이루어진 데 반하여 요보호아동의 보호를 국가의 의무로서 규정하고 국가 또는 국가가 승인한 입양알선전문기관이 이들 아동에게 건전한 성장을 보장할 수 있는 적합한 가정을 찾아주기 위하여 보다 신중하고 체계적인 절차를 가지고 있다(변용찬 외, 1999). 결국 전통적 의미의 입양과 현대적 입양을 구분하는 것은 입양의 목적이라고 할 수 있다. 즉, 전통적 의미의 입양은 가문의 계승을 목적으로 하는 반면에, 현대적 입양은 주로 아동의 보호를 목적으로 하는 것이다.

앞서 살펴본 문화적 차원들과 이러한 전통적-현대적 의미들을 고려해 보면, 현재 한국에서 입양은 가족주의에 기반한 전통적인 의미에서의 입양과 아동복지서비스의 일종인 현대적 의미의 입양이 병존하며 갈등하는 상황이라고 할 수 있다.

위에서 살펴본 문화적 배경은 한국에서 입양이 활성화되지 못하는 이유와 해외입양이 주를 이루는 이유를 이해할 수 있도록 돕는다. 해외입양은 주로 미국과 유럽 국가들에서 이루어지는데, 위에서 제시한 Hofstede(1991)의 연구에서 이들 국가들은 개인주의적인 문화와 불확실성 수용적인 문화를 가진 것으로 분류되었다. 즉 이들 국가의 가족들은 혈연으로 연결되지 않은 '외집단'의 구성원들도 가족으로 받아들일 가능성이 높으며, 이들을 다르거나 위험한 것으로 인식하는 경향도 상대적으로 약하다. 이러한 차원에서 볼 때, 한국에서 입양이 잘 이루어지지 않는 반면에, 미국과 유럽에서는 활발하게, 그리고 자연스럽게 이루어지고 있는 이유를 이해할 수 있다.

한편, 그동안 해외입양과 관련된 연구들이 이루어져 왔는데, 이러한 연구들은 해외입양이 가지는 문화적 충격과 입양아들의 적응상의 문제에 관해 다루었다(허남순, 1985; 이미선, 2001). 초기에는 해외입양된 아동이 새로운 사회에 빨리 적응하도록 하기 위해 자신이 가지고 있던 인종적·문화적 배경을 버려야만 쉽게 적응을 할 수 있으리라는 신념이 자리잡아 왔으나 현재는 문화와 인종이 다른 가정에 입양된 아동의 건강한 자아개념의 형성을 위해서는 본래의 문화와 인종적 배경에 자주 접할 수 있는 기회와 교육을 제공해 주어야 한다고 믿게 되었다.

마지막으로, 비밀입양 전통과 공개입양간의 관계에 대해 살펴보고자 한다. 비밀입양은 아동을 입양하는 입양부모가 입양아동과 타인에게 입양사실을 숨기며, 입양모가 입양아동을 출산한 것처럼 가장하며 입양의 비밀을 계속 유지하는 것을 뜻한다. 국내의 입양실무는 이러한 비밀입양이 주류를 이루어 왔으며, 국내입양기관은 입양부모들의 입양비밀유지에 사실상 협조해 주는 폐쇄적인 입양실무를 해왔다(배태순, 1998). 그리고 입양가족을 둘러싼 '사회'도 이러한 비밀입양을 지지해왔다. 한국 사회의 구성원들은 입양에 있어서 비밀입양을 당연한 것으로 인식해 왔다.

이러한 비밀입양 전통은 앞서 살펴본 혈연의식에 근거한 가족주의 문화에 기반하고 있다. 즉, 혈연으로 부(父)와 연관되지 않은 자녀의 경우에는 사회에서 그 자녀의 가계계승 및 자녀로서의 정당성에 의문을 던지는 경우가 많다. 그러므로 입양아동이 사회에서 존경받지 못하는 혼외관계와 연관되어져서 그에 상응하는 낮은 대우를 받는 것보다는, 정당한 혼인관계를 가진 입양부모에게서 태어났다고 말함으로써 사회의 편견으로부터 입양아동을 보호할 수 있게 된다는 것이다. 따라서 그의 입양사실을 감추는 것이 오히려 그의 복지를 증진한다는 논리가 국내입양실무의 근간을 이루어 왔던 것이다(배태순, 1998).

비밀입양 전통은 불임인 입양부모들에 의해서도 강화되어 왔다. 입양아동에게든 다른 사람들에게든 입양사실을 공개하는 것은 동시에 입양부모 자신의 불임사실을 공개하는 것과 같다. 불임에 대한 또 다른 사회적 편견들은 입양부모들로 하여금 불임 사실을 밝히기 두려워하게 하며, 결국 입양사실도 공개하지 못하도록 하는 것이다. 따라서 입양부모는 자신의 불임과 연관된 심리적 갈등을 먼저 해결해야만 입양아의 출생에 관한 애기를 할 수 있는 정서적 여유가 있게 된다(배태순, 1998).

결국, 현재 한국의 상황에서 입양을 한다는 것은 입양부모와 입양기관, 사회가 '공모'하여 비밀을 유지하기로 하고 이를 스스로도 당연한 것으로 여기는 것이다. 이러한 상황에서 공개입양을 한다는 것은 '놀라운' 일로 받아들여진다. 공개입양이란 입양아동에게 입양사실을 공개할 뿐만 아니라 가족 외부의 사람들에게도 입양사실을 공개하는 것을 말한다. 위에서 제시한 내용들을 고려할 때, 이러한 의미의 공개입양을 한다는 것은 입양가족들에게 상당한 어려움을 줄 것으로 예상된다. 그 중에서도 가장 큰 어려움은 입양아동이 자신의 입양사실을 받아들이지 못하는 경우이다. 또한 입양아동이 입양사실을 받아들인다 해도 그 사실을 다른 사람들이 알게 되었을 때 보이게 될 다양한 부정적 반응들도 입양가족들에게 어려움을 줄 수 있다. 공개입양가족들은 이러한 어려움들을 '무릅쓰고' 공개입양을 수행하기 때문에 더욱 '놀랍게' 받아들여지는 것이다.

이러한 상황에서 현재 공개입양에 대한 논의가 활발하게 이루어지고 있다. 비밀입양을 지지하거나 공개입양에 대해 조심스러운 태도를 보이고 있는 입장에서는 입양아동이 경험하게 될 충격과 사회적 편견으로 인한 부정적 영향, 그리고 대부분이 미혼부모인 친생부모들의 알려지지 않은 반응 등을 근거로 제시하고 있다. 반면에 공개입양을 지지하는 입장에서는 비밀입양의 문제점들을 근거로 하여 보다 적극적인 주장들을 하고 있다. 즉, 비밀입양은 입양아동에게 자신의 유전적 배경을 알 수 있는 인간의 기본적 권리를 차단할 뿐만 아니라 입양부모의 친생자로 성장함에 따라 후일 이러한 사실을 알게 되었을 때 심한 혼란을 겪게 될 수도 있다. 또한 입양부모는 자녀에게 사실을 말하지 않은 죄책감과 예기치 않은 상황에서 입양사실을 알게 되어 어려움을 겪지나 않을까 항상 염려하는 마음으로 지내게 된다. 그리고 비밀입양은 입양아동과 입양부모의 문제해결에 큰 장애가 될 수 있다. 입양이 공개된 경우에는 아무런 문제가 되지 않거나 또 쉽게 해결할 수 있을 일들을 누구와도 상의할 수 없기 때문에 문제가 커질 수 있는 것이다(홀트아동복지회, 2002). 따라서 비밀입양은 사실상 불가능하며 비밀입양으로 인한 문제들이 크기 때문에, 또는 인간의 기본적 권리이기 때문에 공개입양을 해야 한다는 것이다.

이러한 논의가 지속되고 있는 이유는 그동안 공개입양 자체가 거의 이루어지지 않았으며, 공개입양가족들을 대상으로 한 실증적인 연구 또한 거의 이루어지지 않았기 때문이다. 본 연구는 공개입양가족들을 대상으로 실증적인 연구를 수행함으로써 공개입양에 대한 논의를 확대시키고자 하였다.

제 3 장 연구방법 및 절차

제 1 절 문화기술지 연구

본 연구의 목적은 국내 공개입양가족들이 경험하는 적응의 의미를 파악하고, 이들 공개입양가족들이 적응해 가는 과정을 이해하고자 하는 것이다. 이러한 연구 목적을 달성하기 위해, 본 연구에서는 질적 연구방법, 그 중에서도 문화기술지 연구방법을 활용하였다.

본 연구에서 문화기술지 연구방법을 활용한 이유는 본 연구의 대상이 된 국내 공개입양가족들이 하나의 문화공유집단으로 구성되어 있기 때문이다. 즉, 이들은 한국의 전통적인 가족문화를 공유하는 일반적인 '가족'들과 구별되며, 또한 비밀입양이라는 문화를 공유하는 전통적인 '입양가족들'과도 구별되는 독특한 문화를 공유하며, 상호작용을 하고 있었다. 이처럼 다른 문화들과는 상이한 특성을 가진 문화와 그 문화를 공유하는 집단을 연구하고자 할 때는 '문화기술지' 연구방법이 가장 적절하다.

문화기술지는 하나의 문화 또는 사회 집단이나 체계에 대한 기술과 해석이라 할 수 있다. 연구자는 행동, 관습, 생활방식 등 집단의 관찰가능하고 학습된 패턴을 검토한다. 문화기술지는 연구의 과정과 결과, 두 가지로 이해할 수 있다. 과정으로서 문화기술지는 장기간의 관찰을 포함하게 되는데, 전형적으로 연구자가 사람들의 매일의 삶에 잠겨서 행하는 참여관찰을 통해, 또는 집단 구성원들과의 일대일 면접을 통해 이루어진다. 연구자는 문화공유 집단의 행동, 언어, 상호작용의 의미를 연구한다(Creswell, 1998). 본 연구는 공개입양가족들의 자조모임을 특정한 문화를 공유하는 사회적 집단으로 규정하고, 그 집단에서 장기적으로 참여관찰과 면접을 수행하면서 그 집단과 구성원들의 행동, 언어, 상호작용의 의미를 이해하고자 하였다.

문화는 연구자가 일상생활의 패턴을 찾을 때 집단에 귀인되는 어떤 것으로서 무정형의 용어이다. 문화는 집단 구성원들의 언어와 행위에서 추론되고 연구자에 의해 집단에게 귀속된다. 문화는 사람들이 무엇을 하는가(행위), 무엇을 말하는가(언어), 그리고 만들고 사용하는 것(인공물)뿐만 아니라 실제로 하는 것과 해야 하는 것간의 긴장을 찾는 것으로 구성된다. 따라서 문화기술지 연구자는 인공물과 물리적 자취 증거를 수집하고, 이야기, 종교적 의식, 그리고 신화를 찾으며, 문화적 주제를 발견해낸다. 이러한 유형을 형성하기 위해, 문화기술지 연구자는 현장연구로 불리는 영역에서 관찰, 인터뷰, 생생한 묘사를 개발하고 문화공유집단의 문화적 규칙을 세우는 데 도움이 되는 재료를 통해 정보를 수집하면서 광범위하게 관여한다(Creswell, 1998). 본 연구의 참여자들은 공개입양이라는 문화적 주제를 공유하면서 독특한 행동과 언어, 구별되는 상호작용을 하였으며, 자신의 이야기와 의식을 만들어 가고 있었다.

문화기술지의 절차는 문화공유집단이나 개인의 상세한 기술, 주제나 관점에 의한 문화공유집단의 분석, 그리고 인간의 사회적 생활에 대한 사회적 상호작용과 일반화의 의미에 대한 문화공유집단의 해석을 필요로 한다. 연구자는 이러한 세 가지 측면에 상이한 정도로 비중을 둔다. 이러한 노력의 최종 산출물은 집단 내 행위자의 관점(emic)과 사회과학 관점에서 인간의 사회생활에 대한 연구자의 해석(etic) 둘 다를 통합한 사회적 집단에 대한 전체적인 문화적 그림이다. 전체적이라는 것은 문화기술지 연구자가 문화체계 또는 사회 집단에 대해 가능한 많은 것을 기술하려고 시도하며 이것은 집단의 역사, 종교, 정치, 경제 그리고 환경 등을 포함한다는 것을 의미한다. 문화적 묘사에 의해 집단에 대해 배운 모든 측면을 끌어오고 복잡성을 보여줌으로써 전체적 문화 장면의 개관을 설명한다(Creswell, 1998).

본 연구에서 연구자는 공개입양부모들의 자조모임이라는 문화적 집단과 거기에서 나타나는 문화적인 양상들을 관찰하고 이해하며, 그 결과를 전체적인 그림으로 묘사하고자 하였다. 이를 위해 일정한 기간동안의 참여관찰과 면접을 진행하면서 내부자 관점을 가지고자 하였고, 분석을 위해 다시 그 집단의 맥락 밖으로 나와 외부자 관점에서 그 문화를 해석하였다.

제 2 절 연구현장

전통적인 문화기술지의 현장과는 달리, 본 연구자가 찾아간 '현장'(문화집단이 생활하고 있는)은 특정한 실체적 공간은 아니었다. 따라서, 본 연구가 이루어진 '현장'은 그 경계가 무척 모호한 것이 사실이다. 그러나 문화집단이라는 것이 늘 동일한 공간 내에서 생활하는 것을 전제로 하는 것은 아니며, 그보다는 그 집단에 소속되어 있는 구성원들의 동질

성과 상호작용을 조건으로 경계를 구분하는 것이 가능하다고 본다.

다시 말하자면, 본 연구자가 찾아간 '현장'은 공개입양이라는 목적의식을 가지고 그것을 지향하며 또한 그것으로 동질감을 가지는 집단인 공개입양가족들의 자조모임, 한국입양홍보회(Mission to Promote Adoption in Korea, MPAK, 이하 엠펙)였다. 엠펙은 1999년에 해외입양인인 스티브 모리슨과 국내 입양부모인 한연희씨를 중심으로 설립되었으며, 2000년 10월 14일 전국양부모대회를 기점으로 점차 확대되어 2003년 현재에는 전국적으로 500여 입양가족들이 가입되어 있다. 엠펙의 조직은 크게 한국 지부와 미국 지부로 구성되어 있고, 한국 지부는 다시 서울/경기지역, 대전/충청지역, 광주/전남지역, 대구/경북지역, 부산/경남지역, 거창지역 등 지역별 모임으로 구분되어 있다. 이 지역별 모임들 중에서 연구자가 찾아간 현장은 주로 서울/경기지역과 대전/충청지역 모임이었다.

공개입양을 지향하는 입양부모들의 모임이라는 특성 외에도, 엠펙은 기독교적 배경을 공유하고 있다는 점과 자조집단의 성격을 가지고 있다는 특성을 가지고 있다. 먼저, 기독교적 배경을 살펴보면 다음과 같다. 2001년 자체 조사에서 전체 회원가족 중 95%가 기독교(개신교와 가톨릭 포함)를 종교적 배경으로 가지고 있는 것으로 나타났는데, 이러한 배경은 모임의 설립목적에도 제시되어 있다.

 MPAK의 설립목적

본 회는 한국에서의 입양을 홍보 장려하기 위하여 설립되었습니다. 기독교 신앙에 기초한 기관으로 우리는 모든 어린아이들이 자신들의 가정을 갖는 것이 하나님의 뜻이라고 믿습니다. 많은 한국인들이 따뜻한 가정이 필요한 아이들을 향해 그들의 마음과 가정을 열 수 있도록 도움을 주는 것이 본 회의 목적입니다. (엠펙 홈페이지)

엠펙에서 주최하는 행사 중에도 기독교의 예배나 미사에서 이루어지는 의식 또는 의례-대표적인 것은 공동기도-를 행하기도 하였다. 이러한 행동들을 볼 때, 종교가 공동체 문화의 일부로 형성되어 가고 있음을 알 수 있다. 사실, 이러한 특성은 설립자들의 종교적 배경이 기독교였기 때문에 자연스럽게 형성된 것으로 볼 수 있다.

이 모임의 또 다른 특성은 '자조집단'으로서, 모임 자체가 입양부모에 의해서 자발적으로 그리고 주도적으로 구성되었고 지금까지 유지되고 있다는 점이다. 이러한 모든 과정에서 사회복지사를 포함한 전문가의 개입은 별로 이루어지지 않았다. 전문가의 참여 여부와 정도는 이 모임에서 실시하는 각종 활동의 특성에 따라 달라진다. 다만, 지금까지 간사 업무를 하고 있는 이들이 모두 대학원에서 아동복지학을 전공했다는 점에서 일상적인 업무가 사회복지사 또는 관련 전문가에 의해 이루어지는 것은 사실이지만 대부분의 의사결정이 입양부모들에 의해 결정된다는 점에서 다른 자조모임들과 공통적인 특성을 가지고 있다.

엠펙 외에도, 전국적으로 여러 개의 입양부모 자조모임이 형성되어 있다. 서울의 한 입양기관에서 입양한 가족들의 모임인 '참사모'와 역시 나주의 한 영아원에서 입양한 가족들의 모임이 대표적인데, 이들 모임은 엠펙에 비하면 참여인원도 매우 적은 편이고 비밀입양을 유지하고 있는 가족들도 상당수 포함되어 있으며 주로 입양기관의 주도와 개입을 통해 모임이 이루어지고 있다. 또한 이들 모임에 참여하는 입양가족들 중 상당수는 엠펙에도 동시에 가입되어 있다. 한편, 인터넷 상에서 상호작용을 하는 입양가족들도 있는데, 아직 활성화되어 있지는 않으며 참여인원도 매우 적은 편이다.

한편, 엠펙 구성원들은 서로간에 상이한 정도의 상호작용을 하였는데, 상호작용의 방식은 크게 온라인(On-line)을 통한 상호작용과 오프라인(Off-line)을 통한 상호작용으로 이루어졌다.

먼저, 오프라인을 통한 상호작용은 핵심인물들의 정기적/비정기적 모임과 '회원들'을 포함한 정기적/비정기적 모임, 그리고 회원의 경계를 넘어서는 대규모 행사 등을 통해 이루어진다. 이러한 모든 상호작용의 중심에는 '회장'이 있다. 이는 회장이 회원 전체를 통틀어서 가장 활발한 활동을 하고 있기 때문이기도 하지만, 자조모임의 사무실이 회장의 집과 붙어있으며, 회장이 이 사무실에 상주하고 있기 때문이기도 하다. 핵심인물들의 모임에는 번역모임과 스터디 모임, 그 밖에 각종 경조사를 위한 모임이나 비정기적 모임 등이 있는데, 경조사나 비정기적 모임은 대부분 다른 회원들의 집이나 외부 장소에서 이루어지지만 번역모임과 스터디 모임은 늘 이 사무실에서 이루어진다.

여기에서 '사무실'에 대한 기술이 필요할 것이다. 앞서 밝힌바와 같이 이 자조모임의 사무실은 회장의 집과 붙어 있으며, 일반 주거공간과 동일한 구조를 가지지만 사무공간과 회의실, 주방 등으로 구성되어 있다. 이 사무실에는 회장과 함께 한 명의 간사가 주 5일 근무하고 있다. 회장은 주로 대외 홍보업무와 전화나 방문을 통한 상담을 하고 있고, 간사는 대내외적인 모든 행정업무들을 도맡아 하고 있다.

또, 서울/경기, 대전/충청, 광주/전라, 부산/경남, 대구/경북, 거창 등의 지역모임이 분기별(1년에 4회)로 이루어지고 있다. 이 모임에서는 엠펙 소속 입양가족들의 사례발표와 '공개'에 관련한 교육, 친교 등을 위한 시간을 가지며, 모임의 참여는 개방적으로 이루어진다. 즉, 입양가족이 아니어도 참여할 수 있게 되어 있다.

[그림 3-1] · · ·
서울경기지역
양부모 모임

[그림 3-1]은 서울/경기지역 양부모 모임에서 찍은 사진이다. 앞에 나와 서 있는 사람은 입양기관의 직원으로서 엠팩과 지속적인 관계를 맺고 있다. 이 밖에도 지역별 모임에는 입양 관련 전문가들이 와서 강의를 하거나 입양기관의 직원들이 참석하여 입양가족들과 상호작용을 하고 있다.

마지막으로, 전국 규모의 입양부모대회와 입양가족캠프가 있다. 이 행사의 참여 범위는 지역모임보다 광범위해서 엠팩 소속 회원들뿐만 아니라, 잠재적인 입양부모, 그리고 단순히 관심을 가지고 있는 사람들도 참석할 수 있도록 되어 있다. 지역모임 뿐만 아니라 전국 행사의 이러한 개방성은 엠팩이 입양에 대한 홍보를 사명으로 하기 때문에 가능한 것이다.

[그림 3-2]는 연구자가 참여했던 입양가족캠프의 프로그램들 중에서 전체 가족들이 참여한 레크리에이션 장면이다. 레크리에이션 시

간이라는 특성상 분위기가 고조되고 친밀한 행동을 보이게 되는 것은 당연한 일이겠지만 이 시간을 포함하여 캠프 일정 내내 입양가족들간에 나타난 '친밀감'의 정도는 일반적인 '캠프'의 영향력을 넘어서는 것이었다.

[그림 3-2]···
입양가족캠프
중 레크레이션

[그림 3-3]은 연구자가 캠프 일정 중에서 맡았던 강의 장면을 찍은 모습이다. 그림에 나타난 것처럼, '아버지'는 거의 보이지 않는다. 입양부들은 입양모에 비해 참석한 비율도 매우 낮았을 뿐만 아니라, 참석한 입양부들도 대부분 캠프 일정 내내 혼자 떨어져 조용히 앉아있었으며 서로간에 별다른 상호작용도 하지 않았다. 이는 입양모들과는 상당히 대조적인 모습이다. 입양모들은 캠프에서 진행된 모든 프로그램에 적극적으로 참여하였을 뿐만 아니라 쉬는 시간이나 일정이 끝난 뒤에도 여러 명씩 모여 오래도록 대화를 나누곤 했다. 본 연구의 주요 정보제공자들이 모두 입양모인 것도 이러한 특성 때문이라고 할 수 있다.

[그림 3-3]···
입양가족캠프
중 강의

　한편, 온라인을 통한 상호작용은 오프라인보다 더 활발하게 이루
어지고 있다. 이 모임의 홈페이지는 각종 게시판과 함께 '입양일기'
메뉴가 있어서 각 입양가족들이 일상생활을 이야기하는 공간으로 활
용되고 있다. 한 입양가족의 입양일기 게시판이 개설될 때 '분양받았
다'라고 표현하거나 한 입양가족의 구성원이 다른 입양가족의 게시
판에 들러서 글을 읽거나 글을 쓰는 것을 두고 '마실간다'라고 표현
하는 것에서 볼 수 있는 것처럼 이 홈페이지는 오프라인 공간에서와
유사한 맥락을 갖고 있다고 할 수 있다.

　물론 온라인에서의 상호작용과 오프라인에서의 상호작용간에는 일
정한 차이가 있는 것이 사실이다. 또한 본 연구가 오프라인의 실제
생활공간에서 일어나는 경험들을 주로 다루고 있는 것도 사실이다.
그러나 본 연구자는 이들 입양가족들을 이해하기 위해 온라인 상의
상호작용에도 같은 정도의 주의를 기울이며 자료를 수집하였다.

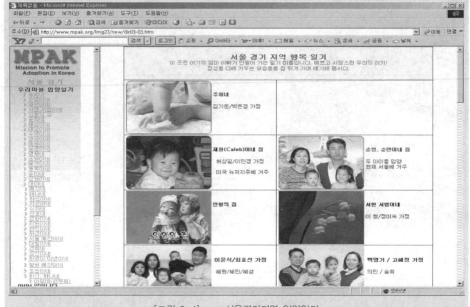

[그림 3-4] · · · 서울경기지역 입양일기

　위 [그림 3-4]에서 보듯이, 엠팩의 홈페이지에서 지역별 입양일기는 '아파트식' 구조를 가지고 있다. 그래서 같은 지역으로 포함되어 있는 다른 가족들을 부를 때, '아랫집', '옆집'이라는 표현을 사용하기도 한다. 이러한 표현들은 이들 가족들이 하나의 가족 공동체를 형성하고 있음을 의미하는 것이다.

　또한 [그림 3-5]는 홈페이지를 통해 공개입양가족들이 활발한 상호작용을 하고 있음을 보여준다. 즉, 한 입양가족 구성원이 올린 글에 다른 가족의 구성원들이 '답글'의 형식으로 질문을 하거나 자신의 생각을 제시하고, 이에 대해 다시 반응하는 형식으로 상호작용을 하고 있는 것이다. 한편, 오프라인에서의 상호작용이 1대 1, 또는 비교적 소수의 구성원들 사이에서 이루어지는 반면에, 온라인에서의 상호작용은 1대 다수, 또는 다수 대 다수의 구성원들 사이에서 이루어지는 모습을 보여주고 있다. 후자는 전자보다 구성원들간의 반응 사이에 더 큰 시간간격을 가지고 있지만, 반응이 미치는 범위는 훨씬 넓으며 장기적인 영향을 미칠 수 있다는 점에서 차이가 있다.

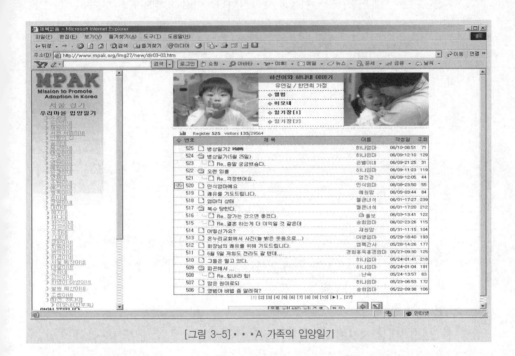

[그림 3-5]····A 가족의 입양일기

이처럼 본 연구의 현장은 온라인과 오프라인 모두에 걸쳐 있다. 물론 두 가지 차원에서 본 연구자의 참여는 다른 형태로 이루어졌다. 오프라인에서는 입양가족들의 모임에서 대면적인 상호작용을 하는 한편, 면접과 관찰 등을 병행하여 자료를 수집한 반면, 온라인에서는 주로 입양가족들의 진술과 간헐적인 상호작용을 지켜보면서, 기록된 자료들을 수집하였다.

한편, 엠팩은 현재 사단법인 등록을 마쳐 가는 시점이며, 사단법인으로 등록된 이후에는 지금보다 훨씬 다양한 사업들을 공식적으로 진행해 갈 계획이다. 현재 엠팩은 '입양' 지역사회에서 상당한 영향력을 행사하고 있는데, 이처럼 공식적인 단체가 되어 사업을 진행할 경우 보다 큰 영향력을 미치게 될 것이다. 이러한 영향력은 기존의 입양관련기관들이 입양가족들에게 별다른 영향을 미치지 못하고 있다는 사실을 반증해 주는 것이기도 하다.

제 3 절 자료수집

1. 연구참여자

본 연구의 참여자들은 모두 엠팩에 소속되어 있는 공개입양가족들인데, 연구의 참여정도에 따라 핵심 정보제공자, 주요 정보제공자로 분류할 수 있다. 여기에서는 각각의 정보제공자들을 구분하여 기술하였다.

먼저, **핵심 정보제공자**에 해당하는 3명의 입양모는 대부분 온라인과 오프라인 모두에서 활발한 활동을 하고 있으며, 다른 구성원들과도 적극적인 상호작용을 하고 있다. 또한 본 연구자와도 가장 많은 상호작용을 하면서 적극적인 정보제공자로서의 역할을 수행하였다. 이들은 전반적인 연구과정에서 가장 많은 정보를 제공하였을 뿐만 아니라 '생애사' 자료를 제공해 주었다. 이들 중 2명(입양모 A와 입양모 B)은 엠팩 번역모임의 구성원들이며, 나머지 1명(입양모 C)은 엠팩의 일반 회원이지만, 연장아동을 둔 부모로서 엠팩 회원들과 활발한 상호작용을 하며 영향을 미치는 인물이다.

입양모 A(47세)는 엠펙의 회장으로서 역시 엠펙에서 가장 활발한 활동을 하고 있다. 그는 이 모임의 공동설립자이며, 한국지부의 회장을 맡고 있다. 또한 그 자신이 세 입양아동(위탁아동 2명과 친생자 1명 포함 6명의 자녀가 있음)의 부모이기도 하다. 그는 이 모임에서 이루어지는 대부분의 정기적/비정기적 모임을 주도하고 참석하고 있으며, 각 회원들과 개별적인 접촉을 하고 있기도 하다. 또한 각종 행사를 주관하며, 대외적인 홍보 업무를 적극적으로 수행하고 있고, 전화나 인터넷 게시판을 통해 다양한 입양관련자들에게 상담을 제공하고 있기도 하다. 그 자신이 풍부한 입양 경험을 가지고 있고, 또한 그 과정에서 다양한 적응 관련 이슈들을 경험하였기 때문에 그의 생애사를 기술하는 것만으로도 입양에 관한 '심층 기술(thick description)'을 할 수 있을 정도이다.

그 남편(48세) 또한 엠펙에서 핵심적인 인물 중 하나라 할 수 있다. 아내와 함께 일부 모임을 제외한 거의 모든 모임과 행사에 참여하고 있으며, 특히 인터넷 홈페이지를 관리하는 역할을 수행하고 있다. 이 역할을 통해 다른 회원 가족들과도 일정한 상호작용을 유지하고 있다.

이들 부부는 개신교를 종교적 배경으로 가지고 있으며, 6명의 자녀가 있는데, 친생자인 장남(정현,[3] 23세, 대재)과 입양아동인 차남(정민, 20세, 대재, 7세에 입양), 위탁보호 중인 셋째(민호, 13세, 초6, 9세에 위탁)와 넷째(민영, 12세, 초5, 8세에 위탁) 형제, 그리고 또 입양아동인 다섯째 아들(정인, 7세, 생후 6월에 입양)과 막내 딸(정은, 4세, 생후 6월에

---

3) 본 연구에서 제시된 모든 아동들의 이름은 가명이다. 본문에서 입양부모의 말을 인용할 때는 '입양모 A', '입양모 C' 등으로 표시하고, 아동의 이름이 나올 때나 아동의 말을 인용할 때는 가명으로 표시하였다. 핵심 정보제공자 외에 본문에서 인용되는 다른 사람들의 이름도 모두 가명으로 표시하였다.

입양)이다. 첫 번째 입양아동인 둘째 아들의 입양동기는 '신앙'이었으며, 두 번째 입양아동은 '하고 싶어서', 세 번째 입양아동은 '주위의 권면'으로 입양하였다고 밝혔다.

입양모 B(55세)는 초등학교 5학년(준기, 12세)과 3학년(준희, 10세)이 된 2명의 입양아동을 양육하고 있으며, 오랫동안 불임치료를 받았음에도 임신이 안 되어 입양을 선택하게 되었다. 엠펙에 소속된 대부분의 입양부모들이 학령기 이전의 아동들을 양육하고 있는 반면에, B가 양육하는 아동들은 모두 초등학생이고, 자신이 오랜 불임기간을 경험하였기 때문에, 엠펙에서는 '모델'로서의 역할을 하고 있으며, 엠펙 안팎에서 이루어지는 여러 입양관련 모임과 행사에서 사례발표나 강의 등을 활발하게 하고 있다. 한편, 입양모 B가 속한 입양가족은 모두 가톨릭을 종교적 배경으로 가지고 있다.

입양모 C(45세)는 초등학교 5학년이 된 입양아동(12세)을 양육하고 있다. 입양아동 C, 재원이는 생후 27일에 입양하였으며, 그동안 비밀을 유지하다가 2001년 초에 입양사실을 공개하였다. 입양 사실의 공개 이후 한동안 입양모에 '달라붙어' 다니는 행동을 보였는데 지금은 사라졌다. 다만 초등학교 5학년이 된 지금도 입양모와 함께 자려고 하여 '정상적인' 가족구조에서 다소 벗어난 것으로 보인다. 한편, 입양아동 C의 입양부모는 과수원 농사를 짓고 있으며, 모두 가톨릭을 종교적 배경으로 가지고 있다.

위 핵심 정보제공자들 외에, 본문에 주로 인용된 **주요 정보제공자**들은 엠펙 사무실에서 격주로 모여 번역모임에 참여하거나 아동발달에 대한 스터디를 하고 있는 입양모들이다. 번역모임에는 핵심 정보제공자들 외에 3명의 입양모(이중 본문에는 두 입양모 - 입양모 D와 입양모 E의 진술만 인용됨)가 더 참여하고 있으며, 스터디 모임에는 핵심 정보제공자들 외에도 5명 이상의 입양모들(이중 본문에는 입양모 F, G,

H, I의 진술만 인용됨)이 지속적으로 참여하고 있다. 번역모임이 비교적 폐쇄집단으로 운영되는 반면에, 스터디 모임은 개방집단으로 운영되고 있어서 정확한 인원을 파악하기는 어렵다. 이들은 모두 영유아기에 있는 입양아동을 양육하고 있다. 주요 정보제공자들은 주로 집단 면접과 입양일기 등을 통해 정보를 제공해 주었다. 즉, 번역모임과 스터디 모임을 진행하는 과정 중 논의를 할 때 자신의 생각과 경험을 제시하였으며, 연구자의 질문에도 대답해 주었다.

주요 정보제공자에는 핵심 정보제공자들의 입양아동들(준기와 재원이)도 포함되었다. 준기의 경우 전화를 통한 개별면접에서 자료를 제공하였으며, 재원이의 경우 개방형 설문지를 통해 자료를 제공해 주었다.

한편, 엠펙의 정기적인 지역모임(서울·경기지역과 대전·충청지역)과 전국 규모의 행사, 그리고 입양가족캠프에 참여한 엠펙 소속의 공개입양가족들도 다양한 방식으로 정보를 제공해 주었으며 이러한 정보들 중 일부가 본 연구에서 활용되었다. 이들은 모임이나 행사 과정에서 '관찰' 대상의 일부가 되었으며, 연구자가 실시한 설문지에 응답하는 방식으로 직접 정보를 제공해 주었으며, 입양일기 등을 통해 간접적으로 정보를 제공해 주었다. 이들 연구참여자들이 제공한 정보들이나 직접적인 진술을 인용할 때는 식별가능한 표시를 하지 않고, 자료를 수집한 상황이나 구체적인 자료수집 방법만을 제시하였다.

2. 자료수집 방법

본 연구에서 주로 활용한 자료들은 첫째, 핵심 정보제공자들과 주요 정보제공자들이 개별 면접과 집단 면접, 질문지 등을 통해 제공한 자료, 둘째, 엠펙의 지역별 모임(서울경기지역모임과 대전충청지역 모임)

과 전국 양부모 대회, 입양가족캠프 등 각종 모임과 행사에서 일반적인 참여자들로부터 비디오 녹화와 오디오 녹음, 질문지 등을 통해 수집한 자료, 셋째, 엠펙 홈페이지에 게시된 입양가족들의 '입양일기'와 그 밖의 게시물, 넷째, 핵심 정보제공자들이 제공한 생애사 자료 등이다. 연구가 진행된 절차에 따라 이러한 자료들을 수집한 방법들을 설명하면 다음과 같다.

본 연구자가 공개입양가족을 처음 만난 것은 2002년 7월 19일이었으며, 7월 27일부터는 정기적으로 이들 가족들과 만나게 되었다. 본 연구자가 이처럼 공개입양가족들과 정기적으로 만나게 된 것은 엠펙의 **번역모임**을 통해서이다. 이 모임에는 4명의 입양모(최근 5명으로 늘어남)와 엠펙 간사, 모 입양기관의 연구원, 그리고 본 연구자가 참여하였으며, 입양과 관련된 원서를 구성원들이 나누어 번역하고, 돌아가며 발표하면서 토론하는 식으로 진행되었다. 이중 세 명의 입양모는 엠펙에서 핵심적인 역할을 하는 구성원들(회장, 사무총장 등)이었으며, 특히 회장은 입양에 관한 각종 상담 업무까지 담당하고 있었고, 3명의 입양아동을 양육하고 있었다. 따라서 이 번역모임은 본 연구자가 입양가족들의 생활에 대한 각종 자료를 수집하고 통찰을 얻을 수 있는 장이었다. 본 연구자는 번역모임이 진행되는 동안 제기되는 이슈와 논의내용들을 메모하였으며, 10월부터는 구성원들의 허락을 받아 녹음을 하였다. 또한 녹음한 내용들은 가능한 한 빨리 축어록으로 작성하여 분석하였다. 이 번역모임에서 수집된 자료들은 '집단면접' 자료로 분류될 수 있다.

번역모임 외에 연구자는 여러 가지 모임과 행사에 참석하여 입양가족들을 만날 수 있었다. 연구자는 2002년 9월 28일에 있었던 서울 경기 **지역 모임**과 10월 20일 엠펙 이사장과의 만남, 10월 26일 **전국 입양부모대회**, 2003년 1월 24일에서 26일까지 진행된 **입양가족캠프**,

3월 8일 대전·충청 **지역모임**, 3월 29일 서울·경기 **지역모임** 등에
참석하였다.

2002년에 있었던 모임과 행사에서 본 연구자는 대체로 '번역 자원
봉사자'로 짧게 소개되었으며, 입양가족들과의 접촉은 거의 이루어지
지 않았다. 연구자가 엠펙의 구성원들과 보다 깊은 관계를 형성하게
된 것은 2003년 1월의 입양가족캠프에서 비롯되었다. 이 캠프에서는
입양부모들을 대상으로 한 프로그램과 입양아동과 그 형제들을 대상
으로 한 프로그램이 동시에 진행되었는데, 본 연구자는 24일 저녁 입
양부모들을 대상으로 학령기 입양아동들의 적응에 대해 강의하였고,
25일에는 하루 종일 학령기의 입양아동들을 대상으로 프로그램을 진
행하였다. 전체 프로그램 일정은 [표 3-1]과 같다.

이러한 활동을 통해 입양부모와 아동들에게 본 연구자의 존재가
알려졌으며, 입양가족들과 이전보다 친밀한 상호작용을 할 수 있었
다. 예를 들어, 캠프 이후 첫 모임이었던 대전·충청 지역모임에서는
입양부모들이 먼저 와서 인사를 건네고 말을 주고받기도 하였다.

한편, 입양가족캠프에서 본 연구자는 강의를 진행하면서 학령기
입양아동을 둔 두 입양모(핵심 정보제공자인 입양모 B와 입양모 C)를 패
널로 활용하여 각 주제에 대한 진술을 하도록 하였는데, 이러한 전체
강의장면을 녹화하여, 캠프에서 돌아온 이후 축어록을 작성하였다.
또한 학령기 아동들을 대상으로 한 프로그램에서는 입양아동과 그
형제들과 함께 '입양 이야기'를 역할극으로 재연하고 드라마를 촬영
하듯이 녹화하였다. 본 연구자의 의도와는 달리 이 프로그램은 상당
히 '산만하게' 진행되었는데, 그럼에도 불구하고, 연구자는 역할극을
진행하면서 많은 통찰을 얻을 수 있었다.

[표 3-1] 입양가족캠프 일정

	24일 (금)		25일 (토)		26일 (일)	
	부모	아동	부모	아동	부모	아동
8시~9시			기상 및 아침 체조: 도우미 교사			
9시~10시			아침식사			
10시~11시			강의(P.E.T)	아동 프로그램	아이들 재롱잔치	
11시~12시						
12시~1시			· 점심식사		간단한 간식, 집으로	
1시~2시			미혼모와의 시간	아동 프로그램		
2시~3시						
3시~4시			쉬는 시간			
4시~5시			강의 (학령전기)			
5시~6시	접수 및 방 배정					
6시~7시			저녁식사			
7시~8시	저녁식사, 인사나누기, 일정 설명회		강의(불임)	아동 프로그램		
8시~9시						
9시~10시	레크리에이션		불임 feedback			
10시~11시	강의 (학령기)	취침	입양영화: 비밀과 거짓말	취침		
11시~12시	취침					

이 역할극은 아동들로 하여금 직접 각각의 장면들을 구성하도록 하고 대사까지 지어내도록 함으로써 입양과 입양과정에 대한 아동들의 생각을 이끌어내고자 하는 의도를 가지고 있었으며, 산만한 진행에도 불구하고 어느 정도 목적을 달성할 수 있었다는 점에서 의미를 가지고 있다. 이 프로그램에서는 또한 아동들에 대한 문장완성 검사를 실시하여 아동들의 인식을 반영할 수 있었으며, 그 자료 또한 본 연구의 기초자료로 활용될 수 있었다. 이후 대전·충청 지역모임과

서울·경기 지역모임에서도 프로그램이 진행되는 동안 참여자들간의 언어적 의사소통을 녹음할 수 있었다. 이러한 각종 모임과 행사들에서 수집된 자료들의 유형은 비디오 녹화와 오디오 녹음, 개방형 설문지의 형태를 가지고 있다.

이러한 모임을 통한 자료수집 외에 본 연구자는 각 입양가족들과의 **면접**을 실시하였다. '의도적인' 면접이 실시된 것은 입양가족캠프 이후의 일이기는 하지만 본 연구의 주요 정보제공자들과는 번역모임이 시작된 이래로 줄곧 만나왔기 때문에 사실은 연구 초기부터 면접이 진행되었다고 볼 수 있다. 연구자는 핵심 정보제공자와 주요 정보제공자에 해당하는 입양모들과의 **개별 면접**과 **집단 면접**, 그리고 학령기 입양아동들과의 **전화 면접**과 **개별 설문지** 등을 통해 자료를 수집하였고, 이들이 직접 기록한 **생애사 자료** 또한 얻을 수 있었다.

오프라인에서의 자료수집이 이처럼 대면적인 만남에서의 상호작용을 통해 이루어진 반면, 온라인에서의 자료수집은 일방적인 일종의 **'관찰'**을 통해 이루어졌다. 즉, 엠펙 홈페이지에 '입양일기'라는 이름으로 게시된 게시물들을 '관찰'하였다. 물론 수집된 자료들이 이미 연구참여자들이 기록해 놓은 자료들이라는 점에서 '문헌연구' 또는 '내용분석'을 위한 자료수집이라고 할 수 있지만, 모든 자료가 참여자의 일방적인 기록만으로 이루어진 것이 아니며 자신의 게시판에 올려진 다른 사람들의 글에 반응하거나 여기에 다시 반응하는 방식으로 상호작용하는 모습들을 볼 수 있었기에 '관찰'한 것이라고도 볼 수 있겠다.

아무튼 본 연구자는 엠펙 홈페이지에 게시된 '입양일기'들을 읽어보았는데, 전체 50여 가족 중에서 주요 정보제공자들이 오랫동안 매일 글을 올리는 경향이 있었으며(적게는 200여편에서 많게는 3,000여편의 글이 게시되어 있다), 특정한 사건들에 대해 여러 날에 걸쳐 일기를 쓰는 경향 또한 나타나고 있어서 한 가족에 대한 통찰을 얻기 위해서는 해당 가족의 일기를 하루 밤 내내 또는 2~3일 정도에 걸쳐 한꺼번에 읽어내야 했다.

앞서 밝힌 바와 같이 이러한 글들을 대체로 '일기'의 형식으로 쓰고 있기는 하지만 입양가족들간에 서로 상대방의 게시판에 가서 글을 올리고 이에 대해 다시 답글을 올리는 상호작용이 이루어지기도 한다. 따라서 이러한 일기들을 단순한 기록물로 볼 수는 없었으며, 현재적으로 이루어지는 상호작용에 대한 반영으로 보는 것이 보다 적절한 것이었다.

3. 윤리적 고려

질적 연구에 있어서는 연구참여자의 비밀보장과 관련한 윤리적 이슈들이 중요하다고 할 수 있으며, 특히 본 연구와 같이 소수의 구성원들로 구성되어 있어 연구결과를 통해 신원을 확인할 수 있는 집단의 구성원들에게는 비밀보장을 확보하는 것이 매우 중요하다. 본 연구자는 이를 의식하여 주요 정보제공자들로부터는 사전에 연구참여동의서를 받았으며, 다른 연구참여자들에게는 회장(gatekeeper)을 통해 일률적으로 동의를 얻고 연구결과를 제시하는 데 있어서 철저하게 비밀보장을 유지하고자 하였다. 이러한 노력에도 불구하고, 특히 핵심 정보제공자들의 비밀보장을 확보하기는 매우 어려웠다. 결국 이를 극복하기 위해 연구결과를 핵심 정보제공자들에게 제시하여 검토해 보도록 요청하였으며, 이들이 수정하거나 삭제하도록 요청한 내용들은 모두 수정하거나 삭제하였다. 따라서 본 연구에 제시된 내용들은 모두 연구참여자들의 동의를 얻어 제시한 것이다.

4. 연구자의 선이해와 역할

질적 연구에서는 연구자가 주된 연구도구이므로 연구자가 미리 가지고 있는 편견 등이 연구과정에 영향을 미치지 않도록 주의해야 한다. 이를 위해 연구자의 지향성과 선이해(先理解)에 대해 먼저 살펴보는 것이 유용하다. 연구자의 지향성과 선이해라는 주제는 현상학적 연구에서 부각되는 것인데, 본 연구자는 이것이 문화기술지를 포함한 다른 질적 연구방법론에도 유용하게 활용될 수 있다고 보았다.

본 연구자는 본 연구를 진행하기 전까지는 입양에 대해 큰 관심을 두지 않았으며, 입양에 대한 생각과 이해는 상식적인 수준에 머물러 있었다. 본 연구자가 입양을 지향하게 된 것은 아동복지를 전공하려는 학자로서 아동복지서비스의 일종인 입양으로 눈을 돌리게 된 데에서부터 시작하였으며, 또한 결혼한 지 3년이 지나 자녀의 출산 여부를 결정해야 하는 시점에서 하나의 대안으로 입양을 고려하게 되면서 더욱 강해지게 되었다. 따라서 연구자의 입양에 대한 지향은 학문적일 뿐만 아니라 개인적이면서도 일상적인 것이었다. 이에 따라 연구자는 기존 문헌을 통해 입양을 '연구'하였을 뿐만 아니라 주변 사람들과의 대화를 통해 입양에 대한 일반적인 인식과 연구자 스스로의 선이해를 파악하게 되었다.

연구자는 개인적으로 입양을 고려하면서도, 끊임없이 '입양한 아이를 낳은 아이만큼 사랑하며 키울 수 있을 것인가?'라는 의문을 스스로에게 던졌다. 초기 연구과정에서는 이 질문이 가장 핵심적이고 중요한 질문이었으나, 이후 입양가족들을 만나면서 이러한 질문은 무의미해졌다. 그동안 연구자가 만난 입양가족들은 출산을 통한 가족들과 차이가 없어 보였기 때문이다. 따라서 이제 본 연구자의 관심은 '입양한 것과 출산한 것이 분명 다를 것임에도 불구하고 저렇게 다르지 않게 살아갈 수 있는 이유는 무엇인가?'로 바뀌게 되었다. 그리고 이 질문에 대한 답이 분명하게 드러나는 상황이 '공개'라는 것을 발견하게 되었다. 즉, 공개는 입양 자체를 입양부모의 개인적인 이슈에서 가족의 이슈로 확대하게 되며, 이러한 과정에서 입양과 출산간의 차이점이 분명하게 드러나게 되는 것이다. 결국 본 연구자는 '입양'에서 '공개입양'으로 지향점을 전환하게 되었다.

공개입양에 대해 본 연구자가 가지고 있던 선이해 중에서 대표적인 것은, 입양사실을 공개했을 경우 입양아동들이 충격을 받고 이후 적응하지 못하리라는 것이었다. 또한 입양부모들도 낳은 자녀와 입양한 자녀를 다르게 대하고 양육할 것이라고 가정하였다. 공개입양을 주위 사람들에 대한 공개로 한정지은 것도 연구자의 선이해라고 할수 있을 것이다.

이러한 연구자의 선이해는 입양에 대한 기존문헌들을 살펴보고 입양가족들을 만나는 과정에서 상당 부분 변화되었다. 어떤 측면에서 이러한 변화는 연구자가 외부자 관점에서 내부자 관점으로 변화되어가고 있다는 것을 말해줄 수도 있지만, 또 다른 선이해를 형성한 것으로 볼 수도 있을 것이다.

한편, 본 연구자가 연구결과를 해석하는 데 있어서 영향을 미친 선이해로는 사회복지실천의 핵심적인 관점이라 할 수 있는 강점관점 (strengths perspective)을 들 수 있다. 본 연구자는 연구가 진행되는 동안 사회복지전문직의 고유한 관점인 강점관점을 유지하고자 하였다. 선행연구들을 검토하는 과정에서 연구자는 입양에 대한 기존 연구들의 관점이 병리적인 것임을 파악하게 되었다. 즉, 기존 연구들은 입양가족과 그 구성원들의 문제에 초점을 두고 입양가족을 이해하고자 하였다. 이러한 상황에서 연구자는 최근 새삼스레 관심을 끌고 있는 사회복지전문직의 강점관점을 가지고 입양가족들을 이해하고자 노력했다. 따라서 강점관점은 분명히 연구자의 선이해라고 할 수 있는데, 이러한 관점을 갖고 있지 않았다면 본 연구의 연구결과도 병리적이거나 문제지향적인 방식으로 제시되었을 가능성이 있다.[4] 더 솔직하게 말하자면, 이러한 강점관점은 연구자가 가지고 있었다거나 유지한 것이라기보다는 연구참여자들에 의해 연구자에게 주어진 것이라고 할 수 있다. 즉, 연구자는 연구초기에도 여전히 병리적인 관점을 가지고 연구참여자들을 바라보고 있었는데, 연구참여자들에게서는 이러한 병리적인 모습을 찾아보기 어려웠으며, 오히려 강한 모습들을 볼 수 있었다. 이러한 상황은 연구자가 더 이상 병리적인 관점을 유지하지 못하도록 하였다. 결국, 연구결과에 나타난 강점관점은 연구참여자들에 의해 획득된 것이라고 할 수 있다.

마지막으로, 연구자의 종교적인 배경도 선이해로 작용할 가능성이 있었다. 엠펙의 공개입양가족들은 대부분 기독교인들이어서 이들이 사용하는 언어나 행동 중에서는 기독교적 배경에서 나온 것들이 많이 있었다. 예를 들어, '시험'이나 '도전', '인도함'과 같은 말들은 일상생활에서도 자주 사용되는 것들이기는 하지만 기독교인들끼리 대화를 할 때는 종교적인 맥락에서 더 포괄적이거나 다른 의미로 사용한다. 이렇게 다른 의미가 담긴 말들은 비기독교인들에게는 다소 낯선 것이어서 이해하는 데 어려움을 줄 수 있는 반면에, 연구자는 개신교인이었기 때문에 더 쉽게 이해할 수 있었다. 그러나 연구자는 연구결과를 해석하는 데 있어서는 이러한 종교적 배경이 영향을 미치지 않도록 주의하였다. 즉, 연구참여자들의 진술을 이해하

---

4) 즉, 입양아동들이 입양사실을 알게 되면 충격을 받고 상당기간동안 문제행동을 나타내며 적응하지 못한다거나 입양가족들이 다른 사람들로부터 편견이 담긴 부정적인 말을 반복적으로 듣게 됨으로써 디스트레스 상황에 놓여있게 된다는 식으로 해석될 수도 있었던 것이다.

는 데 있어서 종교적 배경이 같다는 점 때문에 연구자의 종교적 배경을 맥락으로 해석하지 않도록, 연구참여자가 존재하고 있는 전체적인 맥락을 염두에 두면서 일반적인 맥락에서의 의미를 함께 고려하였다.

한편, 연구를 진행하면서 본 연구자의 위치는 완전 관찰자에서 참여관찰자로, 참여관찰자에서 관찰참여자로 바뀌어 갔다.[5] 본 연구자가 연구를 시작할 당시, 연구자의 위치는 번역모임에서 원서의 한 장을 맡아 번역하고 함께 모임에 참여하여 번역한 부분을 읽으며 입양모들의 논의를 듣는 완전관찰자에 가까웠다. 그러다가 엠펙의 크고 작은 행사 등에 참여하고 특히 입양가족캠프에 참여하면서 연구자의 위치는 참여관찰자로, 다시 관찰참여자로 바뀌어 갔다. 이러한 과정에서 본 연구자의 명칭은 '~씨'에서 '~선생님'으로 바뀌었으며, 실제 역할에 있어서도 번역 자원봉사자에서 실천가로 변화되었다.

엠펙은 현재 사단법인 등록을 마쳐가는 시점이며, 사단법인이 된 이후에는 공식적인 사업들을 진행할 예정인데, 그동안의 논의과정에서 본 연구자는 번역을 포함한 업무를 맡기로 하여 이후 본 연구자의 위치는 다시 보다 공식적인 실천가의 역할로 옮겨갈 가능성이 높다.

---

5) 완전관찰자는 어떤 방식으로든 사회과정의 일부가 되지 않으면서 사회과정을 관찰한다. 참여관찰자는 연구자라는 자신의 신분을 밝히고 사회과정에서 참여자들과 상호작용을 하지만 실제로 전혀 참여자인 척하지 않는다. 관찰참여자의 역할은 연구자가 연구를 하는 집단에 완전히 참여하지만, 자신이 연구조사를 수행하고 있다는 것을 분명히 하는 것이다(Rubin & Babbie, 1997).

제 4 절 자료분석

1. 자료분석 방법

본 연구는 문화기술지 연구이므로 자료분석 방법에 있어서도 문화
기술지에서 활용하는 분석방법을 적용하고자 하였다. 그러나 인류학
에서 주로 발달해 온 문화기술지는 오랜 전통을 가지고 있음에도 불
구하고, 그동안 '도제' 또는 '훈련을 통해 스스로 터득하는' 방식으로
연구가 진행되어 옴에 따라 정형화된 연구절차를 갖고 있지 않다. 따
라서 초보 문화기술지 연구자들은 늘 커다란 어려움을 겪어 왔는데,
이러한 어려움을 해결하도록 돕기 위해 Spradley는 문화기술지에 있
어서 발전식 연구단계(Developmental Research Sequence, D. R. S)라는 고
유한 연구과정 모형을 제안하였다. 그는 문화기술지 면접법(1979)과
참여관찰(1980) 각각을 모형화하였는데, 본 연구에서는 면접과 참여관
찰 모두를 자료수집 방법으로 활용함에 따라 두 가지 모형을 절충하
는 방식으로 적용하여 연구문제를 해결하고자 하였다.

[그림 3-6]은 D. R. S의 연구과정을 제시하고 있다. 그림에서는
주로 면접의 단계에 따라 절차를 제시하고 있으며, 참여관찰의 단계
는 괄호 안에 별도로 표시하였다. 1단계에서 3단계까지는 면접과 참
여관찰 각각의 기본적인 내용들을 다루고 있다. 즉, 면접에서는 정보
제공자를 찾아 면접하고 기록하는 전반적인 내용을 기술하고 있으며,
참여관찰에서는 사회적 상황을 선택하고 참여관찰을 실시하며 기록
하는 전반적인 내용을 기술하고 있다. 구체적인 분석과정을 수행하게
되는 4단계에서부터 11단계까지를 간략하게 설명하면 다음과 같다.
면접과 참여관찰, 두 방법 간에 단계의 차이가 있어 구체적인 분석방

법에 따라 설명하고자 한다.

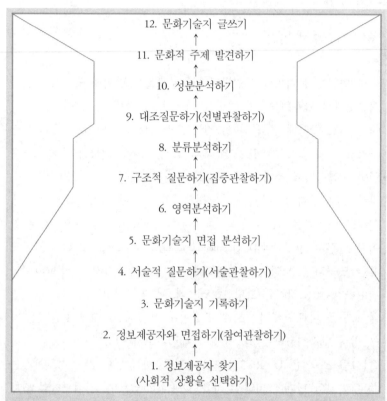

12. 문화기술지 글쓰기
↑
11. 문화적 주제 발견하기
↑
10. 성분분석하기
↑
9. 대조질문하기(선별관찰하기)
↑
8. 분류분석하기
↑
7. 구조적 질문하기(집중관찰하기)
↑
6. 영역분석하기
↑
5. 문화기술지 면접 분석하기
↑
4. 서술적 질문하기(서술관찰하기)
↑
3. 문화기술지 기록하기
↑
2. 정보제공자와 면접하기(참여관찰하기)
↑
1. 정보제공자 찾기
(사회적 상황을 선택하기)

* 발전식 연구 단계는 여러 가능한 사회적 상황을 조사한다는 넓은 초점으로 시작한다. 하나가 선정되면, 단계 3부터 단계 12까지를 통하여 연구는 '전체' 사회적 상황을 포함한다. 그러나 이중 초점이 있는데, 하나는 좁고, 다른 하나는 넓고 전체적이다. 문화기술학자는 서술적 질문하기(또는 서술관찰하기)와 영역분석하기에서 배운 기법을 계속 사용하면서, 동시에 선정한 문화적 영역을 관찰하는 데에 초점을 맞춘다. 과제의 끝을 향해 가면서, 문화적 장면을 전체적으로 서술하기 위하여 초점은 다시 확장된다.
* 이 그림은 Spradley가 문화기술지 면접법(1979)과 참여관찰(1980)에서 제안한 내용을 통합하여 재구성한 것이다.

[그림 3-6]···발전식 연구순서의 단계별 과정과 연구 초점

먼저, 서술적 질문하기(서술관찰하기)에서 영역분석하기까지는 해당 문화의 '영역'을 찾기 위한 것이다. 서술적 질문은 정보제공자가 일상적인 활동을 해나가는 데 있어서의 환경을 이해하기 위한 것으로 정보제공자의 본래 언어에서 언급되는 폭넓은 표본을 이끌어 내는 데 목적이 있다.

서술적 관찰은 문화기술지 연구자가 문화적 상황을 거의 모를 때에 연구를 안내해 주도록 고안된 것이다. 이러한 질문과 관찰의 유형은 크게 일반 여행식과 국지 여행식, 두 가지로 구분할 수 있으며, 공간, 물건, 행동, 활동, 사건, 시간, 행위자, 목적, 감정 등의 차원을 중심으로 질문하거나 관찰할 수 있다. 이러한 서술적 질문과 관찰을 통해 하나의 문화 내에 있는 여러 종류의 영역을 발견하고자 하며, 이는 의미론적 관계에 맞는 총괄용어와 포함용어들을 찾아냄으로써 가능해진다.

구조적 질문하기(집중관찰하기)와 분류분석하기는 영역을 구성하는 '분류'를 조직화하기 위한 것이다. 분류는 단 하나의 관점에서 영역과 다르다. 분류는 하나의 영역 안에 모든 민속용어들간의 관계를 보여준다. 분류는 민속용어의 하위집합을 나타내고 이 하위집합은 전체로서 영역과 관계를 가진다. 구조적 질문하기와 집중 관찰하기는 이러한 '분류'를 보다 구체화하고, 분류들간의 관계와 분류와 전체 영역간의 관계를 조직화하기 위한 것이다.

대조 질문하기(선별관찰하기)와 성분분석하기는 대조적 질문 또는 선별관찰을 통해 '성분'을 찾는 과정으로, 성분분석은 문화적 상징과 관련된 의미 구성요소의 성분을 체계적으로 찾는 연구이다. 문화기술지 연구자가 영역 내의 요소들 가운데 대조점을 발견할 때마다 이러한 대조들은 각 용어에 대한 의미의 구성성분이나 속성이라고 생각하는 것이 가장 좋을 것이다. 성분분석은 대조를 찾고, 그것들을 분류하고, 어떤 것은 대조의 차원에 따라 분류하고, 하나의 표에 이 모든 정보를 써넣은 과정을 포함한다. 또한 성분분석의 단계에서는 정보제공자가 갖고 있는 정보를 확인하고 누락된 정보를 모두 채워 넣는다.

문화적 주제 발견하기는 '문화적 주제'를 찾는 과정이다. 문화적 주제는 "내면적이든 외면적이든 수많은 영역들에 반복되는 원칙이고, 문화적 의미의 하위체계들 속에서의 관계로서 역할을 맡는 원칙이다 (Spradley, 1979)."

문화기술지 분석은 첫째, 한 문화의 부분, 둘째, 이 부분들에 대한 관계, 셋째, 부분들의 전체에 대한 관계탐색으로 구성되어 있다. 앞서 영역분석과 분류분석에서는 부분과 그 부분들 사이의 관계를 찾아왔는데, 주제의 탐색은 모든 문화의 또 다른 부분, 즉 반복해서 나타나는 인지원리를 확인하는 것을 포함한다. 그러나 주제의 탐색은 또한 영역들간의 관계와 다양한 모든 부분의 전체 문화적 상황에 대한 관계를 발견하는 수단이다. 본 연구에서는 이러한 일련의 단계들을 따라 분석을 실시하고, 그 결과를 제시하였다.

2. 연구의 신뢰성과 타당성

질적 연구는 철학적 배경, 연구방법론, 연구 목적 등에서 양적 연구와 차이가 있기 때문에 연구를 평가하는 기준 또한 양적 연구와는 달라야 한다. 학자에 따라 질적 연구의 평가기준을 조금씩 다르게 제시하고 있는데, 본 연구에서는 Lincoln & Guba(1985)가 제시한 기준을 적용하였다. 이들은 양적인 연구와 질적인 연구 모두에 연관되어 있다고 믿었던 신뢰성의 네 가지 측면을 밝히고 있다. 그것은 사실성 (truth value), 적용가능성(applicability), 일관성(consistency), 중립성(neutrality)

이다. 본 연구에서는 이러한 기준들을 가지고 연구결과를 평가하였으며 연구의 신뢰성과 타당성을 높이고자 노력하였다.

1) 사실성

이것은 양적 연구의 내적 타당도에 해당하는 것으로 참여자의 지각과 경험의 진가(true value)를 평가하는 기준이다. 질적 연구의 경우, 사람들은 복합적인 현실을 인식하고 연구자가 해야 할 일은 가능한 한 분명하게 그 정보제공자들의 관점을 보고하는 것이다. 연구자는 자료분석과 해석과정에서 2~3차례에 걸쳐 연구참여자들(주로 핵심 정보제공자)에게 연구결과에 포함된 자료들과 분석결과를 보여주어 연구자가 기술한 내용과 분석결과가 연구참여자의 그것과 일치하는지를 확인하였으며, 잘못 기술된 부분들은 모두 수정하였다.

2) 적용가능성

이것은 양적 연구의 외적 타당도에 해당하는 것으로 연구 결과가 다른 맥락이나 장소, 또는 다른 그룹에 적용될 수 있는가를 결정하기 위해서 이용되는 기준이다. 이는 더 이상 새로운 자료가 나오지 않을 때까지 자료를 심층적으로 수집하고 포화시킴으로써 이루어진다. 본 연구에서는 연구참여자들의 진술이 반복적으로 나타나서 더 이상 새로운 자료가 나오지 않을 때까지 자료를 수집하고 분석하였다.

3) 일관성

이것은 양적 연구의 신뢰도에 해당하는 것으로 동일한 연구참여자들이 상이한 맥락에 있는 경우 또는 상이한 연구참여자들이 유사한 맥락에 있는 경우 질문을 반복했을 때 그 연구 결과들간에 일관성이 있는가의 여부에 중점을 둔다. 본 연구에서는 개별 면접과 집단 면접, 입양가족캠프, 엠팩 홈페이지 등의 다양한 맥락에서 연구참여자들이 진술하거나 기록한 내용들을 비교하여 연구 결과의 일관성을 확인하였다.

4) 중립성

이것은 양적 연구의 객관성에 해당하는 것으로 연구과정과 결과에 있어서 모든 편견으로부터의 해방을 의미한다. 질적 연구자들은 정보제공자들과 지속적인 접촉을 통해서 또는 장기간의 관찰을 통해서 신뢰도를 높이려고 노력한다. 또한 연구자들은 메모를 이용해서 그리고 다른 연구자들과의 의견 교환을 통해서 자신의 편향성을 파악하려고 노력한다. 본 연구에서는 연구참여자들과의 장기적인 관계형성과 관찰을 통해 신뢰도를 높이고자 하였으며, 연구자의 선이해를 미리 파악하고자 하였고, 대학원 박사과정에 있는 동료 연구자들과의 논의를 통해 연구자 자신의 편향성을 파악하고자 노력하였다.

제 4 장 공개입양가족의 생애사

제 1 절 공개입양가족의 생애사

본 연구에서는 문화기술지의 주된 자료수집방법인 참여관찰과 심층
면접 외에 생애사 자료를 수집하여 이를 연구문제를 해결하는 데 활용
하였다. 생애사는 개인이 어떻게 사회에 대처하고 또한 사회 안에서 발
전하는가를 밝혀준다(Crane & Angrosino, 1992). 본 연구는 공개입양가족들
이 적응해 가는 과정을 이해하고자 하는 목적을 가지고 있는데, 생애
사 자료가 이러한 과정을 이해하는 데 유용한 정보를 제공해 줄 것으
로 판단하였으며, 이에 따라 적극적으로 자료를 수집하여 활용하였다.
그런데 본 연구에서 사용한 생애사 자료의 유형과 제시방법은 전통
적인 문화기술지에서 제시되는 것과는 다소 차이가 있다. 즉, 전통적인
문화기술지에서는 주요 정보제공자와의 면접을 통해 생애사 자료를 수
집하고, 연구자와 정보제공자간의 협력을 통해 이러한 자료들을 '만들
어' 가는 반면에, 본 연구에서 사용된 자료들의 일부(A 가족과 B 가족)는
정보제공자들이 스스로 진술하고 작성한 것이었다. 이러한 원자료의
차이 때문에 제시방법도 달라질 수밖에 없었다. 전통적인 문화기술지

에서는 정보제공자의 생애과정에서 밝혀진 주제에 따라 결과를 분석하고 자료를 제시하는 반면에, 본 연구에서는 정보제공자가 제시한 자료를 '거의' 그대로 제시하고 원자료의 오른쪽에 연구자가 발견한 주요 이슈들을 제시하였다. 연구자는 이러한 자료 유형과 제시방법이 본 연구에 더욱 적절할 것으로 판단하였다. 즉, 공개입양가족들이 경험한 인생 과정을 그대로 제시함으로써 공개입양가족이 처해 있는 역사적, 사회적 맥락을 이해하고 이들의 적응과정에 대한 전체적인 이해를 도울 수 있는 것이다. 또한 생애사 자료의 내용은 이후의 연구문제별 분석결과와도 비교할 수 있으므로 자료의 다원화라는 장점도 얻을 수 있었다.

한편, 여기에 제시된 생애사 자료들은 모두 본 연구의 핵심 정보제공자들인 입양모들이 제시한 것이므로 주로 입양모들의 관점이 반영되었다. 이는 자료의 한계로도 볼 수 있지만, 이들이 가족 구성원들 중에서 가장 풍부한 자료들을 제공할 수 있다는 점과 자료의 일관성을 유지한다는 차원에서 충분한 것으로 볼 수 있다. A 가족 자료의 경우에는 입양모 A가 먼저 연구자에게 검토해 보도록 제공하였으며, B 가족의 자료는 연구자의 요청에 따라 입양모 B가 작성하여 보내주었고, C 가족의 자료는 역시 연구자가 요청하여 전화면접을 통해 수집하였다.

1. A 가족

A 가족은 본 연구의 핵심 정보제공자인 입양모 A가 포함된 공개입양가족이다. 이 가족은 입양부모와 1명의 친생자(23세), 3명의 입양아동(20세, 7세, 4세), 2명의 위탁아동(13세, 12세)으로 구성되어 있다.6)

---

6) 여기에 제시된 자료는 원래 입양아동이 한 방송국의 요청을 받아 자신의 생애사를 쓰고자 했던 것인데, 쓰는 과정에서 자료가 부족하여, 결국 입양모가 입양아동의 관점에서 자신의 생애사를 기록하였다. 본 연구에서는 다른 생애사 자료들과의 일관성을 위해 입양모의 관점에서 쓴 것으로 다시 수정하였다.

출생과 어린 시절

나는 19××년 ×월 ×일 충남 부여의 시골에서 태어났다. 전기도 들어오지 않고 십리 길을 걸어 초등학교에 다녀야 할 만큼 산골이었지만 그곳에서의 생활은 무척 행복했다.

할아버지는 한약방을 하셨으며 아버지도 수리조합장을 지내시는 등 마을 유지로 지내셨기에 나의 유년시절은 유복한 생활을 하였다. 친가에는 자녀사랑이 아주 유별났는데 그 이유는 손이 귀한 집안이기도 했지만 내 형제들이 어렸을 때 죽었기 때문이었다. 내가 세상에 태어나기도 전 내 위로 언니가 둘이나 죽었으며 내 밑으로도 친하게 지내던 동생이 죽었는데 그때 큰 슬픔을 겪었다.

이 입양모의 삶을 지켜보면 유난히 많은 죽음을 경험했음을 알 수 있다. 이러한 죽음에 대한 경험이 생명에 대한 남다른 의미를 형성해 가도록 도운 것으로 보인다.

낯선 서울생활

나는 197×년에 서울로 이사하여 학교를 다니게 되었는데 그때 커다란 충격을 받았다. 낯선 서울생활은 나에게 많은 도전을 주었다.

서울의 친구들은 공부도 잘하고 아주 세련되어 있어서 지기 싫어하는 나는 밤늦게까지 학교에 남아 공부를 하곤 했다.

나는 도시에서 살아남으려면 공부를 해야 한다고 생각하느라 친구들과 어울릴 시간도 없을 만큼 초조했다. 좋은 대학에 들어가게 되기만 고대하고 있었는데 가장 중요한 시기인 고3이 되던 봄에 갑자기 아버지가 돌아가셨다. 아버지가 돌아가시자 가세도 심하게 기울어져서 나는 대학입학을 앞두고 등록금을 마련하지 못해 진학을 포기해야만 했다.

이 입양모는 '도전'이라는 표현을 자주 쓰는데, 이 말은 여러 맥락에서 다양한 의미를 가지고 사용된다. 여기에 제시된 맥락에서 사용된 의미는 새로운 환경이 제공하는 '어려움'으로 볼 수 있다.

자살시도

몹시 좌절한 나는 삶의 의욕을 잃은 채, 지친 나머지 죽고 싶었으며 결국 자살까지 시도하였다. 그러나 수면제 과다복용으로 혼수상태에 있을 때 죽음이 끝이 아니라는 것과 이 세상을 창조하신 하나님께서 생명을 주시기 위해 죽으셨다는 사실을 깨닫고 다시 깨어났을 때 생명이 연장된 것이 아주 기뻤다.

상대적인 기준이 아니라 절대적인 기준에 의해 사람의 존재가치를 알게 된 나의 생활은 커다란 변화를 겪게 되었다.

야간대학에 진학하여 낮엔 아이들을 가르치고 밤엔 공부를 하다가 81년 결혼을 할 기회가 생기면서 결혼조건으로 입양을 계획하였다. 한 명은 낳고 나머지는 가정이 필요한 아이를 입양하자는 제안을 하였다.

입양 승낙을 하지 않으면 결혼은 하지 않겠고까지 할 만큼 아주 단호한 태도를 보였다. 지금의 남편은 너무나 결혼하고 싶기도 했지만 입양을 생각하는 나를 좋게 여겼다.

그는 첫 번째 입양아동에 대한 입양동기를 '신앙'이라고 하였다.
이는 죽음과 삶의 의미를 절대자와 연결시켜 생각하게 되었기 때문이다.

하지만 반드시 해야 하는 것으로 여기진 않았고 당장 해야 하는 일도 아니었기 때문에 심각한 고민은 하지 않았고 입양을 승낙하였으며 나는 사랑하는 남자로부터 입양 승낙이 떨어지자 그것은 곧 하나님의 승낙이라고 믿고 결혼하게 되었다.

입양부는 입양 자체가 결혼을 위한 조건이었기 때문에 그리고 그러한 조건을 제시하는 입양모를 좋게 받아들였기 때문에 입양을 승낙하게 되었다.

결혼생활

항상 가족의 중요성을 느낀 나는 시부모님들과 함께 살기를 즐거워하였다. 하지만 2남 3녀의 맏며느리로서 많은 식구들을 돌보기엔 벅찬 생활이었다. 결국, 첫 아들은 8개월만에 조산하여 몸이 약해 병원에 수시로 들락거리며 컸다.

아기도 약하고 회사에 다니던 남편의 월급으로는 의료비를 마련하기에도 빠듯했기 때문에 입양을 말하면 쓸데없는 생각쯤으로 여기는 등 입양을 가능한 일로 여기는 사람은 한 명도 없었다. 남편조차도 자꾸만 생각을 바꿔보라고 말하였다.

모든 사람들의 의견을 들어본 결과 입양이 흐지부지 될지도 모른다는 불안한 마음에 영구불임수술까지 했다. 기회가 있을 때마다 입양을 허락해 달라고 간청했지만 다들 걱정이 많아 쉽게 허락받지 못했다. 시간이 흐르면서 나는 입양문제로 많은 갈등을 겪었다.

87년 여름, 교회에서 예배를 드리다가 새로운 사실을 발견하였다. 나는 여태껏 고아를 만나보지 못했으며 고아를 만나는 것은 누구의 허락도 받을 필요가 없다는 것을 알고 곧바로 집 근처 고아원을 찾아가게 되었다.

처음부터 입양을 결심하기는 하였지만 입양부모가 처한 경제적 어려움과 같은 현실적인 상황과 주위의 부정적인 입장들 때문에 실제로 입양을 진행하는 데는 어려움이 있었다. 그런데 이 입양모는 이러한 상황에 대해 다소 극단적인 방법-영구불임수술-으로 대처하였으며, 새로운 대안-아동복지시설-을 찾아 나섰다.

보육원에서 ○○이를 만나다

안산의 임대아파트에 살던 나는 일곱 살난 첫째 아들과 함께 ○○시에 위치한 ○○보육원에 찾아갔다. 그때 ○○이는 그 중에서 가장 어린 꼬마였고 4살이었다. 나는 가장 어린 ○○이의 후원자가 되었다.

매주 찾아가 동화책도 읽어주고 때로는 아파트에 친구들과 ○○이를 데려가 인형극이며 비디오 등을 보여주고 맛있는 것들도 만들어 주었다.

초등학교에 다니는 아이들이 운동회라도 하는 날이면 기꺼이 학부모 달리기에 참여해서 일등 하는 모습을 아이들에게 보여주었다. 부활절이 되면 예쁜 계란을 삶아 갔고 크리스마스가 되면 카드며 선물을 가지고 가서 재미난 잔치를 베풀곤 하였다.

나는 남편의 회사 동료들과 교회 성도들, 어머니까지 모시고 가서 페인트칠도 해주고 음식과 빨래 등을 해주었는데, 그것은 내게 커다란 즐거움이었다. 시간이 흐를수록 저녁 때 집으로 돌아가는 순간이 괴로웠다. 아무리 아이들을 사랑하고 이해한다 하더라도 나에겐 돌아갈 집이 있고 보육원에 있는 아이들은 집이 없다는 것 때문이었다.

OO이를 만나고 오는 날이면 며칠씩 울었고 남편도 그 문제로 괴로워하였다.

[입양아동의 진술]

어머니와의 첫 만남은 기억이 잘 나진 않지만 어머니와 아버지 회사 분들과 같이 놀았던 것은 아직도 기억이 생생하다. 나는 그때 정말 가족이 생긴 것 같았고 너무 좋아서 친구들한테 자랑까지 했으니 말이다.	이때 입양아동의 나이는 7세였다.

한 가족이 되던 날

90년 O월 O일

여느 때와 같이 친구들과 마냥 즐겁게 놀던 어느 날이었다. 어머니와 아버지는 휴일에 못 오셨다며 갑자기 찾아오셨다. 보육원 총무님과 대화를 하시다가 갑자기 아버지는 나를 입양하겠다면 주시겠냐고 물으셨다. 이에 총무님은 이미 일곱 살이나 되었는데 적응하기가 어렵지 않겠냐, 생각이 있으면 한번 열흘쯤 데려가서 살아보라고 하셨다. 어머니는 꿈같은 일로 여기셨고 절대 다시 오는 일은 없을 것이라고 굳게 다짐하셨다. 그때 어머니가 나에게 이렇게 말했다. "아줌마네 집에서 살래?" 난 보육원이 싫었고 어머니가 좋았지만 왠지 친구들과 다시 만나지 못한다는 것이 아쉬워서 시원스럽게 대답은 못했지만 살고 싶다고 말했다. 그렇게 차를 타게 된 것이 내가 어머니의 둘째 아들로 다시 태어난 계기가 되었다.	A 가족의 경우 '공개입양'은 가족 내 공개가 먼저 이루어진 후 가족 외 공개가 이루어진 것으로 볼 수 있다. 즉, 입양아동이 입양당시에 이미 입양사실을 알고 있었으므로 가족 내 공개는 자연스럽게 이루어졌고, 이후 가족외부에 공개하는 이슈가 중요해졌다.

[입양모의 진술]

시아버지의 반대

집에 온지 며칠 동안 나는 OO이를 씻기고 인사하는 법 등을 익히게 한 후 시댁에 데려갔다.	입양가족은 입양을 진행하는 데 있어서 새로운 장애물 - 확대가족의 반대 - 을 만난다.

시아버지는 몹시 당황해 하셨으며 없던 일로 하자고 반대를 하시는 바람에 교회에 가서 울면서 입양을 하게 해달라고 기도로 호소하였다.

결국 삼일 후, 시아버지는 OO이를 손자로 받아들여 주셨으며 나는 시아버지께 감사를 드리며 잘 키우겠다고 하였다. 시아버지의 반대를 무릅쓰고 OO이를 입양한 후 나는 동네 꼬마들을 모아놓고 공부를 가르쳤고 그 돈으로 OO이를 유치원이며 특기교육에 사용하였다.

생각과 달랐던 입양

OO이를 입양하고 6개월 후에 초등학교 6학년이던 조카를 데려왔다. 85년 심장마비로 갑자기 사망한 오빠의 아들인 조카를 포함하여 3살 터울의 세 사내아이를 키우면서 경제적인 부분까지 감당하는 몹시 피곤한 생활을 하였지만 잘 키워야 한다는 강박관념에 시달렸다. 왜냐하면 사람들이 혈연이 아닌 입양을 달갑게 생각하지 않았고 부정적으로 봤기 때문에 보란 듯이 키우기 위해 안간힘을 썼던 것이다.

혹여 아이들이 잘못될까 말썽꾸러기 세 사내아이를 데리고 새벽엔 교회로 데려가고 손수 공부와 수영 등을 가르쳐 주었다.

결국 입양한 지 4년 되던 해에 과로로 몸져눕게 되었다. 누워서 지난 시간들을 돌이켜보면서 입양이 처음 생각했던 것과 다르다는 것을 발견하게 되었다.

부모가 되어 사랑하겠다는 의미에서 입양을 계획했지만 실제로 내가 한 일은 우리들이 사회적으로 인정받기를 바라는 그 마음에 많은 시행착오가 있었다는 것을 시인하게 되었고, 그 일로 육아에 관한 계획들을 바꿔가기 시작했다.

절대 요양을 해야 된다는 의사선생님의 의견에 따라 우리는 시아버지 댁 근처인 과천으로 이사를 했다. 나는 좋은 부모가 되기 위해 공부도 하고 독서도 많이 하였다. 지금도 싫어하지만 공부를 무지 싫어하는 OO이 때문에 방송대학에 입학해서 공부하는 모습을 손수 보여주려고 하였다.

가족의 겹쳐진 우환

9×년 1월, 오빠가 간암 말기 판정을 받아 시한부 인생을 살게 되었다. 또한 그해 3월 어머니는 위암말기 판정을 받아 위험을 무릅쓰고 수술을 받게 되었다. 나에겐 그때가 가장 슬픈 해였던 것으로 기억한다.

두 명의 말기 암환자를 갖게 된 나는 두 분을 집으로 모시고 와서 병 수발을 들어드렸다. 그러나 결국 한 분밖에 안 계신 오빠는 한 여름 소나기가 쏟아지던 날 돌아가셨다. 가까운 가족의 죽음을 여러 번 지켜보면서 나는 생명에 대한 소중함을 더욱 갖게 되었다.

그 어수선한 상태에서도 네 살, 여섯 살짜리 두 남매를 데려다가 5개월 동안 보살폈다. 그러나 OO이는 그 당시 내가 어수선한 틈을 타서 친구들과 몰려다니며 놀았고 결국 나와 남편의 지갑에 손을 대기도 했다. OO이는 그렇게 훔친 돈으로 친구들과 흥청망청 쓰며 놀았다. 하지만 '꼬리가 길면 잡히는 법' 결국 남편한테 잡혀서 몹시 혼나고 있을 때도 나는 사뭇 흐느껴 울 수밖에 없었다.

내가 가장 힘들 때 도와주기는커녕 더욱 속을 썩인 OO이 가장 미운 시

입양모는 여기에서 또 다른 죽음을 경험하였다. 한편, 본 연구가 진행되는 과정에서 여기에 언급된 '외사촌형'도 사고로 사망하였다.

여기에는 입양부모들이 경험하는 스트레스 중 하나인 입양아동을 '더욱 잘' 키워야겠다는 부담감이 나타난다.

이러한 부담감과도 관련되는 것으로, 입양부모는 자신의 입양가족이 '사회적으로 인정'받기를 원하고 있었다.

입양모는 한번 더 죽음을 경험한다. 이러한 경험들은 삶의 과정에서 축적되어 생명에 대한 소중함을 갖게 하였다.

'집을 나가라'는 말은 입양아동

기였다. 하지만 홧김에 도둑놈으로는 키울 수 없으니 집을 나가라는 남편의 협박에 OO이가 무릎을 꿇고 용서를 빌었을 때 나와 남편은 눈물을 흘리며 고맙다고 하였다.

왜냐하면 입양하면서 무슨 일이 있어도 집을 나가라는 말만은 절대 하지 않겠다는 우리의 약속이 깨질 수도 있다는 위기감에서 벗어났기 때문이었다.

> 아버지가 나가라고 했을 때 자존심도 상했고 너무 슬퍼서 정말로 집을 나갈 생각도 했다. 하지만 부모님께서 나를 위해 우시는 걸 보고 나갈 수가 없었다. 무엇보다 가장 힘드셨을 때에 속을 썩여 드린 것 같아 너무 죄송하다. (입양아동의 진술)

또다시 하게 된 입양

IMF가 터지면서 많은 가정들이 깨지고 나라 전체가 어수선하던 199×년 말, 나는 또다시 입양을 하고 싶다면서 남편을 조르기 시작했다. 시행착오를 생략하고 사랑으로만 자녀를 키우고 싶다는 소망은 OO이가 입양된 후 8년이 흐른 9×년 0월 OO일, 6개월짜리 아기가 오면서 실현되었다.

우리 집은 새로 입양된 △△이로 인해 활기로 넘쳤으며 유모차를 끌고 온 동네를 다닐 땐 마치 신혼 같았다. 사진을 찍고 일기를 쓰는 등 우리 가족은 가장 행복한 시기를 보내게 되었다.

99년 여름, OO이와 같은 보육원에서 컸던 여자아이가 나를 찾아왔는데, 자신이 낳은 초등학교 1학년, 2학년 두 형제를 맡아달라는 부탁을 받았다. 나는 그들을 맡을 가정을 찾다가 결국 나타나지 않자 그 해 말 가족으로 받아들였으며 다시 가족이 늘면서 일거리가 많아지고 속 썩이는 일도 늘어나 또다시 고달픈 시간이 계속되었다.

정서적으로 불안정한 아이들은 도벽에 거짓말, 침묵 등으로 온 가족을 긴장시키는 일이 수시로 일어났다. 하지만 한번도 후회하지는 않았으며 꾸준히 아이들을 보살폈다. 지금도 이 두 아이들의 안정을 위해 전문가의 상담치료 등을 받고 있다.

입양부모 모임 단체 결성

해외입양인인 스티브 모리슨 씨를 만나면서 "한국입양홍보회"라는 단체까지 만들어서 입양을 홍보하는 일에 바삐 뛰어다니게 되었다.

우리집은 인터뷰를 원하는 기자들과 방송국 사람들, 여러 입양가정들의 방문으로 항상 북적거렸다. 매스컴에 나갈 때마다 아이들이 투덜거리며 불평을 늘어놓기는 하였지만 어머니는 가정이 필요한 아이들을 위해 협

에게 있어서 일반아동과는 다른 의미-즉, 관계의 단절과 그로 인한 또 한번의 상실-를 가질 수 있다.

입양부모들도 이러한 의미를 알고 있기 때문에 이러한 반응을 보이게 되는 것이다.

여기에 언급된 내용은 아동복지서비스의 하나인 '위탁보호'의 형태이다. 이 아동들은 지금도 함께 생활하고 있는데, 이 아동들에 대한 양육경험을 통해 입양모는 위탁보호에 대해 기본적으로 부정적인 입장을 가지고 있다. 이는 복잡한 측면들을 내포하고 있다. 이 두 아동은 친생부모가 있으면서 이들과 만남을 가지고 있어서 엄마아빠라고 부르는 두 쌍의 부모를 가지고 있는 한편, 다른 자녀들과는 달리 다른 성을 가지고 있어 이질감을 느끼게 하고 일시적인 보호라는 점에서 불안정한 관계를 형성하도록 한다.

입양모 A는 엠펙의 설립자 중 한명이기 때문에, 엠펙 가입 시기는 엠펙 설립시기와 일치한다. 엠펙이 설립되면서 언론을 통한 공개가 이루어지기 시작했으며, 이에 따라 가족 외부의 사

조해 줘야 한다는 말로 설득했다.

밤이면 인터넷 사이트에 일기를 올리고 낮이면 울려대는 전화상담과 인터뷰… 나는 이 모든 힘겨운 일들을 즐겼다.

그동안의 노력으로 "한국입양홍보회"는 많이 성장하여 우리 집에서 이뤄지던 일들이 2년만에 아래층 사무실로 독립하게 되었다.

람들에게 입양아동의 입양사실이 자연스럽게 공개되었다.

딸이 생기다

2001년 봄, 온 가족들을 불러놓고 부탁을 하였다. 한 아이가 서류문제로 입양이 어렵게 되어 보육시설로 가게 되었다는 사연을 말해주었다. 그러나 우리 가정에서 입양을 한다면 허락해줄 수 있다고 하는데 가족들의 의견을 듣고 싶다고 하였다.

이미 아들이 다섯이나 있고 우리 부부의 나이가 40이 훌쩍 넘어버렸지만 시설에서 크기보다 우리 집에 입양되는 것이 더 좋을 것이라고 이야기하였다.

남편은 너무 자녀도 많고 경제적인 부분을 생각하거나 혹은 나이를 생각할 때 어렵다는 판단을 하였지만 나와 큰 아이들은 입양을 적극적으로 찬성하였다. 결국 남편은 기도하게 되었으며 일주일 후 하나님께서 그 아이의 입양을 원하시는 것 같다면서 최종 결정을 하게 되었다.

200×년 5월. 우리 가정은 또다시 6개월짜리 꼬마가 입양되었다. 예쁜 여자아이는 우리 가족에게 커다란 기쁨을 안겨주었다. 나는 밤잠을 못자 피로하였지만, 아기를 업고 즐거워하였다.

이제 우리 막내 △△이는 두 돌이 다 되어간다.

나는 현재 기독교 방송국에서 매주 입양가정을 소개하고 강의요청이 오면 여기저기 대학에도 나가고 각종 입양부모 모임과 국내입양 활성화를 위한 일이라면 바삐 뛰어다니고 있다.

이 입양가족은 현재 또 한번의 입양을 준비하고 있다.

　　A 가족은 결혼과 출산, 입양, 위탁 등을 통해 가족을 형성하고 새로운 가족 구성원들을 받아들였다. 가족 구성원을 받아들이는 방법이 이처럼 다양했기 때문에 가족으로 적응해 가는 과정도 매우 복잡한 양상을 보이고 있다. 그러나 여기에서는 연구문제에 초점을 두어 주로 입양과 관련된 적응과정만을 살펴보고자 한다.

　　입양모 A는 입양을 결혼 조건으로 내세울 만큼 입양에 대한 강력한 동기를 가지고 있었다. 이러한 동기는 입양모 A가 이전의 삶에서 경험한 죽음과 생명의 의미, 그리고 종교적인 동기에 의해 형성된 것으로 볼 수 있다. 그러나 입양부와 주위 사람들의 반대로 인해 결혼 이후 실제 입양하기까지는 상당 기간이 지체되었다. 이에 입양모 A는 다른 경로 — 아동보육시설 — 를 통해 입양 과정을 준비하고 진행하였으며, 결국 그 아동을 입양하였다. 입양아동은 입양 당시 7세였기 때문에 자연스럽게 입양 사실을 알고 있었으며, 따라서 공개입양 여부는 A 가족에게 있어서 아무런 문제도 되지 않았다.

오히려 어려움을 준 것은 확대가족 — 특히, 시아버지 — 의 반대와 주위 사람들의 부정적인 태도였다. 입양모 A는 이러한 상황에서 입양아동을 보다 '잘 키우기 위해' 노력하였으며, 이를 통해 사회로부터 가족으로 인정받고자 하였다. 그러나 입양아동을 양육하는 과정에서도 많은 어려움을 경험하였다. 이러한 과정을 거친 후에 입양부모는 다시 입양을 하게 되었다. 두 번째 입양아동을 양육하는 과정은 '신혼'생활과 같았다.

얼마 후 입양모 A는 현재의 이사장인 해외입양인을 만나 '엠펙'을 설립하고, 이후 다양한 방법으로 입양을 홍보하게 되었다. 각종 언론을 통해 A 가족이 사회에 노출되었으며 이로 인해 가족의 외부인들에게도 자연스럽게 입양사실이 공개되었다.

A 가족은 얼마 후에 또 한명의 아동을 입양하게 되었으며, 이로써 이 입양부모는 3명의 입양아동을 양육하게 되었다. 입양모 A를 포함한 A 가족은 언론에 자주 공개되고 있고 엠펙 활동에도 가족 전체가 빠짐없이 참석하고 있기 때문에 입양아동에 대한 입양사실의 공개와 가족 외부에 대한 공개는 자연스럽게 이루어지고 있다.

2. B 가족

B 가족은 역시 본 연구의 핵심 정보제공자인 입양모 B가 포함된 공개입양가족이다. 이 가족은 입양부모와 2명의 입양아동(12세와 10세)으로 구성되어 있다.[7]

나는 19××년에 서울에서 태어났다. 부모님들은 이북 태생이며 공산권을 피해 남쪽으로 오신 분들이다. 친가는 과수원을 하는 집안이었고 외가는 아주 부유해서 어머니는 남의 땅을 밟아보지 않고 자랐다고 했다. 특히 외할아버지는 면장을 하셨고 독립군과도 아주 긴밀한 관계를 갖고 계셨다. 아버지는 한국전쟁이 일어나기 전에는 수협에서 서기관으로 계셨다.

전쟁이 일어나고 어수선한 세월이라서 부산으로 피난을 갔을 때 우리 식구는 내 위로는 언니와 오빠 그리고 내 밑으로 쌍둥이 여동생들이 있었다. 부산의 영락교회 마당에서 피난 생활을 하던 중 모든 아이들이 홍역에 걸려 앓았는데 그때 동생 둘과 언니가 죽고 나와 오빠만 살아남았다. 그 때 얻은 홍역 기침으로 나는 온 생애를 기관지와 호흡기 병으로 시달리며 살고 있다.

전쟁이 끝나고 전라도 광주로 보금자리를 정하고 아버지도 집에서 안정되게 살게 되기 시작하면서 행복한 어린 시절을 보내게 되었다. 난 외동딸 노릇을 톡톡히 했고 오빠는 맏아들로서 귀염을 받았다. 그 당시에는 광주에서 가장 잘 사는 사람들이 모여 산다는 동명동에 마당 넓은 집에 살면서 어머니와 술래잡기도 하고 숨바꼭질도 하면서 재미있게 살면서 그 당시에는 흔하지 않던 유치원을 다녔다. 어려서부터 몸이 약해서 어디서나 보호받는 것에 습관이 되 있던 나는 걸어 다니던 기억이 별로 없었던 것 같다. 아버지와 다닐 때는 아버지 등에 업혀서 다녔고 유치원에 갈 때는 집에서 돌봐주던 언니의 등에 업혀서 다녔다. 그래서 나는 어려서부터 운동을 하지 않는 습관이 붙었고 내가 길을 익혀 놓지 않아도 다닐 수 있었기에 매일 다니는 유치원에서 집까지의 길도 익히지 못하였다. 어쩌다 언니가 데리러 오지 못 하던가 할 때는 유치원 선생님의 등에 업혀 집으로 오기도 했다.

그러던 어느 날 어머니는 내 남동생을 낳으셨다. 그 후로 우리는 더욱

입양모 B는 유복한 가정에서 태어나 어린 시절에는 경제적으로 어렵지 않게 생활하였다.
그러나 전쟁 중 형제들의 사망과 본인의 질병으로 인해 어려움을 경험하였다.

어린 시절에 경험한 질병과 좋지 못한 건강상태는 이후의 생활에 상이한 영향을 미칠 수 있다.
먼저, 긍정적인 영향을 보면 미리 경험을 함으로써 이후의 질병과 관련된 경험에는 보다 유연하게 대처할 수 있다. 또한 작은 어려움에도 보다 민감하고 적극적으로 대처함으로써 조기 치료의 가능성을 높일 수 있다.

---

7) 여기에 제시한 자료는 입양모 B가 필자의 요청에 따라 기록한 것이다. 전체적인 내용은 첫 번째 요청에 따라 쓴 것이며, [추가진술]로 표시된 부분은 보충이 필요한 내용을 필자가 다시 요청하여 입양모 B가 추가로 기술하여 보내준 내용을 삽입한 것이다.

행복하게 살았다. 내 남동생이 아장아장 걸어 다닐 때 큰 사고가 일어나서 집안에 불행이 닥쳤다. 일하던 언니가 남동생이 먹던 우유깡통에다 빨래 삶을 때 쓰려고 양잿물을 담아서 마루 밑에 두었는데 동생이 우유인 줄 알고 마셨다. 우물에 담가 두었던 수박을 꺼내서 먹으려는데 "악!" 소리가 나고 동생의 입에서 피가 흘렀다. 그때부터 어머니는 동생에게 매달렸고 온 집안의 평화가 깨졌다. 간신히 목숨을 구한 동생은 다 녹아내린 식도를 뚫느라 고생을 하면서 액체로 된 음식을 먹으며 연명을 했고 몸이 약한 나는 항상 기침을 하고 가래를 거렁거리며 힘들게 했다.

초등학교에 들어가서도 몸이 항상 약해서 병치레를 하느라 일년에 최소한도 3~4개월 정도는 학교에 다니지 못했다. 그렇게 광주에서의 행복한 시절을 보내다가 아버지의 직장 때문에 서울로 올라오게 되었다. 그 때가 초등학교 3학년.

서울의 한복판인 회현동에 자리를 잡은 후 ××초등학교에 다니면서 항상 지나치게 되는 높은 빌딩들과 신세계 백화점 그리고 명동성당을 다니면서 보게 되는 명동의 거리에 어려서부터 흠뻑 빠지게 되었다. 그 당시 동동크림을 팔던 예술단의 공연을 보며 학교를 다녔고 명동거리의 마네킹을 구경하였다. 아버지가 그 당시 국립극장에 근무했던 덕에 입장권을 몇 장씩 갖다 주어서 임춘행 악극단의 프로가 바뀔 때마다 어머니와 가서 보고 집에 와서는 동생과 오빠와 흉내내기도 했다. 어머니는 ·열심한 천주교 신자여서 새벽 미사에 우리를 데리고 가기도 하셨다. 부모들은 나에게 공부를 하라고 한 적이 없었다. 피로하면 몸이 아프니 힘들게 공부하지 말라고 책을 보면 집어 던지기도 하였다. 심지어는 병원에서 의사선생님도 죽으면 아무것도 못 하니 책을 보지 말고 편히 쉬고 밥을 많이 먹으라고 했다. 항상 폐가 나빠서 고생을 했으니 다른 형제들보다 나를 더 챙겨 주느라 보신하는 음식을 다른 형제들 몰래 많이 먹였다.

중학교를 들어가자 남동생이 태어나고 그 다음해에는 여동생이 태어났다. 그렇게 하여 3남 2녀가 되었다. 중고등학교 때는 비교적 건강하여 별다른 병치레를 하지 않았다.

원래 노래를 잘 하시던 어머니의 기질을 닮아 나도 노래를 잘 했는데 어머니는 자신의 꿈인 성악가를 딸에게서 이루고 싶어서 성악을 시켰다. 어려서부터 합창단을 다니고 집에서는 저녁 식사 후에 식구들이 모여서 내가 치는 피아노 반주에 맞춰 온 식구가 합창을 하는 화목한 집안이 되었다. 나는 자연스럽게 성악과를 들어가게 되었고 어머니의 자랑거리가 되었다.

내 인생에 있어서 대학 4년의 생활이 가장 황금기였다고 생각한다.

사는 것에 별다른 생각을 하지 않고 단순하게 사는 나에게 시련이 왔는데 그것은 오빠가 군대에 나가서 죽은 것이고 그로부터 2년 뒤에는 아버

반면에, 어린 시절의 질병과 좋지 못한 건강상태가 이후의 생활에 미치는 부정적인 영향은 질병으로 인해 가족이나 다른 사람들에게 지나치게 의존하는 경향을 나타낼 수 있다는 것이다.

입양모 B는 또 다른 가족구성원들의 죽음을 경험하게 된다. 이

지를 잃었다. 대학을 졸업하며 내가 어머니와 동생들의 보호자가 되어야 했으나 잘 하지도 못 했다. 어머니는 경제력 훈련이 되어있지 않아서 남에게 사기까지 당하여 빚까지 지게 되었다. 나는 사태의 심각성을 금새 느끼지 못하고 돈 쓰는 훈련도 받지 못해서 갑자기 기울어진 생활에 적응하기가 쉽지 않았다. 졸업 후 교사생활을 하며 집안을 도왔고 우연한 기회에 고아원에 가서 아이들 성가를 가르치는 봉사를 하게 되면서 고아원의 실상을 알게 되었다. 그 때 돈을 번다면 고아원을 차려 불쌍한 아이들을 따뜻하게 돌보겠다는 생각을 했다.

교사생활을 하면서도 특유의 명랑함과 유머로 주위 사람들을 즐겁게 했고 낙천적인 성격으로 같은 동료들과 잘 지냈다. 원칙을 항상 주장하시는 호랑이 교장 선생님도 아예 교무실에 오셔서 내 자리 옆에 의자를 갖다놓고 앉으셔서 나와 이야기하는 것을 즐겨 하셨으니 내 말솜씨는 아주 유명하리 만치 좋았다. 그래서 항상 내 주위에는 사람이 있었다.

30이 된 늦은 나이에 대학에서 학생운동 하다 퇴학당한 남편을 만나 결혼을 했다. 시댁의 생활형편도 아주 바닥이었고 남편의 처지도 불안정한 상태라 아이는 좀 늦게 가지려고 했는데 우연한 기회에 불임이라는 사실을 알고는 불임병원에도 다녔다. 다행히 남편은 복학하게 되었고 나머지 한 학기를 마치고 취직이 되어 한 숨을 돌렸으나 시댁과는 별로 사이가 좋지 않아서 분가하여 살게 되었다. 결혼 2년 후에 전세금과 둘의 퇴직금을 가지고 남편의 미국 유학을 떠났다. 유학 생활을 하며 나는 직장을 다녔으며 2년 후에는 나도 학교에 입학하여 대학원 공부를 하였다.

1985년에 시험관 베이비가 성공했을 때 그곳에서 치료를 받고 싶어서 병원에 가서 진단을 받았으나 여러 가지 형편이 여의치 않아서 그만 두었다. 그 후로 남편의 학위를 끝내고 그 곳에서 취직이 되어 또 다른 6년을 살면서 불임치료를 시도하였다. 그러나 또 좌절하는 결과를 가졌다.

미국에 살면서 주위에서 입양한 여러 가족들을 만나게 되면서 입양을 해야겠다는 생각을 했다. 처음부터 비밀입양은 생각하지도 않았다. 그곳에서 보게 되는 입양가족들 모두가 다 훌륭해 보였다. 그리고 외국으로 입양 보내는 조국에 대해서 수치심도 느꼈다.

[불임치료와 입양과정에 관한 추가진술]

결혼 후 1년이 지난 다음 친구의 권유로 병원에 가게 되었다. 나팔관 폐쇄라는 진단을 받고 그 당시에 할 수 있었던 공기를 통과시켜 뚫는 시술을 했다. ○○병원에서. 처음은 실패로 돌아갔고 그 다음 번의 시술에서 성공하였으나 임신에 실패. 그 후, 5년이 지난 다음 미국의 병원에서 입원하면서 다시 검사했으나, 결과는 마찬가지. 당시에는 시험관 시술을 할 수 있는 병원이 가까이 있지 않아서 포기했다. 그 후, 3년이 지난 다음 또 다시 시작. 그곳의

때는 성인기이므로 어린 시절의 경험과는 다른 의미로 받아들여졌을 것이다.

한편, 아버지의 사망 이후 이어지는 상황들에 대해 한동안 잘 적응하지 못하는 모습을 보이고 있는데, 이는 위에서 살펴본 어린 시절의 부정적 영향 때문으로 볼 수 있다.

고아원에서의 봉사 경험은 입양 동기에도 영향을 준 것으로 볼 수 있다.

여기에서부터 입양모 B는 '불임'을 경험하게 된다.

미국에서 입양가족들과의 접촉 경험은 입양을 대안으로 생각하는 기회를 제공했을 뿐만 아니라, 공개입양을 당연한 것으로 여기도록 해주었다.

입양모 B가 불임에 대처하는 과정은 매우 복잡한 심리사회적 양상들을 가지고 있는데, 아무튼 '고통스러웠던' 오랜 불임치료가 결국 실패로 돌아가자, 입양을 결심하게 되었다.

이렇게 결심하게 된 것은 모델이 된 다른 입양가족과 병원에서의

불임팀 의사로부터 입양을 권유받음. 시술 중 너무 고통스럽고 그
에 따르는 비용도 엄청나서 중단하였다. 남편은 처음부터 시술을
반대했으며, 나중에 입양하자고 하였다.

입양 권유 때문이었다.

한국에 돌아온 후 서둘러 입양신청을 하고 그 해 12월에 아들을 입양했
다.
꿈 같은 세월을 아이와 함께 지내면서 가정이라는 의미를 알게 되었다.
아들이 네 살이 되니 동생이 있어야겠다는 생각이 들어 딸을 입양하여
남매가 되었다.

[입양 동기에 관한 추가진술]

불임 때문에 입양하였다. 아기를 기르고 싶었다. 준기가 4살이 되
니 시간적, 경제적, 신체적 여유도 있게 되었고 준기가 동생을 원
했다. 동생이 없는 큰아이를 생각하니 내가 죽은 후 이 세상에 홀
로 남아서 지내게 될 준기가 불쌍해서 동생을 만들어 주어 서로
의지하며 살도록 하려고 입양하였다.

한편, 두 번째 입양자녀인 준희
의 입양동기는 일반 가족의 출산
동기와 다르지 않았다.

집안에서는 친가나 외가 모두 대환영이었다. 오랫동안 아이가 없었던 집
에 아이가 있으니 모두들 환영하였고 아이들은 할머니로부터 극진한 사
랑을 받았다.
둘다 아주 명랑하고 활발하며 건강하게 잘 자라고 있다. 공부도 뛰어나
게 잘하는 편은 아니지만 남들 못지않게 따라가고 있다. 좀더 잘 하게
하고 싶지만 그렇게 하다가는 가정의 평화를 포기해야 될 것 같아 내가
참고 있다.
아이들에게 2년 전에 입양사실을 말했고 조금은 힘들었지만 지금은 입
양에 대한 이야기를 서로가 마음 놓고 할 수 있는 사이가 되었다. 아이
들이 커감에 따라 말의 강도도 높아지는데 "엄마 잔소리 듣기 싫고 공부
하기 싫으면 엄마가 필요 없지 않으냐. 엄마가 필요 없으면 고아원에 가
는 것이 어떠냐. 거기서도 밥도 먹여주고 잠도 재워 주는데 나랑 살면서
싫은 잔소리 들을 필요가 있겠느냐"고 말 할 때도 있다. 그럴 땐 "엄마,
내가 잘 할게. 난 엄마가 필요해" 하고 대답한다. 그런 이야기 마음이 아
플까봐 하지 않으려고 했는데 현실을 현실로 처리하는 게 좋을 것 같아
서 나도 거리낌 없이 말하고 아이들도 그들의 마음을 내 놓고 말 할 수
있게 된 것 같다. 나는 아이들이 올바로 자라서 사회에 나가 잘 적응하
기를 바라기에 내 곁에 항상 붙어 있으리라는 기대를 하지 않는다.

입양모 B의 가족들은 입양결정
을 적극적으로 지지하였으며,
지금도 마찬가지이다. 이러한 양
상은 입양모 B가 오랜 불임치료
로 고통받았기 때문에 더욱 강
하게 나타나는 것으로 보인다.
입양모 B는 입양아동에 대한
'입양사실의 공개'를 진행하였
다. 앞서 입양모 B는 비밀입양
에 대해 생각해 본 적이 없다고
진술하였는데, 이 때문에 다른
입양가족들이 경험하기 쉬운 공
개를 앞둔 스트레스 등은 경험
하지 않은 것으로 보인다.
한편, 이때 입양아동의 나이는
10세였는데, 이는 입양사실을 공
개하기에는 다소 늦은 나이라고
할 수 있다. 이 때문에 입양아동
이 입양사실에 적응하는 데는 상
당한 시간이 필요했다. 그러나 2
년이 지난 현재의 시점에서는
자연스럽게 입양사실을 이야기
할 수 있을 정도로 잘 적응하고
있는 상태이다.

[입양사실 공개 이후의 상황에 대한 추가진술]

준기가 많이 슬퍼했다. 친엄마를 찾고 싶다고 해서 커서 같이 찾

자고 하였다. 다시 스킨쉽이 시작되어 같이 자고 같이 온종일 지내며 지난날의 사진들도 보고 이야기도 많이 하였다. 서서히 안정을 찾아가게 되었다. 안정이 된 후 친엄마 보고 싶지 않다고 하였다. 지금은 입양 이야기를 자유롭게 할 수 있게 되었다. 그간에 속 썩여서 미안하다고 하였고 엄마한테 잘 한다고 그 당시는 말했으나 아이는 아이인지라 똑같다. 공부도 안하고 떼도 쓰고 다른 아이들과 똑같이 행동하고 재미있게 지낸다. 행복하다고 한다. 내가 어렸을 때 돈이 없어서 고생했다고 하니까, 엄마 아빠도 입양되었으면 좋았을 텐데 불쌍하다고 한다. 준희는 오빠가 말해서 알게 되었다. 아주 자연스럽게 그냥 지나갔다. 그러나 준희도 친엄마가 보고 싶다는 말을 처음에 했다. 일주일이 지난 후 친엄마 보고 싶지 않다고 말했다. 지금은 둘 다 앉혀 놓고 입양이야기를 해도 자연스럽고 친엄마에 대해서 내가 이야기를 꺼내도 자연스럽게 이야기한다.

아이들의 성품이 착하고 순하고 부모를 좋아하기에 아무런 문제가 없다. 그러나 숙제나 공부를 시킬 때는 항상 문제가 생긴다. 큰 아이는 축구에 정신이 팔려 축구 외에는 아무것도 하려 하지 않는다. 축구 교실도 보내고 그에 따르는 도구들도 사주면서 후원을 하는데 축구를 시작하면서부터는 책 보는 것을 싫어하고 아예 숙제라는 것은 해 가지 않으니 그것이 걱정이다.

큰 아이는 편집증적인 면이 있다. 무엇이든 한번 하게 되면 아주 심하게 몰입한다. 어렸을 때 두발 자전거를 배울 때 계속 넘어지면서도 잘 안 되니까 아예 학교 운동장에서 집에 들어가지 않고 배웠다. 며칠을 그렇게 하다가 그래도 안 되니까 자전거를 발로 차고 울면서 왜 이렇게 안되느냐고 난리를 피운 적이 있다. 게임도 하다하다 안 되면 막 화를 내고 울면서 왜 이렇게 않되냐고 난리를 친다. 포기하지 않고 될 때까지 매달리는 기질은 좋은데 걱정되는 면도 있다.

둘째는 너그러운 편이다. 먹는 것을 좋아하여 좀 뚱뚱한 편인데 오빠처럼 집중을 못 하고 주의가 좀 산만한 편에 들어간다. 학습능력이 좀 떨어지지만 그 대신에 노력을 한다. 심부름을 잘하고 남들을 돕는 것을 좋아하여 주위에서 칭찬을 들으며 지내고 있다. 공부만 빼 놓으면 더 이상 바랄 것이 없는 요절숙녀다. 먹는 것이 좀 문제지만.

[가족 외 공개에 대한 추가진술]

한편, 입양한 동네에서 아직까지 살고 있다. 동네에서 아는 사람들이 많다고 생각하는데 별다른 반응을 느끼지 못하고 있다. 특별한 시선을 받았다는 느낌이 전혀 없고 아이들도 밖에서 별다른

입양부모와 입양아동간의 '다름'은 입양가족의 적응을 어렵게 할 수 있다.

이 입양가족의 입양부모는 모두 대학원 유학을 다녀온 고학력자들이다. 반면에 입양아동들은 모두 학습에 있어서 어려움을 겪고 있다.

이러한 입양부모와 입양아동간의 차이는 입양부모로 하여금 입양아동들을 이해하고 수용하는 데 어려움을 줄 수 있고 이는 가족의 적응에도 부정적인 영향을 미칠 수 있다.

여기에서 입양부모들은 유전적인 아쉬움을 경험할 수 있다. 즉, 내가 아이를 낳았다면 이렇지 않았을 수도 있을 텐데라는 생각을 할 수 있다.

옘팩의 핵심구성원들 중에서 입양모 B는 비교적 사회적 관계망의 범위가 좁은 편이다. 그의 관

느낌을 받지 않는 것 같다. 내가 동네에서 나다니지 않고 알고 지내는 사람들이 별로 없어서 그들이 뭐라고 하는지 전혀 알지 못 하는 상태이므로 나는 느끼지 못하고 있다. 주위 사람들의 시선을 그래서 느끼지 않는다. 그렇다고 동네 사람들과 인사도 안 하고 다니는 편은 아니다. 얼굴들은 다 알아서 거리에서 만나면 아는 척은 하지만 차 마시러 간다던가 우리 집에 초대하는 일은 없다. 아이들 친구 엄마들이랑은 전화도 하고 왔다갔다로 하지만 그들로부터도 전혀 입양에 관한 이야기를 못 들었다. 내가 그집 아이들을 대하는 것만큼 우리 아이들도 그들 집에 가서 대접을 받는다.

내 스스로가 떳떳하고 당당하게 산다면 사람들의 반응에는 그리 신경 쓰지 않아도 된다고 생각한다. 준희 담임선생님께 말했는데 굉장히 도움을 주었다. 지금도 준희를 위해 상담도 해 주시고 준희 아빠가 돈을 잘 벌어야 아이들을 잘 키울 수 있다고 하시며 기도하신다고 한다. 경제적으로 도와주려고 무척 신경을 많이 쓰신다. 학교에서 학용품 같은 것 있으면 보내주시고 멜로디온, 타악기 같은 준비물을 챙겨 주신다.

계망은 확대가족, 엠펙, 임시교사로 일하고 있는 학교, 입양자녀들이 다니고 있는 학교의 교사들 정도로 제한되어 있다. 관계망 자체가 좁은 범위 내에서 형성되어 있기 때문에 입양 사실을 공개하는 범위 또한 제한되어 있다.

한편, 입양가족 B는 지금까지 언론에 공개된 적이 없으며, 엠펙 홈페이지에도 사진을 공개하지 않고 있다.

입양모 B가 입양을 하게 된 일차적인 동기는 '불임'이었는데, 이러한 동기를 현실화한 요인은 고아원에서의 봉사 경험, 미국 입양가족들과의 긍정적인 경험, 그리고 병원 의사의 권유 등으로 볼 수 있다. 입양모 B는 불임 사실을 알게 된 후, 한국과 미국에서 오랫동안 불임치료를 받았으나 결국 임신을 하지 못하였고, 결국 입양을 하게 되었다.

입양부모가 불임으로 인해 오랜 기간 어려움을 경험했기 때문에 확대가족은 입양하는 것을 지지하였으며, 이후 양육과정에서도 이 입양가족 전체에 대해 긍정적인 태도를 보여주었다. 그리고 첫 번째 입양아동이 4세가 되었을 때 두 번째 아동을 입양하였는데, 이 아동에 대해서도 확대가족은 지지적인 태도를 보였다.

한편, 입양모 B는 미국에서의 경험을 통해 공개입양을 당연한 것으로 받아들였으며, 다소 망설이기는 하였지만, '어느 날' 입양사실을 공개하였다. 입양사실을 알게 되었을 때, 두 입양아동의 반응에는 큰 차이가 있었는데, 첫 번째 입양아동의 경우 큰 충격을 받고 1달 동안 힘들어하는 모습을 보인 반면에, 두 번째 입양아동의 경우에는 별다른 어려움 없이 '자연스럽게' 지나갔다.

B 가족이 엠펙과 연결된 시기는 입양아동들에게 입양사실을 공개한 이후였다. 엠펙에 가입한 이후 입양모 B는 사례발표 등을 통해 활발하게 활동하며 입양을 '홍보'하고 있고, 다른 입양부모들을 교육하고 있다. 또한 엠펙의 주요 모임과 행사에 입양아동들과 함께 참여하고 있다.

엠펙을 제외하면, B 가족의 사회적 관계망의 범위는 넓지 않은 편이며, 이 때문에 가족 외부의 사람들에게도 입양사실의 공개는 제한적으로 이루어지고 있다. 그러나 이는 가족 외부에 대한 공개를 두려워해서라기보다는 외부인의 시선에 대해 '신경 쓰지 않기 때문'이다.

3. C 가족

C 가족은 본 연구의 핵심 정보제공자인 입양모 C가 포함된 공개 입양가족이다. 이 가족은 입양부모와 1명의 입양아동(12세)으로 구성되어 있다.[8]

---

8) 여기에 제시된 자료는 입양모 C와의 전화 면접을 통해 수집된 것이다. 필자는 입양모 C와 1시간 10분 정도에 걸쳐 전화 통화를 하였으며, 통화내용을 녹음하고 곧바로 축어록으로 작성, 분석하였다.

출생 후 결혼까지의 삶

아버지가 일찍 돌아가셨어요. 5살 때 돌아가셨는데 거의 기억이 없죠. (형제관계는) 막내구요. 5남매의 막내인데, 고2 때까지는 굉장히 부유했었어요. 그래서 아버지의 부재에 대해서만 허전한 느낌만 있었지 다른 건 풍요했기 때문에 어려운 걸 모르고 자랐죠. 근데 집이 막 무너지기 시작하니까 대학가기가 힘이 들었어요. 예비고사도 보고 그랬는데, 대학에 안가는 게 내 힘으로 도울 수 있는… 우리 식구들이 버는 재주가 없는 것 같아요. 직장 생활 같은 것도 한번도 안했어요. 제 고향이 부산이고 서울로 이사를 갔는데 고등학교 졸업할 때는 큰 언니가 결혼해서 부산에서 살았거든요. 집안이 어려워지면 전부 발 벗고 나서서 벌어야 되는데 인문계니까 취직한다는 엄두도 못 내고 신문사 지국이라는 데가 있잖아요. 거기를 두 달을 다녔는데 월급도 제대로 못 받은 것 같아요. 직장이라고 딱 두 달 다닌 거 말고는 제가 벌어본 기억은 한번도 없어요. 생활은 큰 오빠가 관광 가이드였거든요. 그래갖고 일본이랑 한국 오고가면서 큰 오빠가 벌어서 우리 식구 먹여 살리고 언니들 시집보내고… 그게 굉장히 잘 버는 거더라구요. 제가 막낸데 큰 언니하고는 14살 차이고 큰 오빠하고는 12살이고 그래요.
(고등학교 다닐 때 무슨 일?) 학교 다니면서 느낄 때는 항상 풍요로웠다고 생각을 했는데 친정어머니도 돈만 많았지 규모있게 하는 걸 잘 못하셨던 거 같아요. 돈만 대고 찔끔찔끔 빠져나간 것 같아요. 조금씩 조금씩 작은 집으로 옮기기는 했었어요. 그래도 그렇게 많이 힘든 상황인줄 몰랐죠. 아버지가 재산을 많이 남겨놓으셨어요. 직장 생활도 안하고 백조로 계속 있다가 28살에 결혼을 했어요. 결혼은 중매로 했어요. 백수생활이 너무 길었죠.

결혼 이후의 생활

결혼한 이후…. 사람이 그렇더라구요. 나이가 젊었을 때는 연애를 하든지 그러면 사랑을 하게 되면 돈 같은 거 안 따지고 사랑만 가지고 결혼하고 그러잖아요. 저도 만나고 했던 사람이 있는데 나이가 들어가면서 계산이 되더라구요. 월급쟁인데 어느 세월에… 그런 생각이 들고. 나이도 적고 결혼할 뻔한 사람이 있었는데 그러는 사이에 중매가 들어왔어요. 땅은 있으니까…. 그리고 만나보니까 도시에서 봤던 남자들하고는 너무 틀려요. 지금도 얘네 아빠가 존경스러울 때가 있어요. 너무 때가 안묻은 거… 마음 고생은 안하죠. 몸 고생은 많이 해도….
(결혼할 당시에는) 서울에서 살았어요. 제가 서울하고 부산에만 살아 가지고 시골을 전혀 몰랐어요. 시골의 생활에 대해서… 시골에 대한 환상

입양모 C의 경우, 어렸을 때 아버지의 사망이라는 사건이 있었지만 워낙 어린 때라서 큰 어려움을 주지는 않았다.
이후에도 한동안은 아버지가 물려주신 경제적 자원을 가지고 비교적 넉넉한 생활을 할 수 있었으며, 점차 자원이 감소하기는 하였지만 큰 어려움을 느낄 만큼의 생활은 아니었다.

입양모 C가 결혼하기까지의 과정과 결혼한 직후의 생활 과정은 '평범'하다.

이 있었던 건 아니고 그냥 조용하게 살겠다는 생각을 했죠. (서울에 올라 오신 때가) 고3 졸업하고 서울로 올라왔죠. 가족들은 8개월 먼저 올라왔 어요. 저는 졸업할 기간 동안은 부산 큰언니 집에 있고….
(서울에서 결혼할 당시 남편은 어떤 일을?) 농사지었어요. 천안에서… 계속 그 일을 하고 있었죠. 과수원인데…, 지금도 저는 그래요. 거룩한 직업이라고 생각을 해요. 고달플 때도 있는데, 어디선가 그런 글을 봤어 요. 하나님이 사람이 가진 직업들 중에서 농사짓는 직업을 제일 우선으 로 쳐주신다고 그러더라구요. 거룩한 직업으로 여기고 힘들어도 새소리 같은 거 들으면서… 지금 사는 데가 원래부터 OO….
(어려웠던 일이 있었다고 들었는데…) 농사를 지어갖고는 돈을 벌기가 힘들어요. 농민들은 정말 불쌍해요. 거래를 하면서 알게 됐는데 형, 동생 처럼 그렇게 친한 집인데, 사과밭 같은 걸 아예 통째로 사요. 우리가 그 런 걸 같이 했어요. 그렇게 밭떼기 같은 걸로 하면 OO(금액)정도 그렇 게 벌었는데, 증권을 해갖고 다 까먹었잖아요. 정말 돈이 그렇게 없어본 적이 없어요. 재원이 학원비가 없을 정도로 돈이 없더라구요. 지금도 실 감은 안나요. 그렇게 없어본 적이 없었기 때문에…, 사람이 이럴 수도 있 구나. 그래도 거기서 스톱했으니까 다행이지, 오기로 땅 팔아서 했으 면…
아이가 7살 때… 5년 정도 지났죠. 그때 진짜 위기감이 들었어요. 저한 테 왜했냐고 다그치거나 그러진 않는데, 오히려 말 안하고 있는 침묵이 저한테는 굉장히 부담스러웠어요. '여자가 간 크게…' 그랬으면 잘못 을 빌텐데…. 말을 안하고 있는 게 더 고통스럽더라구요. 구체적인 이혼 생각까지 했었는데 재원이 때문에… 재원이 아빠 친구 중에 입양한 집이 있었는데, 그 집은 이혼을 했어요. 그 얘기는 불문율처럼 서로가 안 꺼내 요. 그것 때문에 불편해 하거나… 여자가 간 크게 막…. (이런 말은 안 해요) 갑자기 환경도 바뀌고… 잘하자고 한 거지…. 거기에 대해서는 서 로가 말 한마디 안 해요.

입양 동기

결혼을 해서 한 1~2년 정도 지났는데, 나이가 (남편이) 서른 둘이었고 제가 스물여덟이고 네 살 차이에요. 서로가 나이가 많으니까 빨리 아이 가 있어야 되는데… 지금은 챙피한 일인데… 우리 친정엄마가 그런 걸

그동안의 현장연구를 통해 입양 가족 C가 커다란 경제적 어려움 을 경험한 적이 있다는 이야기를 들은 바 있다. 여기에서의 질문과 답은 그 상황에 대한 것이다.
자료에 제시된 바와 같이, 주업인 농사 일외에 다른 일로 벌어들 인 여유자금을 가지고 증권투자 를 했다가 모두 잃고 말았다.

이 당시 입양아동의 나이는 7세 였다. 아동을 생후 27일 만에 입 양하였으므로 입양 후 만 5년이 지난 시기였다. 이 '사건'으로 인해 가족이 해체될 위기에까지 이르렀으나 입양아동 때문에 피 할 수 있었다.
여기에서 중요한 것은 입양아동 이 이미 이 가족에서 '친자녀'의 의미를 가지고 있었다는 점이 다. 흔히, 이혼을 '방해'하는 가 장 빈번한 이유로 '자녀'를 드는 데, 만약 입양아동이 '친자녀'로 서의 의미를 가지고 있지 않았 다면 자연스럽게 이혼과 파양이 이루어질 수도 있었을 것이다.

이 입양부모의 입양동기는 '불 임'이었다. 3년동안 임신이 안 되자, 이후 3년동안 불임치료를 받았다.

믿는 사람이 아닌데, 3년째 되니까 걱정이 되는 거예요. 그래서 서울에서 뭘 봤어요. 용하다는 데를…. 그때는 굉장히 기대가 됐었어요. 성격이랑 너무 잘 맞추는 거예요. 너무 놀랄 정도로…. 진짜 잘 맞추는구나 했는데, 저더러 걱정을 하지 말래요. 줄줄이 나올 거니까…. 그래서 그런가 보다 했는데, 그래도 기다려도 없죠. 이건 심각하다 해서… 또 그때는 병원을 다닐 생각을 못했어요. 병원에 가야 되는데, 산부인과에 익숙하지 않은 사람은 산부인과 가기 싫거든요. 애를 낳아본 사람도 아니고… 굉장히 유명한 한의원이 있어요. (위치 설명) 한의사가 우리 띠도 물어봐요. '낳겠네' 그러더니 맥을 짚어보고 약을 처방해줬거든요. 나팔관에 아무 이상 없다고… 지어주는 대로 약을 먹었는데 소식이 없어서… 그런데 병원에 가서 치료를 했는데 나팔관이 막혔어요. 원인이, 제가 중3땐가 배가 너무 아파서 수술한 적이 있었거든요. 복막이 터져서… 그 염증이 나팔관에 가면 막힐 수가 있다네요. 그렇게 오래된 게 원인이었더라구요. 그래서 OO병원에서 개복수술을 했죠. 나팔관… 그게 10~20% 밖에 성공률이 안 된다고 그랬어요. 근데 너무 오래되어 가지고…. 세월이 얼마나 흘렀어요? 중3때. 그래도 그것도 안 되고…. 난관이 막히면 시험관밖에 안 된대요. 그래서 시험관도 OO병원에서 했죠. 하는 데까지 해도 안 되고…. (치료는) 결혼하고 3년 정도 지나서 노력을 했죠. 기도도 정말 많이 했죠. 결정적인 건, 왜 그렇게 많이 노력과 기도를 했는데 하나님이 안 주실 때는 어디에 뜻이 있는지 생각을 해보라고 그러시더라구요. 거기서 제가 깨달았죠. 다른 식으로 애기를 주시려고… 그 신부님이 OOOO(입양기관) 소개시켜 주셔서… 애기 아빠도 나이는 들고… 그리고 사실은 그래요. 애가 없으면, 연애 결혼한 사람은 막… 그런 것도 아니고… 중매 결혼을 해서 그런 건 아니지만 애기 아빠가 말이 없어요. 표현도 잘 안 하는데다가 공통된 대화도 없고 삶에 진짜 재미있는 게 하나도 없었어요. 나날이 사는 게 지루한 일상 그 자체였어요.
(부모님들하고 상의를 했는데) 아들을 원하고, 저는 주시는 대로 그랬는데 아들을 좋아해요. 그런데 부모자식간의 인연이 정말… 다른 데로 가려고 했는데 그 집에 사정이 있었대요. 우리 재원이가… 그래서 보류되어 있던 앤데… 신청해 놓고 기다리는 건 진짜 지루하거든요. 1년을 기다리라고 그러더라구요. 이렇게 애타게 기다리는데… 그래도 너무 많이 밀려서 기다려야 된다는 거예요. 봄에 신청하고 진짜 막 기다리기가 그런데… 여름에 비가 왔어요. 그런데 찾아가자고 그래서 갔는데 애를 보여준 거예요. 그래서 1년이 6개월로 단축됐고, 대단한 인연이라고 생각해요. (그때가) 92년….

불임치료는 '하는 데까지 해도 안 될 정도'까지 받았다.
이러한 경험은 많은 입양부모들이 공유하는 것인데, 불임치료 과정이 매우 힘겹고 고통스러운 과정임에도 불구하고 이렇게 장기적으로 치료를 지속하는 것은 그만큼 자녀를 갖는 것에 대한, 그리고 부모가 되려는 열망이 크기 때문이라고 할 수 있다.
여기에서는 종교(영성)의 두 가지 역할이 나타난다. 그것은 첫째, 사회적 지지원 ─ 정보적 지지 제공자 ─ 으로서의 역할과 둘째, '어려움'과 그 상황에 대한 다른 시각을 제공하는 역할이다. 이 입양가족에게는 종교가 두 가지 역할 모두에서 긍정적인 영향을 미친 것으로 볼 수 있다.

입양과 출산의 차이점 중에 하나는 '예측불가능성'이다. 출산은 그 시기를 예측할 수 있지만, 입양은 정확한 입양시기를 예측하기 어렵다. 이런 상황에서 입양을 신청한 후 대기기간이 길어지면 지루함과, '애타는' 마음 등을 느낄 수 있고, 갑자기 입양이 이루어지면 준비되지 않은 상태에서 아이를 맞게 되므로 당황할 수 있다.

다른 가족들의 반응

다 좋았어요. 왜냐하면 재원 아빠 집안이 자손이 굉장히 귀해요. 큰 아주버님 집에도 애기가 없어요. 그 밑에 동생이 아들 하나 딸 하나고··· 큰 아주버님도 재원이를 보면 얘를 특별히 생각하고···. 특히 우리 어머니는 친손주 이상으로 잘해 주시는 것 같아요. 잘해주는 게 눈에 보여요.

이 입양가족의 확대가족은 입양에 대해 무척 지지적인 반응을 보였다.
이는 '자손이 귀해서'이기도 하고, 입양부모의 '불임' 때문이기도 하다.

입양아동 양육과정

저는 과잉행동장애라는 게 있는지도 몰랐거든요. 나중에 엠펙 일기 쓰면서 OOO 이사장님 아들이 그렇다고 그랬어요. 그걸 보면서 어릴 때 그게 있는 줄 알았어요. 굉장히 놀랐데요.
갓난아기가 그렇게 부산스러운 애를 처음 봤네요. 자라면서 굉장히 산만했어요. 특징이 사춘기 되면서부터 없어진데요. 거의 병적으로 ADHD···. 그래도 다행히 가서 다치거나 그런 건 없었어요. 태권도 하다가 기브스 한 거 말고는··· 남들 하는 것만큼···.

입양아동인 재원이에게는 오랫동안 주의가 산만한 행동이 나타났는데, 입양모는 전문적인 진단을 받지 않은 상태에서 이를 ADHD로 단정하고 있다.
현재에도 입양아동은 주의가 산만한 편이지만 나이가 들면서 나아가는 편이라고 하였다. 그런데 입양모 C는 입양아동의 학교성적에 대해서는 별로 신경을 쓰지 않고 있어서 이로인한 갈등은 거의 없다.

엠펙과의 접촉

2001년도 말쯤에 9월달인가 성령님의 도우심으로 그러지 않았나 싶어요. 그때까지 생각을 안 해봤는데, 전화를 해봐야겠다는 생각이···. OOO(입양기관)으로 전화를 해봤는데··· 다른 분이 받으시더라구요. 엠펙이라는 데를 아네요. 들어본 듯한데 모르겠다고 했더니··· 생각조차도 못했죠. 교류라는 건··· 우리 마음을 다 아시니까··· 좋을 거라고 전화번호 가르쳐주시고, OOO(다른 입양부모모임)도 가르쳐 주셨어요. OOO에는 연락안하고 엠펙에만···. 그때가 2001년 9월, 그리고 2001년 10월에 2차 전국대회에 가보고, 서로가 정말 부모형제보다 더 이해할 수 있는 사람들이 모이는 데가 있구나 생각을 했죠.

엠펙과의 접촉은 '우연히' 이루어지는데, 이 접촉을 통해 가족 외부에 대한 입양사실의 공개가 처음으로 이루어졌다고 할 수 있으며, 입양아동에 대한 공개도 이 시점부터 준비되었다고 할 수 있다.

공개 동기

공개는 정말 재원이 아빠도 반대를 했었어요. 왜냐하면 내 자식으로 키우다가 매를 들어야 할 부분에서··· 매는 들어야 된다고 생각하거든요. 매 끝에 효자가 난다. 버릇없는 애 제일 싫은데··· 그렇게 되지 않을까···

이 입양부모들이 공개입양을 생각하고 진행할 수 있었던 것은 일차적으로 엠펙의 영향이라고 친자식이 아니라서 그런가보다 생각하지 않을까 그런 것 때문에 애들 아빠는 펄쩍 뛰더라구요. 준비는 철저히 했죠.
OO이 엄마(가까운 지역에 사는 다른 입양모)가 똑똑해요. 그 엄마가 많이 도와줬어요. 자기는 애가 어리기 때문에 지금부터… 입양이라는 말을 모임에도 가고, 오면 알잖아요. 걔도 입양했고 쟤도 입양했고 아, 그런 애들이 많구나 생각하고 있었어요. 그때가 겨울방학 때였어요. OO어머니도 겨울방학이었다는데, 그런데 좀 놀란 것 같아도 너무 잘 돼 가지고……

할 수 있다. 그러나 공개입양을 해야겠다는 생각을 실제 행동으로 옮기기는 매우 어렵다.
이 가족의 경우, 공개입양을 실행하지 못하도록 하는 장애물은 입양부모가 가지고 있던 공개 이후 양육과정에 대한 걱정이었다.
반면에, 다른 공개입양가족의 지지는 공개입양을 실행하도록 하는 힘이 되었다.

공개 준비 과정

2차 전국대회 때 갖고 온 책들이요. 책자를 들여다보게 되잖아요. 사례 같은…. 그렇게 보여주고 접근을 많이 했죠. 물어보고 그 단어가 하나도 얘한테 어색하지 않게 자주 올렸어요. 놀러왔던, 행복해 보이는 애들도 다 입양한 아이였다. 생각하는 것도… 놀래긴 했지만….
(준비하는 과정에서 재원이의 반응?) 얘기했을 때, 부인하고 싶어했어요. 거짓말이지? 아니지? 하면서 부인하려고 했어요. 눈물까지 글썽이면서… (그런 기간이 얼마나?) 하루요. 쟤가 성격이 굉장히 밝아요. 쟤가 기가 펄펄 사는 애라, 성격은 그 대신 삐지긴 잘해요. 그래도 금방 풀어지고 애가 성격이 좋은 것 같아요.

입양아동에게 입양되었다는 사실을 말해주기 전에 '충격'을 완화하기 위해, 이 입양모는 입양아동이 '입양'이라는 개념에 익숙해지도록 했다. 여기에는 캠프 행사시 발간된 자료와 도서 등이 활용되었다. 얼마 후 입양아동에게 입양사실을 공개했는데, 입양아동은 의외로 '잘 받아들였다'. 당시 입양아동은 초등학교 3학년이었기 때문에 이러한 반응은 정말 놀라운 것이었다. 물론 부인하고 의심하는 과정이 있었는데, 이는 당연하고 자연스러운 과정이라고 할 수 있다. 어쨌든 입양아동이 이처럼 입양사실을 잘 받아들일 수 있게 된 것은 공개 이전에 미리 상당한 정도로 준비해 왔기 때문으로 볼 수 있다.

남편 설득

아빠는 처음엔 반대를 많이 했는데 얘기를 많이 하고 자유로워지자 그랬죠. 제가 하는 일에 대해서 반대하는 스타일은 아니에요. 많이 밀어주는 편이니까…. (요즘은) 재원이하고 친구처럼 장난하고 사이는 좋죠. 말로는 강하게 키워야지 하면서도 실천이 잘 안 되고 아직까지도 하는 거 보면 저는 거의 환자 수준이에요. 해가 뉘엿뉘엿 질 때 되면, 해가 서산에 넘어가면서부터 쟤가 너무 그리워져요. 매일 보는 애임에도 불구하고…. 그리고 보면 다른 엄마도 그럴까 저는 그런 생각이 들어요. 애들이 그렇게 예쁜지조차도 모르고 지지고 볶고 하는 엄마들이 느끼는 사랑스러움

기존 가족이론의 관점에서 볼 때, 이 공개입양가족, 특히 입양모와 입양아동간의 관계특성은 '밀착'으로 볼 수 있을 것이다. 입양모는 지금도 입양아동을 데리고 함께 잠을 잔다고 한다.

하고, 너무 오랫동안 기다리는 입양부모들이 애를 좋아하는 그 차이가 있을 것 같아요. 지금도 저렇게 큰 애를 좋아서 어떻게 할 줄을 몰라요. 남들이 보면 거의 환자예요, 환자… 쟤도 그거는 충분히 느끼는 거 같애요. 어제도 뭘하다 말고 그렇게 물어봐요. "엄마, 내가 그렇게 사랑스러워?" "그럼, 사랑스럽지… 돌아가실 정도로 사랑스러워." 쟤가 저랑 코드가 너무 잘 맞아요. 재원이 아빠는 다른 쪽으로는 잘 돌아가는데… 위트나 그런 거 없는데, 그런 부분이 재원이하고 저하고는 굉장히 잘 맞아요. 소화를 잘 못해요. 우리는 너무 재미있는데…. 그런 스타일 있잖아요. 커뮤니케이션이 전혀 안 되는… 이렇게 안 될 수도 있나….

동생 입양(또 한명의 아이를 입양하고 싶어 하신다는데…)

벽이에요. 벽……. (반대하는 이유가?) 나이가 너무 많다. (키우기 어렵다…) 엠펙에서 말하는 한 아이라도 가정에서…. 그게 가장 큰 취지잖아요. 시설에서 키우는 것보다 가정에서… 그런데 저희가 생각하는 거하고 일반 사람들이 생각하는 거 하고 너무 틀려서 "왜 사서 고생하나? 미쳤다" 여기저기 장벽이 너무 많죠. 그런데 그 장벽은 허물 수 있는데, 대장이… 애 욕심은 많아요. 그런데 나이가 너무 많고…. 우리 나이가 몇 살인데… 그리고 재원이가 나중에 고생이다. 그런 식이니까… 옛날에는 우리도 둘째를 하려고 했어요. 재원이 세 살 때…… ㅇㅇㅇ에서 그 수녀님이… 지금도 그 수녀님이랑 통화를 하는데… 애없는 사람들이 줄을 서있는데 그러시더라구요. 다른 ㅇㅇㅇ이나 ㅇㅇㅇ(입양기관)같은 델 몰랐어요. 부산까지 갔었어요. 그래가지고 못했는데, 재원이 아빠도 그때 둘째를 못했던걸 아쉬워해요. 재원이는 너무 차이나는 애가 아니고 심부름시킬 수 있는 애면 좋겠다고 해요.

엠펙을 알기 전 공개 의사

전혀 없어요. 남이 알까봐 다른 데로 이사도 갔었어요. 어디에서 결정적으로 그랬냐 하면 성당에 가면 아예 젊은 사람들은 그러지 않는데, 적당히 나이든 사람들이 툭툭 던지는 말이… 애들은 본능적으로 잘 알아듣는다면서요. 성당을 옮기면 지역이 틀려지니까 싶어서…. 그런데 지금은 복사까지 하니까 요새는… 아이고, 얘야? 그때도 알긴 알았는데, 그때는 공개는 생각도 안했는데…. (어떻게 알게 됐죠?) 애가 없을 때는 일을 많이 했어요. 제가 주일 학교도 하고 일을 참 많이 했어요. 다 알죠. (그 당시 성당분들의 반응은?) 잘했다고 하죠. 근데, 제가 두려웠던 부분은 나쁜 뜻에서 하는 건 아니겠지만, 그런 사람들은 입양이라는 말 자체를 안 하잖아요. 데리고 왔다… 그렇게 수군대는 게 너무 싫어서…. 제 또래만 돼도 그러지 않는데…… 중노인네들이 수군수군… 그런 눈치들이 너무 싫더라구요.

입양모는 또 한명의 아이를 입양하고 싶어 하는데, 입양부는 절대적으로 반대하고 있는 상황이다. 그 이유는 옆에 제시된 바와 같이 '나이가 너무 많다, 그래서 키우기 어렵다'는 것과 양육책임이 첫 입양아동에게 부담지워질 수 있다는 것이다.

입양모는 입양에 대한 주위의 반대를 '벽'이라고 표현한다. 그런데 그런 벽들은 '허물 수 있는 것'이라고 한다.

엠펙을 알기 전 이 가족은 공개입양을 한다는 것에 대해 '생각해 본 적도 없다.'

입양가족은 입양 직후 주위의 반응을 견디지 못해 다른 곳으로 이사를 가기까지 했다. 이사를 한다는 것은 생활환경을 바꾼다는 것이므로 상당히 부담스러운 일이다. 그럼에도 불구하고 이렇게 이사를 가게 된 것은 그만큼 주위의 반응이 입양모에게 부정적인 영향을 미쳤음을 보여주는 것이다.

이 입양가족에게 있어서 공개

몇 달 정도……. 두달 반, 세달 정도 말하고…. OO이 엄마가 공개하는 데 많은 도움을 준 거 같아요. (어떤 도움을?) 말로, 더 크면 더 힘들어지니까 해야 되지 않겠냐고…. 처음엔 펄쩍 뛰다가 그 쪽으로 생각을 돌리게 된 거죠. 지금도 너무 잘했다고 생각해요. 지금까지 살아오면서 가장 잘한 일 같아요.

(성당 사람들 말고 아는 분들?)

시골이니까 거의 아는데, 여기 아파트는 모르는 사람이 많아요. 원래부터 여기 사는 사람 중에는 아는 사람도 있는데…. 근데, 참 그전에 말씀드릴게…. 남의 호기심이라는 게 있죠. 특히 여자들의 호기심이라는 게 오래가지도 않아요. OO아파트에 살 때, 거기 살 때도 몇 사람은 알고 있었어요. 이사가고 나니까, 온 동네 아파트 마당에… 그게 한 며칠을 재미거리로… 사람들이 그게 참 재밌나보다. 남의 말 하는 게… 그게 참 상처였어요. 죄지은 것도 아닌데…. 그게 그렇게 자기들, 손뼉을 쳐가면서 재밌어 했어야됐나… 나랑 친했던 엄마도 있었는데… 그러다 말지… 재원이가 커서 보잖아요? 보통 애들 성장해서 보는 것하고, 그런 애들은 확실히 벌써 편견이 눈빛에서부터 느껴져요. 왜 그렇게 생각을 해가면서 봐야되나?

(다른 사람들에게 입양사실을 이야기하는 거에 대해서는…)

종교에서 만난 사람한테는…. 재원이 학교 자모들이나 이런 사람들 한테는요. 말하기 싫어요. 그런 게 얘기가 돌아가지고 상처받을까봐 싫고… 우리 아이도… 이런 사람들한테… 책도 갖춰주고 그 전에는 3명 정도 얘기해서 했어요. 이런 사람들은 죽어도 낳아야 된다는… (그 이유는?) 정말 내 아이처럼 키울 수 있을까? 그거예요. (입양하는 것에 대한 두려움?) 예. 딱 그거예요. 안 해본 사람은 그럴 수밖에 없죠. 사람이니까…. 이렇게 편견 많은 나라에서 보고 자라왔기 때문에 쉬운 게 아니죠. 그리고 이런 거 있어요. 정말 내 자식으로 키웠는데 한번씩 거리감이 느껴지고 내가 정말 안 낳았구나 이런 생각이 들때가 어떤 때냐 하면, 재원이는 라면은 싫어해요. 그런데 국수나 우동같은 걸 너무 좋아하는 거예요. (그래서) 생부가 저걸 좋아했나보다. 우리 둘 다 안 좋아하는데… 그럴 때는 서글픈 생각이 가끔씩 들어요. 그거 외에는….

양은 가족 내 공개와 가족 외 공개 모두 엠펙 가입 이후에 순서대로 이루어졌다.

'지금까지 살아오면서 가장 잘한 일', 그것이 공개입양이다. 그리고 그 일에는 다른 공개입양가족이 도움을 주었다. 그 도움은 지속적인 지지와 격려의 형태로 제공되었다.

일반 가족들의 눈에 입양은 '신기하고', '호기심의 대상이 되는', 그래서 함께 모여 수군거림으로 '재미있게' 느낄 수 있는 그런 일이다.

그리고 입양가족에 대한 편견은 '눈빛에서부터 느껴질 만큼' 분명하고 큰 것이다.

이처럼 상처받고, 편견의 대상이 되면서도 이 입양모는 다른 사람들에게 적극적으로 입양을 권한다.

그럼에도 불구하고, 많은 사람들은 '죽어도' 입양은 못한다. 그것은 내가 낳은 아이처럼 키울 수 있을까 하는 두려움에서 나온다.

입양가족들은 편견의 희생양이 되고 있으면서도 사실 그런 편견을 '이해한다.' 왜냐하면 입양하기 전에는 그들도 그런 편견을 가지고 있었기 때문이다.

한편, 입양아동이 '친자녀'가 되었음에도 불구하고, 가끔 기질적 차이를 인식함으로 떠오르는 낯선 감정은 어쩔 수 없는 것이다. 그러나 그런 감정이 입양가족을 '서글프게' 하지만, 그것이 가족임을 부인하게 하는 것은 아니다.

생부모에 대한 정보

들었어요. 요즘 OOOO복지회(입양기관)는 아예 카피를 떠주더군요. 전에는 별로 생각하지도 않았고… 하면서 굉장히 궁금했어요. 그래서 여쭤

입양부모들 중 대부분은 불임부부들이고, 이들은 또한 오랫동

죠. 보여줄 수 있냐고… 가서갔고 그렇게 알고 싶으세요? 그러더니, 재원이 생년월일 불러준다고 해서… 굉장히 두근거리고 그랬어요. 생부모 모두 열여덟 살이라고… 그 순간 눈물이 났어요. 생모가 남같이 느껴지지가 않아요. 동생 같고… 형제처럼 느껴지고 보고 싶어요. 맛있는 거 사 먹이고 안아주고 등이라도 두들겨주고 싶고 그래요. 너무 고맙고 … (요즘 생부모에 대한 생각?) 요즘도 그래요. 재원이가 많이 여리고 착해요. 그럴 때 정말 보고 싶고 그래요.

재원이도 가끔 한번씩 물어봐요. 왜 만나고 싶어? 그러면 아니, 지금은 아냐. 그런데 거기에는 굉장히 복잡한 게 보여요. 보고 싶은 것도 있고 원망 같은 것도 있어요. 아직까지는 어리니까… 찾아보자. 그런데 그것도 조심해야 되잖아요. 그리고 생부는 찾기가 더 어렵더라구요. 그래도 얼마나 보고 싶겠어요. (최근에 얘기한건 얼마나?) 제가 얘기를 해요. 묻어두지 말라고… 걔가 다리가 길어요. 옷 갈아입다가 니네 친아빠도 길었나보다 그러면… 자연스럽게 표현을 하면… 혼자 안 해도 되는구나…. (그럴 때 재원이는?) 아무렇지도 않아요. 거기에 대해서 아무런 것도… (청소년기, 커가는 것에 대한 불안감, 두려움은?) 없어요. 공개를 했기 때문에… 성당에서 복사하고… 그런데 신부님이 너무 딱딱하세요. 재밌게 해야 되는데… 토요일도 저녁 6시 넘어야 오거든요. 시골이라 차도 없고…. 저는 그냥 가지 말라 그래요. 그게 속박이 되버리면 신앙에 도움이 안 될 것 같아서… 어떤 땐 하기 싫다. 그리고… 두려움… 말하다보면 애한테 두려움이라는 걸 자꾸 말하는 것 같아서… 사랑의 하나님을 가르쳐 줘야 하는데… 흔들릴 때가 있겠죠. 그래도….

안 아이를 기다려 오다가 임신이 안 되어 불임치료를 받고 하는 과정을 거치면서 나이도 많아지게 된다. 그래서 입양부모들과 대부분이 미혼부모인 친생부모들간에는 상당한 나이차가 나기 마련이다.

따라서 입양부모들이 친생부모들에 대해 갖는 감정은 매우 복합적이다.

사랑스런 자녀를 갖게 해주어 고맙다는 감정, 동생이나 아들·딸 같이 느껴지는 감정, 자녀의 뿌리를 알고 싶다는 감정 등… 한편, 입양아동들은 보고싶은 마음, 원망 같은 감정들을 느낀다. 중요한 것은 이 가족이 이러한 감정을 자유롭게 표현할 수 있다는 것이다. 가족 구성원들간에 할 수 있는 이야기는 가족 내에서, 그리고 다소 비밀스러운 이야기들은 엠펙에서 표현하게 된다.

입양모 C의 일차적인 입양동기는 '불임'이었다. 불임 사실을 알게 된 후 입양모 C는 3년 정도에 걸쳐 불임 치료를 받았으나 임신에는 성공하지 못했다. 이러한 과정에서 종교단체의 성직자로부터 입양을 권고받게 되었고, 입양 신청 후 6개월 정도의 대기기간을 거쳐 마침내 입양을 하게 되었다.

입양부모의 확대가족은 입양에 대해 매우 지지적이었으며, 입양아동을 양육하는 과정에서는 입양아동의 과잉행동 및 주의력 결핍 장애로 인해 어려움이 있기는 하였으나 큰 어려움을 경험하지는 않았다.

입양모 C는 공개입양에 대해서는 한번도 생각해 보지 않은 상태였는데, 우연한 기회에 엠펙과 접촉하게 되면서 입양아동에 대한 공개를 준비하고 진행하게 되었다. 입양사실을 공개하였을 때 입양아동의 반응은 놀라움과 '부인'이었지만 예상보다는 빠르게 입양사실을 받아들였다.

한편 가족 외부의 사람들에 대한 입양사실의 공개는 엠펙과의 접촉을 전후로 하여 급격한 변화 양상을 보인다. 엠펙과 접촉하기 전에는 외부인들의 부정적인 반응 때문에 살던 곳에서 다른 지역으로 이사를 가야 할 정도였으나, 지금은 사회적 관계망 내의 사람들에게 자연스럽게 알려졌을 뿐 아니라 만나는 사람들에게 적극적으로 입양을 '홍보'하고 있다.

제 2 절   소 결

지금까지 입양모의 진술을 토대로 한 공개입양가족들의 생애사를 살펴보았다. 공개입양가족들의 삶을 더욱 풍부한 맥락속에서 이해하기 위해서는 이들 생애사 자료들을 통합하여 분석할 필요가 있다. 위에서 제시한 세 공개입양가족의 생애사를 비교해 보면 다음과 같다.

먼저, 출생 이후 결혼하기까지의 과정을 살펴보면, 세 입양모 모두 다양한 생활사건들을 경험한 것을 알 수 있다. 이들 입양모들이 공유하는 경험은 가족구성원들의 '죽음'이다. 입양모 A의 경우, 어린 시절 형제들이 사망하였으며, 성인기가 되어서는 확대가족의 구성원들이 사망하였다. 입양모 B도 어린 시절 형제들을 잃었으며, 성인기 초기에 아버지를 잃었다. 입양모 C도 일찍 아버지를 여의었다. 이러한 죽음과 상실의 경험은 생명의 의미를 되새겨보게 하는 요인으로 작용하는 것으로 보인다. 가족 구성원들의 죽음 외에도, 입양모 A의 경우는 자살을 시도한 경험이 있으며, 입양모 B의 경우 어린 시절부터 지금까지 질병으로 인해 건강상의 어려움을 경험하였다. 이러한 사건들은 이 세대(40~50대)가 흔하게 경험하는 것들이라고 할 수도 있지만, 이들에게는 자신의 삶에 대한 특별한 의미를 주는 사건이었던 것으로 볼 수 있다.

입양모 A의 경우, 입양을 하게 된 중요한 원인 중의 하나가 이러한 가족구성원들의 죽음과 자신의 자살 시도 경험, 그리고 거기에서 발견한 생명의 의미였다. 입양모 B의 경우에도 아버지를 잃고 이어지는 생활에서의 어려움 속에서 고아원에서 활동하는 경험을 하였는데, 이때의 경험이 나중에 입양을 하는 데에도 간접적인 영향을 미친 것으로 볼 수 있다. 입양모 C의 경우, 아버지의 상실 경험을 제외하고 결혼하기까지의 과정은 대체로 평범한 것으로 볼 수 있다. 이렇게 평범했던 삶은 다른 입양모들과는 다른 방식으로 영향을 준다. 즉, 이전에 특별한 어려움을 경험하지 못하였기 때문에 새롭게 경험하는 어려움들-불임, 경제적 파산 등-에 대처하는 데 곤란을 겪게 된다.

결혼 이후 입양하기까지의 과정을 살펴보면 다음과 같다. 먼저, 입양모 A의 경우 입양을 결혼의 조건으로 삼았을 정도로 입양에 대한 의지가 강했는데, 이는 종교적인 동기였다고 진술하였다. 입양모 B와 입양모 C가 입양을 하게 된 일차적인 동기는 '불임'이었지만, 실제 입양을 하게 된 것은 입양모 B의 경우 외국 생활에서 경험한 입양에 대한 긍정적인 이미지와 함께 불임치료 과정에서 의사들의 입양에 대한 정보제공 때문이었다고 할 수 있으며, 입양모 C의 경우에는 종교단체 성직자의 권유 때문이었다.

그러나 입양을 하기로 결정한다고 해서 쉽게 입양을 할 수 있는 것은 아니다. 다른 가족 구성원들과 확대가족 구성원, 그리고 주위 사람들의 반대에 부딪힐 수 있기 때문이다. 그런데 이것은 이들이 위치해 있는 상황과 맥락에 따라 달라진다. 가장 큰 차이는 '불임 여부'

라고 할 수 있다. 입양모 B와 C가 별다른 방해없이 입양을 할 수 있었고, 입양을 한 이후에도 확대가족의 지지를 받을 수 있었던 것은 이들이 오랜 불임 경험을 했기 때문이다. 확대가족의 구성원들은 이들이 경험한 어려움과 고통을 알고 있었고, 그래서 이들이 행복해 지기 위해 원하는 것을 하도록 지지해 주었다. 반면, 입양모 A는 입양을 하기까지 많은 반대를 경험했다. 입양모 A의 확대가족들이 보기에, 입양은 불가피한 선택이 아니었기 때문이다. 그들에게 입양은 '사서 고생하는' 것으로 보여졌다.

이처럼 입양에 대한 확대가족 구성원들의 반응은 실제 입양 여부와 입양 이후 적응해 가는 과정 전반에 걸쳐 영향을 미치게 된다. 많은 잠재적인 입양부모들이 이러한 확대가족 구성원들과 다른 사람들의 무지와 부정적인 반응 때문에 입양을 대안으로 고려하지 못하거나 대안으로 결정하지 못하게 된다. 불임이었던 입양모 B와 C의 경우 확대가족의 지지로 입양을 비교적 쉽게 추진할 수 있었지만, 사실 많은 불임부부의 확대가족들은 입양을 대안으로 고려하거나 지지하지 않는다. 이러한 상황에서 입양을 계속 추진하도록 하는 것은 입양부모의 강력한 '동기'라고 할 수 있다. 그것은 종교적인 것일 수도 있고, 부모가 되려는 본능적인 열망일 수도 있다.

한편, 입양을 하기로 결심하고 실제 입양의 법적, 행정적인 절차를 진행하는 과정에서 어려움을 경험할 수도 있다. 입양모 C의 경우에는 신청 이후 장기간의 '대기'로 인해 어려움을 경험했다. 과연 입양을 할 수 있을 것인가에 대한 불안감과 함께 그 정확한 시기를 알 수 없다는 불안감, 막연한 기다림 등이 그것이다. 이러한 경험은 입양부모들로서는 이해하기 어려운 일인데, 왜냐하면 국내입양이 활성화되지 않고 있다는 일반적으로 알려진 상황에서, 입양을 하겠다고 신청한다면 금방 할 수 있을 것으로 기대했기 때문이다. 그리고 이러

한 대기과정은 자신의 부모 자격을 심사받는 과정을 포함하는데, 이
는 입양부모들에게 결코 유쾌한 경험이 아니다.

한편, 위 생애사 자료들에서 입양한 이후의 양육과정은 짧게 제시
되어 있다. 입양모 A의 경우 첫 입양아동의 경우 연장아 입양이었기
때문에 어렸을 때의 적응과정보다는 청소년기를 거치면서 '속을 썩
인' 경험을 이야기한다. 입양모 B의 경우 양육과정에서는 특별한 경
험이 없었다. 입양모 C의 경우, 입양아동의 (주의가 산만한) 행동 때문
에 어려움이 있었다. 그런데 이러한 어려움들이 입양가족 자체의 존
재를 위협하는 것은 아니었다. 이러한 어려움들은 사실 모든 가족들
이 경험할 수 있는 것으로, 특별한 것이 아니었다.

오히려 이들 입양가족을 위협할 수 있는 가장 큰 어려움은 입양아
동에게 입양사실을 공개하는 것이었다. 입양모 A의 경우 첫 입양아
동은 7세 때 입양되었기 때문에 당연히 입양 사실을 알고 있었고, 이
후에 입양한 아동들은 입양모 A가 엠팩의 회장 일을 하면서 스스로
입양 사실을 적극적으로 공개하고 있기 때문에, 그리고 자주 언론에
노출되기 때문에 자연스럽게 입양 사실을 접하고 있다. 입양모 B의
경우 '처음부터' 공개입양을 지향하고 있었지만 공개는 다소 늦게-
입양아동이 초등학교 3학년일 때-이루어졌다. 입양모 C의 경우 우
연한 기회를 통해 엠팩을 알게 되었고 엠팩의 지지로 입양 사실을
공개하게 되었다. 입양사실을 공개했을 때와 이후의 과정에서 입양가
족 B의 입양아동들과 입양아동 C가 보인 반응은 생각보다는 '싱거
운' 것이었다. 물론, '놀라움'과 함께 한동안 '슬픔'을 겪는 기간을 지
나야 했지만 그 기간은 매우 짧았으며, 그 정도도 심각하지 않았다.
그 이유를 살펴보면, 입양아동 C의 경우 공개 전 준비과정에서 '입
양' 자체에 익숙해지도록 하였고, 입양가족 B의 입양아동들과 입양아
동 C 모두 공개 이후 입양에 대해 개방적으로 의사소통을 계속하였

기 때문인 것으로 볼 수 있다. 즉, 입양아동이 경험할 수 있는 슬픔을 입양부모들이 이해해 주었으며, 친생부모에 대한 생각과 입양됨에 대한 생각들을 자유롭게 이야기할 수 있었다. 이는 입양아동들에게 입양이 잘못되었거나 나쁜 것이 아니라는 인식을 제공해 준다.

마지막으로, 이들 입양가족들에게 중요한 의미를 가지는 사건은 가족 구성원 이외의 사람들에게 입양 사실을 공개하는 것이었다. 이는 입양모 A에게 더욱 큰 의미를 가지는데, 왜냐하면 입양가족 A는 '완전한' 공개 상태를 지향하기 때문이다. 즉, 주위의 모든 사람들, 심지어 '모르는' 사람들까지도 이 가족이 입양가족이라는 사실을 알게 되기를 바란다. 이것은 엠펙의 회장으로서 당연한 것으로 볼 수도 있겠지만 입양가족의 '건강함'을 보여줌으로써 입양을 활성화하려는 목적을 달성하기 위한 활동이며, 여기에는 비밀입양 전통과 비교하였을 때 공개입양이 가지고 있는 긍정적 측면에 대한 입양모 A의 강력한 신념이 나타난다. 반면에 입양모 B와 입양모 C의 관점에서는 이러한 '외부인'에 대한 입양사실 공개는 중요한 의미를 갖지 못했다. 사실, 입양모 B의 경우 최초의 생애사 진술에서 이 부분과 관련된 진술들이 모두 빠져 있었는데, 연구자의 요청으로 인해 추가로 진술하였으며, 입양모 C의 경우에는 면접 상황이었기 때문에 연구자의 관련 질문에 대한 대답으로 진술되었다. 이러한 의도적인 질문이 없었다면 이 부분은 다루어지지 않았을 수도 있다.

입양모 B의 경우, 외부인에게 입양 사실이 공개되는 것에 대해 별다른 의미부여를 하지 않고 있으며, 다른 사람들이 알고 있는 경우에도 그것으로 인해 어려움을 겪지는 않은 것으로 진술했다. 반면에, 입양모 C의 경우에는 처음 입양을 한 직후 종교단체 내에서 입양 사실이 알려지면서 그 구성원들의 부정적인 반응 때문에 이사를 가야 할 정도였고, 이사 간 동네에서도 이웃 사람들의 '수군거림' 때문에 상처를 받기도 하였다. 따라서 어떤 공개입양가족들에게는 가족 이외의 사람들에게까지 입양사실을 공개하는 공개입양이 별다른 의미를 갖지 못하지만, 또 다른 공개입양가족들에게는 사회적 고립을 초래할 정도로 중요한 의미를 가지게 됨을 알 수 있다.

엠펙과의 관계에 중심을 두고, 이들 세 가족의 '공개입양' 맥락을 살펴보면 다음과 같다. 먼저 A 가족은 입양아동이 입양당시 입양사실을 아는 상태였고, 입양 이후에 확대가족의 구성원들과 다른 사람들에게 '공개'를 시작하였다. 엠펙에서의 공개는 입양모 A가 엠펙을 설립하면서 자연스럽게 이루어졌다. B 가족은 입양 전부터 확대가족에게 입양사실을 알렸으나 주위에는 알리지 않았으며, 입양아동이 9세가 되었을 때 입양사실을 공개하였다. 엠펙과의 관계는 입양아동에 대한 공개 이후 이루어졌으며, 엠펙 가입 이후 활발하게 활동하면서 다른 사람들에게도 입양사실을 알리고 있다. 그러나 가족 외부에 대한 공개의 범위는 제한적이다. C 가족은 입양 이후 주위 사람들에게 입양사실이 공개되면서 어려움을 겪었고, 이후 비밀을 유지하다가 우연히 엠펙과 연결되면서 입양아동에게 입양사실을 공개하고, 다른 사람들에게도 입양사실을 알리고 있다.

지금까지 세 공개입양가족들의 생애사를 살펴보았다. 일반적인 가족생활주기에서처럼 중요한 '사건'들을 중심으로 시기들을 분류하고 각 시기 내에서의 양상들을 비교하였다. 분석결과에서 보는 것처럼, 각 공개입양가족들은 그들이 가지고 있는 목적—'가족을 이루기'—을 이루기 위해 자신이 위치해 있는 맥락과 역동적인 상황에 따라 상이한 방식으로 대처해갔으며, 이러한 대처방식은 각 가족구성원들이 가지고 있는 신념과 가족구성원들간의 관계 및 상호작용, 그리고 사회적 관계망 내에 있는 다른 사람들의 영향을 받는 것으로 나타났다.

1960년 11월 13일 경남 진해시에서 2남 1녀 외동딸로 태어난 나와 1950년 9월 17일 전남 담양에서 2남 2녀 중 큰아들로 태어난 지금의 남편은 영호남의 만남으로 교회에서 주일학교 교사를 같이하다 1980년 5월 16일 부산에 있는 교회에서 화촉을 밝혔다. 나의 친정식구들은 모두 교회생활을 하고 있었지만 남편의 식구들은 남편 혼자만 예수님을 영접한 상태이고 그 외의 가족들은 유교사상을 가진 전통적인 집안이었다.

　　시집을 와서 보니 홀시어머니께서 조부님을 모시고 살고 계셨고 일년에 14번의 제사를 지내는 장손집이었다. 고로 나도 시댁집안의 내려오는 풍습대로 제사를 지내야 하는 장손 며느리의 역할을 해야 한다는 결론이었다. 친정에서 그러한 생활을 해보지 못했기에 참으로 암담했지만 시어머니의 많은 배려와 며느리의 종교에 대해 인정을 해주셨기에 걱정했던 것 보다 수월하게 지낼 수 있었다.

　　결혼을 하고 6개월 만에 부산에서 광주로 직장을 따라 이사를 하게 되었는데 광주에는 시댁 친인척들만 아는 사람이지 아는 사람이 없어 홀로 외로움을 맞보아야 했다.

　　결혼해서 첫 아이를 임신하였는데 자연유산이 되어 버려 우리 부부는 실망을 하였고, 곧 바로 임신이 되어 1987년 5월 22일에 큰아들 상한이가 태어나 시어머니와 친정식구들의 축복을 받으며 건강하게 자라면서 광주에서 담양 시댁으로 이사를 하여 시어머니와 조부님을 모시고 시댁살이를 자초하여 시작하게 되었다. 그러면서 둘째 귀한이가 1980년 2월 6일 구정날에 태어났다. 아이를 출산할 때는 부산 친정으로 가서 출산도 하고 한달 동안 몸조리도 하고 친정어머니를 귀찮게 하고 돌아왔지만 딸을 시집보내고 늘 아쉬워하는 친정부모님께 해드릴 수 있는 유일한 낙이라고 할까 기쁘게 받아들여주셨기에 맘 편하게 몸조리를 할 수 있었다

귀한이가 백일쯤 되었을 때 남편은 엉거주춤한 모습으로 집으로 왔다. 어디 아프냐는 질문에 수술을 했다고 하는 것이 아닌가! 무슨 수술? 정관수술을 했단다. 나와 아무런 상의도 없이 민방위 훈련장에서 수술을 하고 왔단다. 신혼여행에서 아이 둘만 낳자는 약속은 했지만 그렇게 수술을 하고 나타난 남편을 보니 참으로 어이가 없었다. 하지만 우리 부부는 아이를 더 낳는 계획은 정관수술로 자연적으로 끝이 된 셈이었다.

귀한이가 10개월 되는 해에 직장발령으로 익산으로 이사를 하게 되었다. 그 곳에서 3년간 생활을 하였는데 연년생의 아들들을 혼자서 키우기란 매우 힘이 들었다. 시어머니는 딸이 하나 있어야 된다시며 우리를 볼 때마다 딸을 하나 낳을 것을 말씀하셨다. 대답은 '예' 했지만 속으로는 밭은 건강한데 씨를 줄 양반이 생산을 못하게 되었는데 어쩌지유…… 시어머니는 시간이 갈수록 기다리시는 눈치셨는데 아이들이 커가면서 아들며느리의 속셈을 아셨는지 너희들이 낳지 않으려면 데려다가 키우면 어쩌겠냐 하고 제안도 하셨다. 나는 단호하게 거절을 하였다. 아들 둘 키우며 알게 모르게 힘들어서 눈물도 수없이 흘렸는데 남의 자식을 데려다 키우라니…… 어머니 내 자슥 키우기도 힘든데 그런 말씀하지 마세요 하고 거절을 한 적이 있었다. 그 이후로는 시어머니도 포기를 하셨는지 아무 말씀도 없으셨다.

결혼해서 광주에서 살기 시작하면서부터 매주 토요일, 주일은 시댁이 있는 담양으로 들어가서 생활을 하였다. 한 주도 빠짐없이 아이들을 데리고 다녔기에 두 아들 녀석들도 할머니를 생각하는 마음이 남다르다. 손님으로 할머니 댁을 찾는 것이 아니라 할머니와 손자의 끈끈한 정을 서로간에 맛보는 양상이었다. 결혼 후 우리 부부는 시댁에나 친정에 섭섭하지 않도록 찾아다니며 마음과

정성을 다하여 어르신들을 섬겼고 우리 가정에도 별 무리없이 평안한 가운데 세월은 흘러갔다.

두 아들 녀석들이 초등학교 4학년, 3학년 되던 해 아이들을 위해 아파트생활을 접고 주택으로 이사를 하게 되었다. 좀더 자유스런 분위기에서 마음껏 뛰어놀게 하자는 우리 부부의 합의 하에 마당이 있는 집으로 이사를 하였다. 그동안 남편이 하는 사업도 잘되어서 집을 장만하는 데 큰 어려움이 없이 진행되었다.

아이들이 커가면서 나는 집에 혼자 있는 시간이 많아지면서 무언가를 해야겠다는 생각을 하게 되었다. 우리 가정만 생각하고 집안일만 했으니 사회에 보탬이 되는 일을 했으면 하고 생각하던 중 교회 여전도회에서 자원봉사자 모집을 한다는 소식을 듣고 자원을 하였는데 봉사장소가 대한사회복지회 영아일시보호소였다. 일주일에 한번 봉사를 하기로 하고 1997년 1월부터 자원봉사자로 일을 시작하였다. 또한 그해 3월부터는 나 자신을 위해 뭔가 배워보고 싶어 첼로공부를 시작하게 되었다. 그 동안 집안에서만 움직이다가 밖으로 나가기 시작하면서 바쁜 일상을 보내게 되었다. 힘들다기보다 참으로 재미나고 즐거운 시간을 보낼 수 있었다. 정말 자원봉사하는 날이 기다려질 정도였다. 그곳에서 4시간 가량 아이들 돌봐주고 기저귀 접는 일, 우유 먹이고 목욕시키는 일을 하고 나면 몸은 힘들었지만 마음은 뿌듯함을 느낄 수 있어서 집으로 돌아와 가족들에 더 기쁨으로 대할 수 있는 좋은 시간이었다.

자원봉사를 시작한 지 10개월쯤 되었을 때, 남편과 나는 그동안 아무런 문제없이 생활을 해왔었다. 서로가 이해하며 큰 부딪힘이라는 걸 모르고 살아왔기에 서로가 믿고 어떤 일을 하던지 긍정적으로 생각을 하며 살았는데 우리 부부에게 벽이 생기기 시작했다. 지금 생각하니 사람들이 말하는 권태기라는 것을 겪었던 모양이다. 서로에게 불만을 토로하고 부부싸움이라는 걸 해서 긴 시간 동안 서로가 아픔을 겪고 있을 때 하나님은 그런 일들을 통해 마음에 동요를 일으키시고 산고의 고통을 대신하게 하시더니 그해 11월에 예란이를 입양하게 되었다.

그때의 상황으로는 감히 입양이라는 것을 생각조차 하기 힘든 상태였지만 하나님은 일을 진행시키셨고 우리 가정에 딸을 주셨다. 예란이가 우리 가정에 와서 약 4개월간 나를 힘들게 만들었다. 다른 사람에게는 전혀 가지 않고 나에게만 붙어서 하루 종일 있으려고 했다.

15개월에 우리 가족이 된 예란이는 어른들에 대한 신뢰가 없었던 것인지 다른 사람들을 거부하는 모습을 보여줬었다. 시어머니는 딸을 얻은 아들 며느리에게 잘 했다는 찬사를 보내셨다. 하지만 친정부모님들은 딸이 힘든 일을 시작하려고 한다며 반대하는 기색이었지만 받아들이셨다.

97년 우리나라는 IMF라는 경제위기를 맞으며 아우성이었는데 우리 가정에는 큰 어려움이 없이 하는 사업에도 큰 타격이 없었다. 이 아이를 통해 우리 가정은 변화가 시작되었다. 두 아들 녀석들은 집으로 귀가하는 시간이 빨라졌고 남편 또한 새로운 마음가짐으로 가정에 더 충실하고 가족들과의 시간을 더 많이 가지려고 하는 모습으로 바뀌었고 입양에 대한 적극적인 생각으로 홍보하는 일을 시작하였다. 예란이는 우리 가족으로 점차 편안하게 생활을 하게 되었고 2000년이 되던 해 5살된 예란이는 유치원에 입학하고, 큰아들 상한이는 중학교에 입학하고, 나는 대학 사회복지과에 00학번으로 입학을 하게 되었다. 아이를 통해서 많은 것을 생각하게 하시고 과감하게 일을 진행시키셔서 대학공부를 할 수 있도록 배려를 해주셨다. 물론 남편의 도움이 없이는 할 수 없는 일이었지만······.

계속 입양에 대한 관심을 가지고 입양부모모임을 하면서 서로에게 도움되어 주는 모임이 되기를 소망하면서 전국모임에 동참하게 되었고 여기저기 좇아 다니며 입양을 홍보하는 목적으로 방송

출연도 마다않고 열심히 뛰어다녔다. 공부와 집안일, 교회생활……
몸이 두 개라도 부족할 정도로 이리뛰고 저리뛰며 바쁘게 생활을
하면서 아이들에게 소홀하게 하지 말아야겠다고 생각을 하였어도
마음먹은 대로 잘되지 않았지만 아이들은 감사하게도 바르게 성장
해주었고 엄마, 아빠가 하는 일에 대해 긍정적인 시각으로 바라봐
주었다.

예란이의 두 오빠들도 어른이 되어 결혼을 하게 되면 부부의 합
의하에 입양을 생각하겠단다. 나는 이런 말을 해주었다. "너희들이
가정을 꾸릴 때에는 입양이라는 단어가 사전에서 없어지길 바란
다. 이 땅에서 입양기관이 없어지고 남아 있는 건물에서 다른 사
회사업이 성행하기를 바란단다."

예란이를 위해서 여동생을 만들어줘야겠다는 생각은 우리 부부
가 하고 있었지만 그 시기가 언제가 될런지는 미정이었는데 내가
대학공부를 마치고 나서 동생을 보게 된다면 너무 많은 나이차이
가 생기게 되겠다 싶어 2002년도에 3~4살의 여아를 입양신청을
했었다. 학교를 다녀야한다는 생각에 조금 큰 아이를 입양하게 되
면 학교에 가 있을 동안에 어린이집에 맡겨도 되겠다는 생각에서
였는데, 우리 가정에 올 아이가 2002년 2월생인 갓난쟁이를 추천
을 하는 게 아닌가…… 나는 펄쩍 뛰며 나의 사정을 모르는 사람
들도 아니면서 지금 상황에서 갓난아이를 어떻게 키우라고 하느냐
고 했더니 입양결정만 하면 학교 다닐 동안은 도움을 주시겠다고
하셔서 가족회의에 부쳐 결정을 하게 되었는데 그 해에 월드컵으
로 온나라가 온통 난리였을 때 7월 1일 국가임시공휴일을 D-day로
잡고 준비하여 입양을 하게 되었다.

같은 교우들에게서 한없는 축복 속에 우리 딸이 된 4개월 된 예
빈이는 그렇게 순할 수가 없었다. 예빈이가 우리집에 온 사실을
시어머님께 미리 말씀을 드리지 않고 데리고 와서 말씀을 드렸더
니 잘했다 하신다. 그런데 친정부모님이 문제였다. 예란이 동생을

볼 것이라고 말씀을 드렸을 때 친정부모님은 극구 반대를 하셨다. 심지어 미치지 않았냐 하는 반응까지 보이셨기에 아이가 집에 와서 한 달이 지나서야 알게 되었는데 야단이 나셨다. 호적에 아직 안올렸으면 파양을 하라는 말씀까지 하시면서 약 두 달간 전화도 안 하시고 나 또한 소식을 전하지 않았었다. 부모님들의 태도에 나도 너무 기가 막혀서…… 물론 딸의 고생을 생각해서 하신 말씀이겠지만 한두 살 먹은 어린아이의 결정도 아니고 지금까지 우리 부부가 해온 일들이 과히 남들에게 폐를 끼치는 일을 했다거나 손가락질 받는 일을 했다면 문제가 다르겠지만 우리 스스로 결정한 일에 대해 너무나 부정적인 반응에 오히려 우리 부부가 더 놀랐었다. 하지만 시간이 가면 이해하시리라 생각하고 손녀딸로서 받아주실 것으로 부탁을 드렸었다.

여름방학 두 달 동안 같이 있으면서 예빈이와 나는 애착을 형성해 나갔고 학교를 다니는 동안에는 여기저기 동냥을 얻다시피 해서 아이를 맡겨가며 내가 하고자 하는 일과 아이에게 필요한 것을 공급해주기 위해 서로가 힘은 들었지만 시간은 흘러갔다. 4학년 마지막 학기에는 학교 앞 놀이방에다 예빈이를 맡겼었는데 예빈이의 능력을 알 수 있는 계기가 되었다. 인지능력, 학습활동에도 잘 따라하고 특히 노래를 잘 부르는 음악성에도 높은 평가를 받았다. 3개월 동안이었지만 예빈이에게는 아주 많은 경험을 할 수 있는 시간이었다. 시댁 친인척들의 반응도 가지각색이었다. 아예 고아원을 차리지 뭐하게 입양을 하느냐, 자네 하는 걸로 봐서는 둘로는 부족하게 보인 게 고아원을 차리소, 이번에 온 아이는 쬐까 볼 만 허구먼…… 자네 속은 태평양 바단가벼, 남의 자슥들 뒤치닥꺼리나 하게 등등…….

그보다 더한 소리를 해도 나의 마음속에 넘치는 기쁨을 알랴!!!! 이 아이들로 인해 내가 받는 에너지를 경험해 보실라우…… 입양이라는 경험을 8년 동안 해오면서 세상을 보는 시각이 넓어지고,

많은 사람들을 만나게 되고, 여러 경험을 맛볼 수 있고, 나로 인해 여러 사람에게 뭔가를 줄 수 있다는 것을 알게 해 주었고, 가장 중요한 것은 우리의 두 딸에게 가정과 가족이 있다는 것이다.

예빈이를 입양하면서 예란이의 생부모스토리를 듣게 되었다. 아이한테 입양을 공개했기 때문에 생부모에 대한 것을 비밀로 하기보단 바르게 알려줘야 될 것 같아서 상담을 하게 되었는데, 너무도 기막힌 소릴 듣고 나니 아이한테는 생부모에 관한 이야기를 액면 그대로 옮길 수 없다라는 판단을 하게 되었다. 아이에게 너무 가슴 아픈 일로 자리잡을 것 같아서 우리 부부의 가슴에 묻어버리기로 했다.

입양사실을 의사가 통할 때부터 계속 이야기식으로 대화가 되어졌고, 유치원 때도 선생님께 입양사실을 알리므로 아이의 성장하는 데 많은 도움을 주셨다. 처음에는 측은한 눈빛으로 바라보셨지만 워낙 활발한 아이의 성격에서 오히려 입양아에 대한 편견을 버리게 하는 역할을 해주었다.

초등학교 1, 2학년 때 담임선생님께 입양사실을 과제물을 통해 자연스럽게 알리게 되었고 아이들에게 약간의 놀림을 당하는 일도 있었지만 나와의 대화를 통해 입양은 수치스러운 것이 아니고, 나쁜 것이 아니다라는 말에 오히려 그들에게 입양이 무엇인지를 가르치는 홍보요원이 되어 그들 앞에서 당당하게 행동하는 모습을 본 선생님께서 아이를 잘 키웠다며 엄마인 나에게 찬사를 보내주셨다.

초등학교 3학년이 될 예란이는 며칠 전 TV를 통해 보고 싶은 사람을 찾는 프로를 보다가 이렇게 말을 하였다. "나도 저 프로에 나가서 나를 낳아준 엄마를 찾아볼까? 그러면 찾을 수 있을 것 같은데……" "그래? 낳아준 엄마가 많이 보고 싶은가 보구나."

나를 낳아준 엄마를 만나면 물어볼 말이 있단다. 뭐냐고 물었더니 "나를 못 키우겠다고 아가집(시설)에 데려다놨을 때 어떤 마음이었냐고" 물어보고 싶단다. 참으로 많이 컸다. 본인이 입양사실을 알고는 있지만 그렇게까지 생각을 하고 살아가는지 몰랐는데 속으로는 생각을 하고 있음을 보여줬다.

아주 가끔씩 만약 저 아이들을 입양하지 않았다면 나는 지금 어떠한 생활을 하고 있으며, 나의 생각과 나의 가족들은 얼마만큼 성숙되어져 있을까? 하는 생각을 해본다. 이 아이들에게 만족할 만큼의 풍성함으로 채워주지는 못하지만 가족이라는 울타리로 사랑을 나누는 일만큼은 풍성하게 채울 것을 약속한다.

입양의 역사 속에 많은 선배들이 계셨지만 현재의 입양가족들에게 문서적으로나 행동적으로 밝은 면을 보여주지 못한 점이 너무도 아쉽다. 앞으로는 암울한 입양배경이 아닌 입양가족들의 경험에서 나오는 수많은 사례들과 연구를 통해 입양가족과 입양을 기다리는 가족들, 입양에 많은 관심을 가지는 이들에게 좋은 지침서가 되기 위해 책자를 발간하고자 진행 중이다. 좋은 성과 거두기를 기원해 본다.

ㅌ 가 족

우리집은 딸부자집이다. 딸부자집들이 대부분 그렇듯이 우리집
역시 막내가 아들이다. 이제 겨우 고2. 나하고 14살 차이가 난다.
예전엔 항상 아들처럼 챙겨주었는데 나도 자녀들이 생기니 요새는
얼굴보기도 힘들다.

아빠는 시골에서 목회를 하신다. 벌써 30년이 훨씬 넘으신 베테
랑 목사님이시다. 엄마는 요즘 화초와 꽃에 푹 빠져 사신다. 엄마
역시 베테랑 사모이다. 목회에서 사모가 역할이 얼마나 중요한지
엄마를 보며 늘 배운다.

난 74년 호랑이띠. 결혼4년차다. 형제들은 바로 밑 동생이 나이
가 꽉 찬 초등학교 선생님, 그 다음 역시 나이가 꽉 찬 대학원생,
약간은 여유가 있는 막내 딸 교육대학원생(대학교 조교), 그리고
막내 남동생이다.

외갓집이 모두 목사님들이므로 자연스럽게 기독교분위기에서
성장했다. 아빠가 목회자이다 보니 이사는 꽤 다녔다. 지금 계신
곳이 10년이 넘으셨는데 그동안 한 6번 정도 이사를 했나보다.
그러다 보니 학창시절 두루두루 친한 친구들뿐 각별한 그래서 지
금도 연락하는 친구는 한명도 없다. 물론 게으른 성격도 있겠지
만……

■ 성장

대학교에서 수학교육을 전공하고 졸업하던 해 아빠가 중국으로
비젼트립을 다녀오셨다. 그리고 그곳에 조선족의 선교와 취업을
위해 세운 해양대학교에 수학담당이 없다는 이야기를 듣고 반강제
로 중국을 보내셨다. 그래도 명색이 자비량 선교사의 출국이었다.
그곳에서 난 변화되었고 예수그리스도를 인격적으로 만날 수 있었

제4장 공개입양가족의 생애사 _ 99

다. 몇 년 뒤 한국에 나와서 시골고등학교에 공채로 들어가게 되었다. 사립이어서 적응하기가 너무 힘들어 결국 그만두고 말았다.

■ 결혼하기까지

한 집사님이 그 교회 전도사님을 우리집으로 데리고 오셨다. 선을 안보겠다 하니 무작정 우리집으로 데리고 오신 것이다. 첫눈에 참 잘생긴 사람이었으나 집안 형편 등이 맘에 들지 않았다. 하지만 그쪽에선 교제를 제의해왔고 엄마는 목회자의 가슴을 아프게 하면 안된다는 이유로 결국 애프터를 받아들이게 되었다. 그리고 몇 번의 만남 뒤 그 교회로 등록하여 정식으로 청년부 활동을 시작하였다. 청년이 500명이 되는 교회이다 보니 리더교육이 정말 확실했다. 같이 살게 된 언니(전도왕)로 인해 전도에도 불이 붙었고 여행사에서도 아르바이트로 일을 하기 시작했다. 데이트는 주로 교회에서 한 10분 떨어진 편의점에서 이루어졌는데 그곳에서 미래이력서를 쓰면서 자녀에 대한 계획을 세웠다.

출산과 더불어 너무나 당연하게 우리는 입양을 언급했고 첫 자녀를 낳은 다음 네 명 정도의 아이를 목사안수식을 기점으로 해서 입양을 시작하기로 했다. 하지만 교제 6개월쯤 되었을 때 보통 여자들이 온다는 우울증이 우리 남편에게 와서 우리 신랑은 일방적으로 헤어질 것을 요구하였고 나 또한 매달리기 싫어 그러자고 했다. 하지만 서로 6개월 간의 헤어진 기간동안 마음고생만 무진장 하다가 다시 재결합(?)하여 한 달의 결혼준비기간을 거쳐 200○년 2월 3일 결혼식을 올렸다. 참고로 선은 200○년 1월 4일에 봤었다.

■ 결혼이후 입양전까지

결혼한 2월말에 임신이 되었다. 그리고 양수가 터져 조산하는 바람에 예정일보다 한달 먼저인 10월 18일에 지금의 결이를 낳았다(정 결-200○년 10월 18일생). 남편은 그때 교육전도사였고 그나마 결혼한 해인 2001년은 교육전도사도 안하고 신대원만 다니고 있었다. 그래서 내가 계속 직장에 다녀야했고(시댁과 같이 살았다) 피곤하고 힘든 까닭에 조산을 한 것 같다.

2002년엔 다시 교육전도사를 했으나 월급은 40만원……. 난 출산휴가 후 다시 일을 시작했고 그동안 아이는 남편이 돌보았다. 지금 생각해보면 그게 참 좋았던 것 같다. 신생아육아를 남편이 함으로 아이와 더욱 밀착됨은 물론이고 남편이 육아에 전적으로 책임짐으로 지금의 새날이 육아에도 나를 전적으로 믿어준다.

다시 일을 시작한 지 3개월이 지났을쯤 신대원 3학년이라 공부에 전념해야했기에 더욱이 아이를 떼어놓고 일을 할 수가 없다고 판단하고 과감히 일을 그만두었다. 그리고 남편의 월급 40만원으로 생활을 시작하였다. 그해 9월 육아에 시댁과 같이 사는 것이 어렵다고 결론짓고 분가를 하기로 했다. 지금 생각해도 특히 입양은 시댁과 같이 살면 힘들다고 확신하고 있다.

시댁에서 준 1500만원으로 아파트전세를 구했다. 그리고 정말 신나고 홀가분한 생활을 시작했다. 비록 아기까지 있는데도 불구하고 월급은 적었지만 동생과 부모님이 조금씩 도와주고 여기저기서 남편이 활동하면서 받는 활동비로 생활을 유지할 수 있었다. 빚 한 푼 없이…….

2003년 군산으로 전임지가 정해졌다. 전임은 사택이 제공되며 월급도 100만원 수준은 되므로 그 돈을 주체할 수 없을 거 같아 마냥 들뜬 새해였다. 그리고 2003년 9월 정기노회 때 2004년 봄 안수날짜가 확정되면서 우리의 계획인 입양을 서두르기로 했다.

■ 입양하기까지

입양을 결정하니 이상하게 주위에 입양과 관련된 일만 일어났다. 같은 교회 권사님이 우리보다 2달 먼저 입양을 하셨는가 하면 TV를 켜기만 하면 입양과 관련된 프로가 방영되었다. 그때 본 프로가 혜성이네의 화려한 외출인가였는데, 전국대회모습이 보이고 마지막 화면에 엠펙이라는 한국입양홍보회 홈페이지 주소가 자막에 나왔다. 그 날 바로 엠펙에 들어갔고 회원가입을 하고 여기저기 일기마을을 돌아다니기 시작했다.

결이가 그때 24개월이었으므로 신생아는 사실 염두에 두지 않았다. 결이도 어린데 또 신생아가 오면 부모나 결이, 아기가 모두 힘들 것 같아 처음부터 연장아를 알아보았다. 나이차가 많이 날수록 시설에 오래 있는 아이인지라 힘들 것 같아 결이 하고 최소한의 간격을 고려해 지금 생각하면 하나님께 전적으로 맡기지 못한 참 미련한 짓이지만 10개월의 차이를 생각해 2000년 12월생으로 계획을 했다.

그리고 홀트나 대한, 동방, 성가정입양원에 전화를 해보니 그곳엔 연장아는 없고 신생아뿐이라고 했다. 하지만 그곳 역시 입양수수료가 200만원이었기에 사실 참 다행이라 생각하고 수수료가 없는 곳을 알아보니 시나 군에서 관리하는 영·육아원은 시청을 통해 입양을 하면 된다고 하였다. 인터넷에서 여기저기 영아원(전북권으로)을 검색하니 몇 군데가 나왔지만 입양기관이 아니라든지, 입양대상아동이 없다는 말뿐이었다. 그때까지도 영아원에 있는 아이들은 모두 입양이 되는 줄로만 알았다. 그러다가 왠지 ○○이란 말에 끌려 전화한 곳이 지금의 새날이를 입양한 ○○○○원이었다.

무작정 입양을 하려고 하는데 2000년 12월생이었음 한다고 했다. 정 없으면 10월생도 괜찮다고 했더니 영양사가 받았는데 - 지금 생각해보면 참 다행이다 만약 바로 총무가 받았다면 굉장히 딱딱하게 굴어 기분 나빠 입양을 포기했을지도 모른다 - 알려주면 안 될 정보인 그 또래아이가 2명 있다는 것을 알려준 것이다. 하지만 그곳은 완전 폐쇄적인 분위기에다 얼마 전에 입양기관을 반납한 곳이었다.

첫 방문 날 ○○원에 들어선 순간 쫄망쫄망 아이들이 놀이터에
서 놀고 있었다. 그리고 내 눈에 들어온 한 아이……. 살며시 옆으
로 가서 말을 걸어도 경계만 한다. 근처에 계신 선생님께 쟤 몇 살
이냐고 하니까 몇 살이냐고 물어보니 4살이란다. "좀 작네요. 몇
월 생이에요?" 하니 12월생이란다. 오마이갓! 그럼 이 아이가 영양
사가 말한 그 아이 중에 한명……. 사실 나도 이쁜 아이가 눈에 들
어온 것은 어쩔 수 없었다.

총무를 만나서 그 아이에 대해 물어보니 먼저 익산시청에 가서
허락을 받고 오란다. 그전까진 어떤 정보도 줄 수 없단다. 벌써 분
위기가 안 좋아지기 시작했다. 빡빡하게 굴긴…… 그리고 나중에
안 것이지만 그 아이만이 그 시설에서 유일한 입양대상이었고 내
가 원하던 2000년 12월생이었다. 그래서 총무는 내가 그 아이를
밖에서 이미 알고 온줄 알았단다. 새날이의 입양절차과정(시청에
서 한 경우라서 홀트 같은 곳과는 사뭇 다르다)을 쓴 일기가 있어
서 적어본다.

■ 새날이의 입양절차(시청의 경우)

[새날이의 입양과정]
먼저 시청이나 군청관할의 시설에서 입양을 하고자 할 경우 입
양수수료가 없어 경제적 부담은 적지만 홀트나 대한, 동방과 같은
친절하고 환영받는 입양과정은 기대하지 말아야 합니다. 원리원칙
에 얽매여 굉장히 꽉 짜여진 절차를 밟아야 하며 간혹 유도리 있
는 분을 만나면 다행이지만 공무원들과 일해야 하는 불편함을 감
수하셔야 합니다.

일단 시청 가정복지과에 아동복지담당자를 찾아가셔서 가정조
사신청서를 작성하시고 원하는 아동의 정도(나이 성별 등등)를 말
씀하시고 오면 됩니다. 일단 가정조사를 집으로 오고 나서 주위의
탐문도 끝나면 시청에서 연락이 옵니다.

그때 부부건강진단서와 갑근세(갑종근로소득에 관한 원천징수서 또는 월급명세표), 호적등본과 입양서약서·재정보증서(이것은 시청에서 주는 서류로 공증을 받아야 하며 수수료는 22,000원입니다-부모의 주민등록증과 신분증을 지참 두 분 다 가셔야함)를 가져다주시면 됩니다. 그동안 시청에선 관할 시설의 원장들에게 공문을 보내 조건에 맞는 아이를 찾습니다. 그리고 아이가 정해지면(일단 그 아이는 부양의무자공고와 후원인 지정이 되어 있어야 합니다.) 시청에서 서류검토 후(저 같은 경우는 ○○시장의 이름으로 △△시로 아이를 데려가도 좋다는 공문) 최종시장이름으로 된 허락공문이 떨어지면 그때부턴 제가 할 일인데······.

양쪽의 호적등본(새날이는 단독호주로 이미 주민번호가 있음) 2통씩.
입양동의서(시설원장)
입양대상아동확인서(시설 혹은 시청)
양친가정조사서(시청 직원이 작성해서 줍니다)
입양서약서 및 재정보증서 공증받은 것
입양신고서(작성시 꼭 호적계에 잘 물어보아야 합니다)

도장 찍는 란이 많더라구요(부부, 증인 2명, 후견인 또는 친부모). 만약 본적지 동사무소가 가까우시면 직접 가셔서 이 서류로 입양신고를 하신 다음 아이가 올라간 호적 두 통을 떼어서 시청과 시설에 갖다 주면 끝납니다. 이후 아이의 이름을 바꾸고자 할 경우는 법원에 개명신청을 하면 되구요. 저희는 본적지가 너무 멀어 현주소지 시청호적계에 서류를 냈더랬습니다. 급한 것이고 호적서류니 빠른등기로 만약 요금이 초과되면 저희가 내겠다고 했습니다. 그러나 시청에선 그러면 저희가 직접 우체국에 가서 부치라 하고 그쪽 본적지 동사무서에선 본인이 오던지 시청에서 부치던지

두 방법뿐이라 하고 △△시청에선 일반우편으로 밖에 못 부치니 일주일에서 열흘을 기다리라 하고(그러면서 하는 말이 아무리 급한 거라도 자기 사정 아니라고 자기네들은 3자라고 우리와 아이문제니 알아서 하라고 합디다)……

또한 민원서류가 우편으로 접수가 가능하다고 하고 본적지에선 호적서류는 등기로 원래 부치는 것인데 이해가 안 간다 하고 문제는 여기 있습니다. 만약 한 곳의 담당자가 다 처리한다면 문제가 없는데 이쪽 도시와 저쪽 도시가 같이 일을 하다 보니 서로간의 생각도 틀리고 서로간은 감정싸움으로 우리 민원만 고생이고……. 여하튼 시청에서 우리 신분 등 확인했다는 서류를 받고는 제가 빠른등기로 부치고 왔습니다. 낼이면 서류가 끝나고 호적을 떼서 각각 가져다주면 끝날 것 같습니다.

새날이를 입양하기로 마음먹으면서 엠펙에 일기마을을 신청했다. 그리고 새날이가 오기전까지의 상세한 내용들을 적기 시작했다. 다음은 그 때 쓴 몇 개의 일기이다.

■ 일기 1

신랑과 결이와 함께 또 민선이를 보러갔다. 금요일 이후 아이가 눈에 아른거리면서도 아이의 얼굴이 생각나지 않아 그 얼굴을 떠올리려고 애쓰다 거의 잠을 이루지 못해 감기에 몸살이 겹쳤다. 오늘은 사진을 얻어왔다. 사진첩에 넣어있는 많은 민선이 사진들은 입양해 가더라도 못준단다. 그래서 정말 고민고민하다 두 장을 가져왔다. 결이랑 한 컵에 빨대를 두 개 꽂아 음료수를 마시는데 어쩜 그리 둘이 닮았던지……울 신랑은 옆에서 에구 돈 많이 벌어야겠네. 민선이가 하두 잘 먹어서 이런 생각을 했단다. 하지만 이게 왠 떡이냐 결이가 넘넘 안 먹어 속을 썩이더만 하나님께서 잘 먹는 민선이를 보내주셨나보다. 오면서 민선이 부츠를 미리 사놓았다. 모자도 좋아하는 것 같아 많이 많이 준비해봐야겠다.

지금 글을 쓰면서 아 이런 기분일 때도 있었나 싶다.

그 뒤로 입양된 첫날부터 얼마나 안 먹던지……. 지금도 안 먹는 걸로 엄청 애먹이고 있다.

■ 일기 2

6·25를 기점으로 넘쳐나는 전쟁고아들로 인해 많은 고아원이 세워졌고 그 1세대들은 자신의 자본을 털어 법인을 만들고 귀한 복지사업을 해왔다. 그러나 법이 바뀌어 고아원이 문을 닫을 경우 모든 재산이 나라에 환수되는 상황에서 들어오는 아이보다 나가는 아이가 많아 고아원이 문을 닫을 수도 있게 되는 상황까지 오자 입양을 기피하는 시설도 가끔 아주 가끔 있다는 걸 들은 적이 있다. 오늘 이메일로 아이를 찾는 전단이 날라왔다. 부산에서 26개월 된 아이가 현장학습을 갔다가 유괴를 당한 것이다. 너무 아이가 키우고 싶은 어떤 사람이 데려갔다고 하는데 물론 그 사람 사정도 이해하지만 아이를 잃어버린 부모 심정이며 가끔 그런 사람들 때문에 아이가 없어진 고아원은 발칵 뒤집혀 바깥사람의 출입을 견제하는 원인이 되고 있다. 아이의 인격이 존중되며 그런 아이의 귀한 울타리가 되어주는 많은 시설들……. 또한 그런 아이의 부모가 되기를 원하는 많은 부모님들의 결단과 헌신이 필요한 시대이다.

요즘은 종종 내가 너무 무대포적이 아닌가 싶다. 주위에선 자기 같으면 불안하다, 자신이 없다들 하는데 나만 전혀 아무렇지도 않으니 마치 내가 이상한 사람 같다. 지금까지 살면서 입양에 대해 한번도 불안해 본 적이 없고 일단 내 자식으로 데리고 왔는데 낳은 자식과 데리고 온 자식이 뭐가 다른 건지…… 내 기준으론 이해가 가지 않는다. 물론 내 아이들의 입장에선 나의 생각과 같지 않을 수도 있다. 방황할 수도 있을 거고 그 기간이 길 수도 있다. 하지만 그래서 우리가 지금부터 그 상황에 대처하기 위해 배우는 게 아닌가? 출산과 입양이 뭐가 다르지? 아이를 키우기 위해 기저귀 가는 것과 우유타는 것, 안는 방법과 재우는 방법, 몇 개월 땐 얼마를 먹이고, 몇 개월 때 치아발육기를 물려주며, 몇 개월 때 대소변 가리는 걸 가르쳐야 하는지 우리 엄마들은 하나하나 모두 배워야 한다. 아니, 기쁨으로 배워 우리 아이를 키워나간다.

그렇다면 입양은 어떤가? 출산과 마찬가지이다. 우리 아이에게 최소한의 충격으로 모든 앞으로의 생활을 적응하도록 지금 우리는 배우는 것이다(허참…… 내가 썼어도 이 문장은 정말 맘에 든다).

도대체 뭐가 두려운 건지. 그리고 정말 이해가 안 되는 거는 바로 많은 기독교인들이다. 요즘은 추수감사절을 앞두고 모든 교회들이 대부분 한영혼사랑잔치나 총동원전도주일을 준비한다. 이 행사를 준비함에 있어 우리들은 보통 "한 영혼을 품고"라는 용어를 써가며 기도를 한다. 아니, 내 자식도 아닌 다른 한 영혼은 품고 기도할 줄 알면서 부모가 간절히 필요한 아이 하나 내 품에 품을 수 없다는 건가? 선교는 또 어떤가. 그 땅에 주의 깃발을 꽂고 그 영혼들을 내 손에 붙여달라며 그 영혼들을 위해 눈물로 얼마나 기도하는가? 그렇다면 정작 입양이야말로 귀중한 선교가 아닐까!!

입양이 불안하다는 많은 사람들……, 천천히 배우면 된다. 기쁨으로 육아방법을 배우는 것처럼……. 선교하러 나가는 많은 사람들……. 일단 한 명씩 입양해서 데리고 나가자. 그게 선교의 출발이다. 아~ 너무 좋다, 내 일기장이 있어서 할 말 못할 말 두서없이 생각나는 대로 마구 써내려가는 것이 참말 좋다. 엠펙 홧팅! 우리 아이들 홧팅!! 그리고 배움에 한창인 우리 부모님들도 더욱 홧팅!!

새날이가 오기 전 논산 떡과 사랑의 집 △△ 환영식이 있었다. 예비입양부모로서 책임감을 가지고 참석했다. 거기서 소위 연장아라 불리는 선배엄마들을 만났다. 다들 걱정이 태산이다. 얼마나 힘든 줄 아냐고……. 지금이라도 신생아로 하란다. 하지만 도벽 거짓말 등 겉으로 드러나는 행동뿐인 줄 알았기 때문에 그때는 아무리 그래도 그런 말들이 내 귀에 들어오지 않았다. 난 자신 있었고, 당신들이 못해도 난 한다는 식이었다. 이미 다 알고 있다고 생각했다. 공부나 사전지식도 이만하면 됐다고 생각했다. 하지만 후에 일어난 감정과의 충돌을 난 예상하지 못했었다. 입양만 하면 사랑이 바로바로 불끈불끈 생기는 줄 알았던 것이다.

■ 입양을 하고나서

연장아라도 남들이 다 있다던 허니문이 우리는 없었다. 온 그날부터 전쟁은 시작되었다. 발단은 저녁에 잠을 자면서부터였다. 얼마나 애태우고 보고싶었던 내 딸인가. 꼬옥 안아주고 재우고 싶어 팔로 슬며서 안았더니 끙끙거리며 날 거부하는 것이 아닌가? 아니 뭐 이런 경우가 있냐? 감히 네가 날 거부하다니……. 그때 그 배신감 비슷한 기분은 정말 말로 표현할 수 없을 정도로 기분 나쁘고 비참했다.

그리고 그 다음날부터 시작된 밥과의 전쟁……너무나 가녀린 몸으로 왔기에 빨리 살을 찌우게 하고 싶은 생각에 안 먹는다는 밥을 억지로라도 먹였다. 보통이 1~2시간이 걸리는 식사시간으로 난 지쳐갔고 달래도 보고 혼내도 보면서 아이는 점점 날 거부하기 시작했다. 다들 그냥 놔두면 된다고 했지만 마치 한 끼라도 굶으면 꼭 어떻게 될 것만 같아 억지로라도 먹일 수밖에 없었다. 그때마다 토하고 오줌 싸고 똥 싸는 걸로 복수하는 새날이……그러면서 나 또한 맘으로부터 아이를 멀리하기 시작했다. 안 먹겠다하면 놔둬버릴 것을……. 빨리 정말 사람됐다라는 말을 듣고 싶었나보다.

새날이를 기다리며 11월에 쓴 일기를 보면 입양에 다 통달한 사람같다. 이랬던 내가……

■ 일기 3

뭔가 특별한 일이 있으면 일기를 쓰면서 제목을 떡하니 쓸 수 있지만 지금 같은 경우엔 참으로 '글 제목' 짓는 일이 난감하다. 딱히 제목으로 할 만한 이야기가 없고 그저 씨부렁거리는 몇 자 적을 땐 더더욱 그렇다.

요즘은 우리 엘리를 기다리면서 많이 느긋해짐을 느낀다. 10월 말만 해도 입양절차와 더 나아가 엘리의 교육에 얼마나 조바심을 냈던가!! 그동안 공부교육을 받지 못했을 엘리를 생각하며 밤마다 잠 못 자고 엘리가 오면 먼저 신기한 아기나라를 해줘야 하나 노벨과 개미를 해줘야 하나 어린이집엔 바로 넣어야 겠지. 피아노학원에도 보내야 하고 월요일마다 시설에 가서 친구를 만나게 해주고 숫자공부와 단어공부도 시켜야 되고 헉헉헉……

나름대로 수많은 정말 박 터지는 계획들을 세워놓고 4년간 못했던 것을 빠른 시일내에 보충하고자 하는 마음으로 너무나 나 스스로가 바쁘고 조급한 시간들을 보냈다. 신생아를 입양했다면 기저귀와 아기용품들 사러 다니러 정신없을 테지만 아무래도 연장아를 입양하다보니 교육에 더욱 신경이 쓰인다.

그러나!!! 날이 갈수록 시간이 갈수록 점점 느긋해지고 생각이 바뀌어감에 감사하다. 그동안은 엘리가 4년간 인큐베이터에 있다 나온 것으로 생각됐지만 요즘은 엘리가 4년간 조기유학을 다녀온 것으로 생각하고 있다. 분명 엘리가 그곳에서 겪은 것들은 결이가 경험해보지 못한 것들임에 틀림없다. 4살이나 되야 어린이집에 갈 경우 배울 수 있는 단체생활을 우리 엘리는 4년간이나 했고 그로 인해 양보와 공존과 '나'가 아닌 '우리'의 개념이 그 나이 또래 누구보다 정확할 것이다. 우리 엘리는 나름대로 귀중한 경험들을 쌓고 온 것이다. 그것을 무조건 잊게 하고 이 생활에 빨리 적응시키려고 할 필요 없을 것 같다. 엘리가 오면 많은 것을 가르치기 보단 새로운 환경에 적응하는 걸 천천히 도와줘야겠다... 여하튼 우리 엘리는 조기유학생이다. 헤헤…….

이렇게 마음을 먹었음에도 불구하고 실전에 닥치니 정말 그때의 초심은 전혀 생각이 나지 않는다. 그저 이 아이한테 내가 이겨야겠다는 생각……. 빨리 예전의 습성은 뜯어 고쳐야 된다는 생각뿐이었다. 날 계속해서 엄마로서 자격이 있는지 없는지 테스트 하는 것도 기분 나쁘고 매번 꼭 내가 휘둘리는 것도 자존심 상했다. 첫날 일기이다.

■ 일기 4

첫날 집에 와서 자기 직전까진 좋았다. 10시가 넘어도 자려고 하지 않아 ― 시설에선 7시면 재우는 걸로 알고 있다 ― 불을 꺼도 안방엔 들어올려고 하지 않는다. 안아서 누위니 그때부터 껙껙 울어댄다. ○○이모(보육사선생님)를 부르더니 이젠 아빠를 히스테리적으로 찾는다. 아빠가 고개만 돌려도 아파트가 떠내려 갈 정도로 운다. 그래도 막상 아빠 닮았는지 머리가 침대에 닿자마자 몇 분 안에 잠이 들었다. 그리고는 한번도 깨지 않고 아침에 일어났다. 우리 새날이의 몸매는 꼭 기아 난민 같다. 엄청 먹어대지만(시설에서) 다리는 이쑤시개이고 배가 불룩하다. 똥도 하루에 3~4번 소변은 한 20번 보는 것 같다. 아침엔 밥을 안주고 우유200과 치즈 한 장 사과 반쪽을 줬다. 이게 항상 곁이 아침식사였다. 첫날은 그렇게 지나갔다.

그런 날이 계속되었다. 그리고 올해 5월 새날이가 놀다가 팔이

부러졌다. 병원에 입원했었는데 또 특유의 토하는 것이나 똥 싸는 걸로 날 계속 시험하는 거다. 특히나 사람들이 많은 경우 더욱 상태가 심해지므로 6인실의 병원에선 그 특기가 더욱더 유감없이 발휘되었다. 결국 난 혼을 내고 간호사들은 내가 입양아에게 말을 너무 함부로 한다며 그리고 저녁에 자기 생자만 안고 잔다는 몇 가지 이유를 대며 아동학대로 고발을 했다. 물론 정서학대라는 죄목이었으나, 사람들 생각은 학대하면 때리고 두들겨 패는 걸루 알기에 졸지에 난 그 도시에서 아주 나쁜 엄마가 되고 말았다. 너무 평탄했던 내 생활…… 네가 감히 날 이렇게 추락시키다니…… 용서할 수 없었다.

그리고 이제는 내가 그 아이를 거부하기 시작했다. 난 위염과 위궤양으로 병원 응급실을 새벽에 몇 번씩 실려 가야 했고 파양이라는 단어도 자꾸 생각나기 시작했다.

■ 일기발표 – 전북모임에서

△△이네와 일기발표가 있었다. 두서없지만 그때 발표한 글이다.

신생아입양도 나름대로의 어려움이 있겠지만 그보다 몇 만 배 힘들다는 연장아의 입양을 결정하면서 다들 왜 그렇게 걱정해주셨는지, 또 왜 그렇게 우려의 눈빛으로 바라보셨는지 이제 조금씩 이해가 갑니다.

2003년 12월 8일, 2000년 12월 1일생으로 생후 5일만에 ○○원 현관 앞에 버려진 우리 새날이와 한 식구가 되었습니다. 저희 집엔 이미 2001년생 결이가 있었구요. 전 결이를 낳고 여느 엄마처럼 감격스럽거나 뿌듯하다는 생각은 못했습니다. 그저 인큐베이터에 들어가 버린 우리 아가가 불쌍할 뿐이었거든요. 너무너무 안 먹어 속 썩이고 또 아토피로 밤새 긁느라 엄마 잠 못자게 하고 최근 2~3년간 저의 소원은 저녁에 자서 한번도 안 깨고 아침에 일어나는 것이었습니다. 그래서 결이도 얼마나 혼났는지 모릅니다. 전 굶기지를 못합니다. 어떻게라도 먹여야 하는 성격이기 때문에 때려서라도 먹였습니다. 그래서 지금은 그래도 참 만족할만한 몸매를 가지고 있습니다. 그렇게 28개월을 보내니 처음에 없던 사랑 정말 눈에 넣어도 아프지 않다는, 보고만 있어도 웃음이 지어지는 그런 사랑이 생기더라구요. 요즘은 너무 이뻐 아주 쪽쪽 빨고 싶니다. 그래서 결이를 보고 위안을 얻습니다. 결이한테서 얻는 위안이 아니라 28개월 만에 깨달은 사랑이 새날이에게도 생기겠지 하는 데서 얻는 위안입니다.

연장아를 입양하여 이제 70여일이 지났습니다. 겨우 70일이고 부족하지만 감히 이 시간 여러분과 몇 가지를 함께 나누고자 합니다.

첫째, 우리집에 오기 전까지의 세월을 서둘러 내가 보상해줘야겠다는 생각은 버렸습니다. 4년간 못 받았던 사랑, 4년간 하지 못했던 일, 4년간 못 먹었던 것…… 내 자식이기에 그간 못 해준 것 해준답시고 새날이가 적응할 자연스러움을 주지 못했던 것 같습니다. 그 세월의 부족한 부분은 우리 탓이 아닙니다. 우리가 죄책감을 가지고 무리하게 처음부터 쏟아 부어 오히려 새날이에게 스스로 이 가정에 적응할 능력을 저하시키는 결과가 되었습니다.

둘째, 4년간의 습관과 교육의 부재를 너무 과민하게 받아들였습니다. 그나마 저의 경우 공부는 아예 신경 안 쓰고 있지만 가끔씩 숫자나 색깔을 물어보다 뒤집어진 적이 몇 번 있습니다. 이러다 애 잡겠다 싶어 일찍 6세 전까지는 아니 나를 편하게 여길 때까지는 안 시키겠다 맘먹어 다행이지 아직 적응도 안돼 헤매는 애한테 그것까지 짐 지울 수는 없겠더라구요. 그리고 무엇보다 중요한 이미 시설에서 형성되어버린 습관……. 이게 가장 문제인 것 같습니다. 싸워서라도 때려서라도 빨리 어릴 때를 기억할 수 없는 5세 이전에 해결해 보려고 했습니다. 때려도 보고 얼러도 보고 굶겨도 보고 안 써본 방법이 없건만 7살이 되고 8살이 되면 좀 나아지겠지만 너무 약한 뼈다구를 볼 때마다 한 입이라도 더 먹여야겠다는 생각만 들더라구요. 지금도 끝나지 않은 전쟁……

하지만 70여일 끝에 내린 전쟁의 결과는 때려서 될 일이 아니라는 겁니다. 내가 화낼수록 내가 이성을 잃을수록 더욱 더 하나님과 멀어지는 걸 무섭게 느꼈습니다. 자꾸 인간의 방법으로 나의 소유로 키우고 있음을 느끼고 깜짝 놀란 적도 있습니다. 일단 매를 대니 새날이가 미워지더라구요. 자고 있어도 밉고 웃고 있어도 밉고 과자를 잘 먹어도 밉고 엄마를 불러도 밉고 다 미워보이기 시작하더니 결국 제가 기도를 안 하고 있더라구요. 요즘은 결이처럼 미운정 고운정 들어 28개월 안에 눈에 넣어도 아프지 않을 그런 사랑을 주라고 기도하고 있습니다. 그냥 내 속이 뒤집어져도 달래가며 먹이고 있습니다. 1~2시간이 걸려도 마지막 한 톨까지요.

셋째, 주위 사람과의 협조입니다. 새날이의 입양이 확정되면서부터 주위 사람들한테 협조를 구할 걸 그랬습니다. 일단 오고나자 다들 이뻐서 그리고 불쌍해서 난리입니다. 뭐가 불쌍한지 지금도 천정보고 손가락만 빨고 있는 애들이 수두룩한데 그나마 엄마아빠 동생있는 집 그것도 날 엄마로 됐는데 제가 호강에 초쳤지 불쌍한 생각은 아예 말라고 할 걸 그랬습니다. 교인들이 이뻐해 주니 좋았습니다. 안아주고 먹여주고……그러니 집에선 맞아가며 마지막 한 톨까지도 먹어야 하는데 밖에선 식당에 앉자마자 낚아 채가서 이것 먹을래, 먹기 싫어, 그래 그럼 이거 먹어봐, 못 먹겠어, 그럼 뱉어, 잉 먹어야지……이러니 누구라도 이 엄마보다 저 엄마가 내 엄마 하고 싶지……. 그런 날엔 집에 와서 날더러 아줌마 이모 결이엄마 하니 속이 타지요. 그분들이 악역만 해준다면……. 똑같은 기준으로만 밥을 먹여줬다면 참 좋았을 거라는 후회를 해봅니다. 친정식구나 시댁식구도 부탁을 했습니다.

남편과는 그나마 일찍이 협의해 놓은 일이라 참 좋더라구요. 아직은 뭐 잘했다 못했다 할 일이 없습니다. 앞으로 잘 키우겠다는 다짐만 매일 몇 번씩 합니다. 하나님께서 한 명 더 주시면 좋겠다는 기도도 매일 합니다. 제가 하나님의 지혜로 육아를 잘 감당할 수 있도록 중보기도도 부탁드립니다.

■ 일기 5

첫 아이를 낳으면 정말 뭐 하나를 하더라도 어떻게 해야 하는지 몰라 쩔쩔매매 이책 저책 읽어가면서 열심히 배워 키웠음에도 불구하고 다시 둘째를 키우면 왜 그리 생각이 하나도 안 나는지······. 정말 내가 첫째를 어떻게 키웠을까 싶을 정도다.

마찬가지로 연장아를 입양한 많은 선배엄마들······. 길고 긴 터널을 지나 지금은 많이들 쪽쪽빨고 사시지만 기억하기도 싫은 아니 이젠 그때가 기억나지 않은 시간들이 되어버렸다. 그래서 어쩌면 아직 7개월밖에 되지 않은 아직도 허점과 긴장의 연속선상에 있는 내가 이 글을 써야만 한다. 뻔히 알고 있는 답······.

그저 이해해주고 보듬어주고 그러면 언젠가는 엄마로 인정하고 아이의 정서불안이 없어진다지만, 왜 이리 그 과정이 어렵고 복잡하고 미쳐버릴 것만 같은지······.

아이가 일단 집에 오면 몇 주 아니 며칠은 그럭저럭 잘 지낸다. 그러다가 엄마의 기대치로 인해 또는 친자가 있는 경우 더욱이 같은 상황에서 걔는 이러지 않았는데 하는 비교가 생기면서 사사건건 간섭-물론 엄마는 사람하나 만들어 볼라고 사랑으로 다가가는 것이지만-을 하게 된다. 그러면서 도저히 참을 수 없는 지경에 이르면 체벌을 하게 되고. 한번이면 알아듣고 다시 같은 실수를 되풀이하지 않을려고 하는 일반아이들에 비해 자꾸만 잘못된 행동을 계속 되풀이하고-그것도 짧은 시간 안에-그래서 또 혼나게 되고, 엄마는 그로 인해 죄책감에 시달린다. 조그만 것 하나가 어른을 이리 힘들게 하나 라는 생각으로 인해 미움이 생기고 그래서 또 간섭하고 또 혼내고 또 죄책감으로 그리고 미움으로 계속 악순환이 반복되는 것이다. 물론 정말 이쁠 때도 있지만 한 가지의 실수가 그 모든 걸 엎어버린다. 마치 며느리와 시어머니의 관계처럼. 피는 전혀 안 섞였지만 호적상 가족인 것처럼 100가지 잘하다가도 한 가지를 못하면 지금까지의 모든 노력이 물거품이 되듯 말이다.

너무나 잘 알고 있기에 그걸 못하는 내가 한심하고 정말 정신과 치료를 아이가 아닌 내가 받아야 하나 생각이 들면서 이제 인격이고 뭐고 사랑이고 뭐고 최악의 상황까지 일어난다. 하지만 이때 정말 중요한 건 분노의 억제가 아니라 차라리 무관심이다. 무관심……. 무시는 절대 아니다. 그냥 잠시 옆집아이인 것처럼 좀더 한 발자국 떨어져서 생활하는 게 참으로 도움이 된다. 로마서 5장 3절을 보면 "우리는 환난을 당하더라도 즐거워합니다. 그것은 환난이 인내를 낳고 또 인내는 연단된 인품을 낳고 연단된 인품은 소망을 낳는 것을 알기 때문입니다. 이 소망은 절대로 우리의 기대를 저버리지 않습니다. 그것은 하나님께서 우리에게 주신 성령을 통해 우리 마음에 하나님의 사랑을 부어주셨기 때문입니다"라고 나온다. 읽으면 읽을수록 힘이 되는 말씀이다. 난 내 마음에 있는 악이 너무 무서웠다. 아 이렇게까지 내가 악하구나 이렇게까지 악해질 수 있구나…….

하지만 그때마다 하나님께서는 많은 연장아 입양선배들을 보내주시고 알게 하셨다. 그들을 내게 붙이시고 나의 선함을 자꾸 일깨워주었다. 시설에서 상처받은 아이들, 그들의 상처를 치유하고자 연장아를 입양까지 했지만 어쩌면 우리가 이 가정에서 더욱 그들에게 상처를 주고 있지 않았나 생각해보니 정말 부끄러워 얼굴을 들 수가 없다. 우리 아이들…… 백치이다. 남들은 눈칫밥을 먹고 자랐으니 여시여시 백여시라 하지만 우리아이들은 사랑에 대해서 모든 것에 대해서 완전 백치이다. 지금 우리가 쏟고 있는 사랑은 아마 1개월부터 지금까지의 아이가 받았어야 할 채워졌어야 할 그곳에 아마 채워지고 있을 거다. 그래서 당장은 정말 표시가 안 나고 이 사랑이 어디로 새나가버리는지 허탈하고 심지어는 배신감까지 들지마는 정말 언젠가는 이 아이들의 마음이 다 채워져 우리가 사랑을 주는 순간 바로 반응이 일어나는 시기가 올 것이다. 희망이 안 보이는 것 같고 결과가 안 보이는 것 같겠지만, 결국은 둘 모두 상처받지 않으려면 엄마가 더욱 강해져야 하며 관조적으로 아이를 바라봐야 한다. 무조건 잘 해주려고 하지 말고 좀더 너그럽게 그냥 눈감아 줄 줄 알아야 합니다. 이거, 솔직히 우리가 다 아는 거 아닌가? 그럼에도 아이의 멍한 눈빛, 말도 안 되는 거짓말 앞에 우리 엄마들 이성을 잃을 때가 종종 있지만 그럴 때마다 우리 서로 힘이 되었음 한다.

위로가 안 된다는 것 알고 무슨 방법이 생기는 것이 아니라는 것도 알지만 다만 다만 우리가 알고 있는 사실을 다시 한번 각인시켜주기 때문이다. 지금 이 아이로 인해 힘든 것보다 파양으로 인해 더 힘들어진다는 우리 선배들의 말에 다시 한번 입술 꽉 깨물고 정말 잘 키워야겠다. 지금 나의 사랑은 아이의 어딘가의 빈 곳을 채우고 있는데 나의 독한 말 한마디로 인해 그 빈 곳의 그릇에 금이 가 그나마 있던 것들이 다 새나가지 않도록 조심해야겠다.

그리고 사람에게 칭찬받고 사람에게 위로받으려고 하면 더 힘들고 상처만 받게 된다더라구요. 우리 오직 하나님께 칭찬받고 위로받는 것을 소망하고 살자.

■ 일기 6

어제 아침 혼내 놓고 하루 종일 맘이 편칠 않는다. 다행히 수요예배에 가서 회복이 많이 되었다. 내가 잠잠해져야 내 목소리가 없어져야 하나님께서 역사하신다고 하셨다. 소명으로 한 입양…….
중심을 잡고 흔들리지 말아야겠다.

최근 연장아 사망사건으로 내 마음이 많이 두려웠었다. 나라고
그런 일이 일어나지 않으리란 법이 없으니 말이다. 예방접종을 해
야 한다. 그리고 자꾸 연장아 엄마들을 만나 추가접종을 해야겠다.
사랑이 많아지면 두려움이 없어지는 것이니 중심을 잡고 지금까지
하던 대로 하면 된다. 아자! 아자!

시행착오가 부끄럽고 원망스럽지만 그나마 인생을 끝내버릴 사
건이 생기지 않고 이런 시행착오로 한단계 한단계 성숙하는 것이
라는 ○○엄마의 말에 힘을 얻는다.

먼저 손 내밀지 못하고 먼저 져주지 못하는 이 멍청한 나를 회
개하고 눈을 뜨는데 난 정말 깜짝 놀랐다. 펼쳐놓은 성경책(비젼성
경) 밑 부분 큐티나 성경해석 사례 등이 적혀있는 부분에 이 구절
이 씌어 있는 것이다. "딸아 네 믿음이 너를 구원하였도다." 아
멘!!! 처음으로 나중을 판단해서는 안 된다. 초라하고 탈 많고 말
많게 시작한 나지만 하나님께서 함께 하심에 좋은 사람들을 붙여
주심에 항상 만족하고 살아야겠다.

이렇게 기분 좋게 저녁에 집에 들어갔는데 새날이의 반항이 본
격적으로 시작되었다. 애교도 없을 뿐더러 떼쓰는 것도 없었던 새
날이. 말대꾸는 더더욱 하지 않았던 새날이는 말보다 행동으로 반
항하는 아이라 이게 지 나름대로의 방법이었나??

요새 엄마 아빠 사이에 자는데 잠을 안 자겠단다. 그럼 이불 깔
아주겠다고 했더니 싫단다. 뭐할 거냐 했더니 그냥 앉아있을 거란
다. 그러라고 했다. 난 잠이 들고 새벽 3시 정도에 잠이 깼는데 그
자세 그대로 앉아있는 거다. 새날아 자자 하면서 회유도 해보고
성질도 내보았지만 꿈쩍 않는다. 모르겠다 네 맘대로 해라, 하고는
자다가 또 5시 정도에 일어났더니 졸다가 인기척에 머리를 픽 들
고는 안잔 것처럼 또 앉아있다. 아니 이리 독할 수가……. 그리고

결국엔 아침까지 뻐팅겼다. 밥도 안 먹는다. 맘대로 하라고 했다. 점심도 안 먹는다. 저녁도 안 먹는단다. 먹는 게 웬수지……. 저녁엔 먹고 싶어 하는 눈치가 보여 못 이기는 척 밥을 밀어줬더니 냉큼 먹는다. 먹고 싶을 때 먹고 먹기 싫으면 안 주면 되는데 애한테 휘둘리는 것 같아 애한테 지기 싫어 또 내 고집을 부린다. 제발 낼 아침부터는 먹기 싫다면 내버려 둬야지. 살이 오동통한 애였으면 이리 먹는 데 목숨 안 걸지. 제 입으로 들어간 한약이 얼마며 내 속이 썩어 들어간 게 얼만데, 어휴…….

사람들은 돈 벌어서 아들만 먹이냐고 하질 않나, 집에서는 그럭저럭 대충 상황판단하는 아이가 밖에만 나가면, 특히 교회에선 끄떡하면 무슨 큰일 치루는 마냥 "엄마 잘못했어요. 엄마 용서해주세요" 눈물까지 흘리면서 두손 싹싹 비니 내가 뭐가 되겠냐고…….

어제 밤 꼬박새운 새날이는 7시부터 자다가 금방 오줌 싸러 일어났다. 이 엄마가 져야지…… 사랑한다면서 꼬옥 안아주니 이것이 사건종료인줄 눈치 채고는 아주 얼굴이 변한다. 또 시설이야기다.

엄마 승훈이 좋아?
엄마 승훈이는 이 이불 있어?
엄마 연우 싫지잉?
엄마 승훈이는 동생도 있어.
엄마 나 친구들 많아……
누구누구누구……

기분 좋으면 항상 나에게 시설 아이들 이야기를 해준다. 그러면서 스스로 우쭐댄다. 저만 뭐뭐가 있다고……엄마가 자기만 이뻐한다고……그래……내가 져야지……내가 한번 꺽여야지……. 그래야 내가 편하지, 나도 숨 좀 쉬어야지…….

어떻게 하면 정말 쉬울 것 같은 연장아. 그 습성을 미리 알고 각오 단단히 해도 이리 홍역을 치르는데, 그래도 기간이 짧아지겠지? 뭔 일이든 거저먹기는 없나부다…….

하지만 시간이 지나니 결국 다 잊혀진다. 보통 진정한 그리스도인 6명을 만나면 그 사람이 그리스도를 영접한다고 한다. 나도 계속되는 시행착오를 겪으면서 계속 연장아 입양 선배엄마들의 이야기를 들으면서 서서히 변하기 시작했다. 이제 미움의 감정은 전혀 생기지 않는다. 아이가 날 시험해도 살짝 피하는 요령도 생겼다. 여전히 너무너무 사랑스러운 내 딸로는 아니지만 그래도 내 자식이라는 생각이 확고해졌다. 실수를 해도 밉지가 않으니 말이다.

■ 일기 7
아이들과 부대끼며 살아가는 건 두려움이 아니라 행복의 알찬 열매들이다. 당장은 어렵고 지치지만 훗날 커다란 행복의 그늘이 될 것이다. 할 수 있는 것을 하지 않으려는 거 그것은 죄이다. 한 아이가 나를 안타까운 맘으로 바라본다면 결심하자. 그게 행복의 시작이다. 할 수 있다. 그리고 해야만 한다. 내 존재의 가벼움은 처음부터 없는 거다. 사는 모습이 다 다르듯…….

보는 눈도 달라져야 여러 모습을 볼 수 있다. 한 가지의 눈은 하나만 보게 된다는 거……. 가진 것은 언제든 잃을 수 있지만 내 행복은 지킬 수도 느낄 수도 있다. 쉽게 무너지는 마음은 우리의 모습이 아니다.

그 누구보다도 행복 할 권리를 누려보자……. 우리 행복합시다.

회장님의 말씀대로 살려고 요즘 무진장 노력중이다. 받아들이고 수용하는 연습중이다. 그래서 냉장고에 회장님 말씀을 붙여놓았다.

아빠 엄마는 새날이와 결이를……

♥ 격려합니다.

♥ 인정합니다.

♥ 용서합니다.

♥ 귀 기울입니다.

♥ 이해합니다.

♥ 관심이라는 이름으로 간섭하지 않도록 조심해야 합니다.

♥ 도움이라는 이름으로 창의력을 뺏지 않도록 조심해야 합니다.

♥ 말이 행동보다 앞서지 않도록 조심해야 합니다.

♥ 자녀가 패배감에 젖지 않도록 조심해야 합니다.

♥ 지도할 수 있는 능력을 지배하는 능력으로 사용하지 않도록 조심해야 합니다.

♥ 자녀의 감정을 느끼고 반응하되 자신의 감정으로 착각하지 않도록 조심해야 합니다.

♥ 희망을 심어주기보다 절망을 확인시켜 주지 않도록 조심해야 합니다.

♥ 칭찬보다 비판이 앞서지 않게 조심해야 합니다.

이제 내 맘은 많이 편해졌다. 남들이 다 말하는 세월이 지나서일까, 아님 선배들의 많은 산 경험 때문일까…….

남쪽에 있는 작은 군항 도시에서 59년생으로 태어났다.

이남 삼녀 중 넷째. 막내인 아들이 나오기를 기다리다 나온 딸이라서인지 엄마의 관심과 사랑을 받았다는 기억이 그다지 없다. 언니를 예뻐하고 동생을 지극히 아끼던 엄마를 기억한다. 대신에 나는 아버지가 관심해 줘서 특별한 선물들을 사 줬던 기억들은 있다. 가구 공장을 경영했던 부지런하신 부모님 덕분에 나라가 경제적으로 어려웠던 시절에도 의식주의 부족함을 알지 못하고 물질적으로는 대체로 풍성한 환경에서 자랐다.

아이들과 밖에서 어울려 놀기보다는 구석에서 혼자 그림을 그리며 조용히 지낸 적이 많았던 것 같다. 사춘기에도 심하게 부모에게 반항해 본 기억도 없다. 고등학교를 진학할 때에는 좀더 큰 옆 도시로 나갔다. 학교 가기를 무척 좋아했는지 아니면 뾰족이 할 일이 없어서 학교만 왔다갔다했는지는 잘 몰라도, 고등학교까지 줄곧 개근을 했다. 미술대회에서 아무리 큰상을 타 갖고 와도 별로 관심을 기울여주지 않았던 엄마는 좋은 학교성적표에는 아주 즐거워하셨으므로 그 때문에 학교를 열심히 다니지 않았을까 하는 생각이 들기도 한다. 주변가족 환경에 그다지 영향을 받지 않았던 것 같고 마음의 큰 동요 없이, 단지 부모님이 좀더 서로 사랑하면서 지내면 좋겠다는 생각을 하면서 어린 시절을 보냈던 것 같다. 부모님이 다투는 장면에서는 순간 불행하다는 감정들이 들긴 했었지만, 그런 것들도 점점 자라면서 무관심으로 바뀌어져 간 것 같다. 가족 안에서도 단지 혼자서 자기 할 일 잘 알아서 하는, 자립심이 강한 딸 아이 정도로 여겨진 것 같았고, 나도 그렇게 되려고 행동했던 것 같다. 고등학교를 시외버스를 타고 통학을 했었는데, 고3이 되자 잠시 학교 앞에서 하숙을 하게 되었다. 그 때 부모를 떠나 사는 자유로움을 알게 되었다. 대학 진학을 계기로 부모님의 집을 떠나 서울에서 자취 생활을 하게 되면서부터 고삐 풀린 망아지처럼 자유롭다 못해 무질서한 생활을 하면서 살기 시작했다.

대학생활이 시작되면서 지금의 남편을 만났다. 방학이 되면 고향에 내려온 대학생들끼리 몰려다니면서 봉사활동 한답시고 만나고 놀고 했다. 그렇게 집단으로 만나다가 둘이는 개학이 되어 서울에 올라가 서로의 학보를 주거니 받거니 하면서 연인으로 변하기 시작했다. 대학축제 때 서로 파트너가 되고, 그 먼 거리를 하루에도 몇 번을 버스로 왕복하면서 만남의 횟수가 늘고 하다 보니 점점 사이가 깊어져갔다. 우리는 사랑인지 집착인지 헷갈릴 정도로 붙어 다니게 되었다. 학교가 멀리 떨어져 있는데도 불구하고 매일을 만나지 않으면 싫고 불안했다. 그런 생활이 처음엔 괜찮았지만 시간이 지나면서 졸업할 때가 다가오고 각자의 인생을 구체적으로 설계해야 할 시점이 다가오면서 서로에게 충돌이 생기기 시작했다. 나는 교사 임용고시를 통과하여 발령을 기다리다, 몇 달을 기다리는 시간이 아깝다는 생각에 가을 학기에 대학원에 등록하여 진학하게 되었다. 그러면서 불규칙적이고 문란한 자취생활을 청산하고픈 마음에 결혼하기 원했지만 그는 그의 집안 사정상 결혼할 형편이 아니라고 하면서 대학원 진학을 포기하고 직장을 선택했다. 그는 자신의 집안 경제문제에 대한 부담감이 무척 많았다. 그러면서 날 멀리하기 시작했다. 그렇게 우리 사이는 어긋나기 시작했다.

인생의 의미를 생각하기 시작한 것은 아마 이 때 남편과의 사이가 벌어지면서부터인 것 같다. 인간들의 사랑이란 참 허무했다. 내 전부를 쏟아 부었지만 돌아오는 건 상처와 고통이고, 특히나 남자는 믿을 게 못된다, 뭐 그런 거였다. 경제적인 문제가 왜 사랑하는 사이를 갈라지게 해야 하는지를 이해하기 힘들었다. 그걸 문제삼는 남자를 이해 할 수 없었다. 그건 사랑이 아니기 때문이라. 그러면서 내 속에 이는 불만과 화를 해결키 위해 마구 돈벌이에 나섰던 것 같다. 자정을 넘겨가면서까지 대입시생들을 과외 지도했고, 실내 건축 작품을 직접 경영도 해봤다. 돈 벌기가 그다지 어렵지 않았다. 돈 많은 곳에 들어가면 됐다. 그 일은 어떻게 하든 할 수 있을 것 같이 느껴졌다. 그렇게 벌어도 나에게 손 내미는 사람 아무도 없지, 부양해야 할 사람 아무도 없지, 그래서 나 혼자를 위해 쓸 뿐이었다. 한마디로 탕진하는 거였다. 인생의 목적을 돈 버는 일에 두는 것은 아니라는 걸 그 때 알아 버렸다.

그런 생활을 하는 중, 가슴 밑바닥에서부터 알지 못하는 허무감 같은 것이 올라오곤 하는 것을 느꼈다. 허무함. 그것은 날 자주 무기력하게 하는 불치병과 같이 그 시절부터 나에게 붙어 다녔다. 친구들은 나에게 너무 많은 것을 가진 여자라고 했다. 하고 싶은 것을 다하고 사는 듯이 보였나보다. 그러나 정작에 나는 무엇을 추구하고 살아야 할지를 알지 못한 채 표류하고 있는 생활을 하고 있었다. 사랑도 아니고, 돈도 아니고……

그런 심한 허무감이 밀려들면 대학에서 의무적으로 참여했어야만 했던 채플시간에 들었던 하나님이란 존재를 생각하곤 했다. 아직 예수님이 누군지 교회가 뭔지 관심도 없었고 알지도 못하는 상태였지만, 단지 깊은 병 같은 허한 심정에는 예배당에서 부르는 찬송소리로 무척 위로를 받았고 옆에 누군가가 없이 혼자일 때면 어찌지 못해 이리 저리 동네 교회를 기웃거리며 찾아다녔다.

우여곡절 끝에 우리는 결혼을 했다. 아들을 곧 낳았다. 결혼을 해서 안정감 있게 살아가고 싶었다. 모든 것 청산하고 남편이랑 아들이랑 알콩달콩 살고 싶었다. 그러나 보통사람의 당연한 그런 바람이 우리의 결혼 생활에서는 얼마나 어렵고 불가능한지를 하루하루 증명해가고 있었다. 남편은 결혼 후 초지일관해서 시부모님에 대한 나의 태도를 못마땅해 했다. 남편은 의사표현을 제대로하면서 요구하는 것도 아니었다. 당연히 알아서 해야 한다는 식이었고, 못하고 있는 나는 남편의 사랑과 이해를 받을 자격이 없는 여자로 취급당하고 있었다. 아내보다 조신한 며느리를 얻기 위해 나와 결혼한 듯한 행동들은 나를 매번 분노하게 했다. 일을 핑계로 귀가도 거르는 일이 잦았다. 그런 남편은 완전히 다른 사람같이 느껴졌다. 그렇게 우리의 결혼 생활은 수렁에 빠져들어 갔고, 결혼이 잘못된 선택이었다는 생각이 들기 시작했고, 헤어져야 한다는 생각에 사로잡히기 시작했다. 결혼으로 허무감은 더 깊어만 갔고 마음속으로부터는 이혼하고픈 유혹에 끌려 다녔다.

그렇게 허공을 치는 듯이, 남편에 대해선 어떠한 희망도 걸지 않고, 아들 하나에만 집착하여 날들을 하루하루 죽이며 살았다. 그러던 어느 날 남편의 직장에서 변화가 있어 그 기회에 우리는 프랑스로 유학을 하자는 생각에 일치하게 되었다. 남편 직업상 학위가 필요한 것도 있거니와 그런 상태로 계속되는 결혼생활은 서로에게 질식할 것 같았다. 남편과 나는 유학을 떠나면서 가정의 회복을 간절히 바라고 있었다. 스스로 해결하지 못하는 이 매듭들이 아마, 한국을 떠나면……, 주변 환경을 완전히 바꾸면 풀릴지 몰라……. 이런 껍데기 가정에서 벗어날 수 있는 기회가 될지도 몰라. 학업도 계속할 수 있고. 우리 부부는 피차의 절실한 이유로 주저함이 없이 가진 것들을 정리해서 유학길에 올랐다. 그런데 비행기 타기 이틀 전, 둘째가 임신되었다는 검사결과를 듣게 되었다.

프랑스에 도착해서, 공부라면 남 뒤지지 않고 잘도 해내는 남편은 외국에서도 국비 장학금까지 따내 가면서 무난한 행보를 보였다. 반면, 나는 임신된 둘째로 인해 불어오는 배를 안고 이국땅에서, 자신의 일에만 몰입하고 있는 남편 옆에서 더 메말라가고 있었다. 출산 때가 다가올수록 내 인생에 대한 깊은 회의감은 더욱 밀려들었다. 아무도 위로가 되지 못했다. 사는 것도 인간도 모두 것이 헛되고 헛된 기분만 더할 뿐이었다. 남편과의 대화가 되지 않기는 이미 오래 전이었다. 우리는 생활에 필요한 대화 외에는 피하는 게 나았다. 서로가 피곤했으니까. 외국에서 대화하지 못하는 남편(혹은 아내와?)과 함께 산다는 것은 형벌이었다. 같이 있으면서 없는 사람. 말하고 있으면서 듣고 있지 않은 사람. 그렇게 밀려오는 허무감을 막을 길이 없었다. 아들이 둘이 생기는데 더 힘내 살아야 하는 게 아니라 끊임없이 밀려드는 삶의 허무감. 이제는 늘어가는 아이들을 껴안고는 문득문득 죽고 싶다는 충동까지 느끼곤 하면서 시간을 보냈다.

둘째 아들이 세 살이 되자 떨어지지 않으려는 아이를, 언어도 통하지도 않는 유치원 종일반에다 집어넣고, 나는 그렇게 오랫동안 기다렸던 학업을 계속하게 되었다. 머리 속에는 이혼이라는 단어가 지워지지 않는다. 학위를 받아야 하는 이유가 있었다. 혼자 아이들과 살아가는 준비였다. 남편 없이도 살아갈 수 있는 준비를 하고 있었다. 가정이란 이런 게 아니다. 이건 위선이다. 숨이 막힐 것 같다. 적어도 이런 식의 가정이라면 혼자가 낫다. 이렇게 맘을 다잡아먹으면서도 여전히 풀리지 않는 두 아들의 문제를 고민하면서 절박한 심정으로 학위에 매달렸다. 이제는 남편의 사정을 봐줄 이유가 없다. 나는 학교에 가버리고 남편이 아들들과 집에 있어야 할 날이 많아졌다. 점점 참아야 되는 이유도 없었다. 남편에게 막가는 소리로 대들기가 일쑤였다. 그렇게 최악의 날들이 지난다……

이런 식의 가정을 유지해가야 한다는 것이 전혀 의미가 없어져

버린 나날들. 그러한 날들이 흐르는 중 어느 날 남편이 부엌에 있
는 나에게 와서 예수님을 믿기로 했다고, 예수님이 자기 죄를 다
용서한다고 하면서 긴장된 표정으로 말했다. 얼마 전부터 아이들
을 데리고 예배당을 가기 시작했고 나는 동행하고 싶지 않아 혼자
다른 예배당을 갔었다. 그렇다고 해서 당신이 하나님을 믿는다?
매년 당신 엄마가 절에 불상 밑바닥에 깔 돈을 부치지 않는다고
불만을 표현하시는 분인데? 하는 반문만 했다. 남편의 무정함과
시집에 대한 의무로 강요당한 설움이 목에 차 넘고 있었던 나는
논문을 마치는 그 날이 이혼하는 날이 되리라하고 다시 한번 더
다짐을 하면서 그의 말이 무엇을 의미하는지 알아차리지 못하고
있었다.

그런데······. 이렇게 가정을 파괴해 갈 준비를 하고 있었던 나
같은 인간은 심하게 어리석고 불쌍하여 그분의 긍휼이 아니면 안
되었던 겐가?

남편은 혼자서 줄곧 성경공부를 하고 교회를 들락거리더니만
어느 날 나에게 한 잘못을 시인하고 용서를 빌기 시작했고, 난 여
태껏 한번도 보지 못한 무너지는 남편의 모습에 놀라 심하게 요동
하게 됐다. 미안하단 소리 입 밖에 내면 죽는 줄 아는 남자였는데,
어찌하여 하루 종일 미안하다, 잘못했다, 용서해주라. 그러더니 며
칠 후 그 성령이 나에게도 임하시어 심히 회개하게 만들었다. 믿
어지지 않는 일이 일어난 것이다. 우리 가정에. 이 부분은 도저히
말로 표현할 수가 없다. 하나님을 믿고 있었다고 생각해 왔던 나
는 직접 우리 가정에 나타나시어 우리 가족을 드러내시고 치유해
주시고 성경의 말씀을 가슴 판에 새겨놓고 떠나가시는 성령의 움
직임을 놀라움으로 바라보고 있을 수밖에 없었다.

그 후······ 난 봉사가 눈을 뜬 것처럼, 내 살아온 인생길, 남편의

행동원인들, 아들들의 상처들이 보이기 시작했다. 겉으로는 멀쩡했지만 아내가 아니었듯이, 아이들에게도 엄마가 아니었었다. 아들 둘의 마음이 들여다보이기 시작하는 날 무척 많이도 울었다. 엄마라는 허울을 쓰고 자아로 똘똘 뭉쳐 내 아들들을 내 마음대로 만들어가고 있었다는 회개의 눈물이었다. 울고 있는 엄마 앞에서 아들들은 영문을 알지 못한 채 멀뚱거리고 있었다. 아들들이 회복되어져야 한다는 절실함이 나의 학업을 중단하게 했다. 학업을 계속해야 하는 이유도 사라졌다. 병들어 가는 가정을 회복하는 일이 급선무였다. 둘째 아들은 더 이상 유치원에 보내지 않고 엄마가 하루 종일 옆에서 놀아주고 안아주고 하니 쉽게 회복이 되어갔다. 첫째는 더 시간을 가져야만 한다는 생각이 들 정도였다.

그러면서 남편이 학업을 마쳐 다시 서울에 있던 우리 집으로 돌아 왔다. 남편은 연구원으로 복귀하고 나는 전에 그곳에서 그렇게나 소망했던 아들 둘과 함께 알콩달콩한 생활을 하루하루 누리면서 지냈다. 매일의 기도 속에서 기쁨과 감사와 찬양이 넘쳤다. 그 과거에 날 집요하게 잡고 있었던 허무함이 없어졌다. 도리어 차고 넘치고 있었다. 이렇게 성실한 남편과 살고 있는 것이 엄청난 복으로 느껴지게 하면서.

그런 생활 속에서 아이들을 향해가는 마음이 이젠 우리 아들뿐만이 아니었다. 교복을 입고 있어 겉으론 표도 안 나는 많은 아이들이 굶고 있었고, 가정 없이 주말이면 무슨 날들이면 배회하고 있는 모습이 눈에 띄기 시작했다. 똑 같은 교복을 입고 학교를 다니고 있지만 집엔 아무도 기다리고 있지 않은 중학생 아이들의 뒤를 밟아보고 싶은 충동이 든다. 전에는 보이지도 않았는데, 그런 아이들이 왜 그리도 많은가. 자신이 불행을 선택하지도 않았으니 책임도 질 수 없는 어린 아이들은 앞에 남아있는 힘겹고 괴로운 인생을 왜 살아야 하는가? 이 아이들의 죄는 자신들의 것이 아니라 인류의 원죄 때문이다. 이런 생각과 함께 아이들을 접하게 되는 날에는 내 생활이 너무 사치스럽고 이기적이었다. 그러다 주님의 이름을 부르며, 기도 속에서 떠오르는 단어 [입양!]

입양? 두려웠다. 내가 어떤 사람이었는데…… 내 뱃속에서 나왔던 아이도 얼마나 버거워했던가. 나같이 사람을 좋아하지도 않는 여자가 아이를 입양을 해서 어쩌겠다고? 그렇게 거부해보았지만 두려움과 떨림으로 입양이란 단어는 좀처럼 지워지지 않았다. 부모 잃은 아이들에게 엄마가 되어준다…… 나 같은 여자가? 프랑스에서 만난 한국에서 온 입양아이가 떠올랐다. 그때 내가 한국인이라는 사실이 얼마나 미안했었던지를 기억하게 했다. 이곳은 부모를 필요로 하는 아이들이 너무 많아. 다른 어느 나라보다…… 그렇다고 한들 내가 왜? 나 같은 사람이 어떻게? 이런 질문으로 머뭇거리기를 3개월 정도했을까…….

입양이란 단어가 내 뇌리에 느닷없이 들어 온 것이 내가 한 것이 아니었듯이 입양한 아이의 양육도 그 분이 하시리라는 믿음이 들기 시작했다. 난 자식을 잘 키우지 못하는 엄마이지만 그 분이 하시리라……. 이미 자식을 잘 기르는 조건이 낳은 엄마여야 한다는 것은 아니라는 것을 난 알지 않은가. 자식은 나에게 달린 것이 아니라 믿음에 달려 있으니 두려워 말라…….

이런 심령의 소리에 접하는 어느 날 벌떡 일어나 둘째 아들의 손을 잡고 입양상담을 위해 보육시설을 방문했다. 신생아를 입양한다는 생각은 가져보지도 않았다. 우리 부부의 나이를 봐서도 차라리 나이가 일곱 살 정도이면 낫겠다는 생각으로 전문입양기관이 아닌 그곳을 찾았다. 결국에는 나이에는 상관없이 어떤 아이든, 한 생명체이면 된다는 것으로 우리 부부는 낙찰을 봤다. 한 방에 열 명이 넘는 고만고만한 아이들이 바글거리며 살고 있었다. 사무실로부터 마이크로 아이들의 생활을 지시하는 소리들이 연신 들린다. 가정에서 엄마 아빠의 귀여움을 독차지하며 재롱을 피우고 있어야 할 나이의 아이들이, 낯선 사람이 나타나자 얼굴을 들이내밀고는 외부 사람들에 대해 지독한 관심을 보이는가 하면, 어떤 아이는 지독히 무관심하게 있었다. 방구석에서 혼잣말을 하면서 멍하니 앉아 있기도 했다. 그 광경을 본 순간 여태껏의 망설임이 끝났다. 나 같은 사람이라도 이 아이의 엄마가 된다면…….

네 살박이, 식탐으로 인해 통통하게 살이 찐 남자아이를 넘겨받으면서 내가 낳은 자식과 구별됨이 없이 대할 수 있도록 기도했다. 시설에서 이미 많이 자라버린 아이와 함께 산다는 것은 육체적인 일거리는 대수롭지 않은데 정신적으로 적지 않은 일거리였다. 아이의 행동과 그에 반응하는 나 자신의 예민함 때문에 예기치 못한 일들이 발생하니, 하루하루가 살얼음판 걷는 기분으로 지낸 날이 적지 않았다. 첫째와 둘째를 키울 때 하던 식으로 이 아이와 하려고 하니 풀리는 게 없다. 더 꼬이고 꼬이는 기분이었다. 내가 엄마가 되어 보았다는 사실이 무안할 지경이다. 아이와 애착은커녕 짧은 대화조차 몇 날을 걸리면서 해야 했다. 그러다가 격분해진 감정들을 주체하지 못해 아이에게 해대기도 하면서 스스로의 인격에 대해 심히 의심이 들기도 했다.

그러나 어느 한 순간도 입양을 후회한 적은 없었다. 도리어 힘들면 힘들수록 입양하기를 잘했다는 생각이 들었다. 이런 식으로 부모 없이 계속 자라면? 하는 질문으로 족했다. 2년이 지나면서 우리의 셋째 아들이 날 엄마임을 인정하고 아빠의 존재를 인식하면서 어느 정도 우리 가정 안으로 적응해 들어옴이 느껴졌다. 문제행동들을 멈추고 아이의 아이다운 눈빛을 발하기 시작할 때, 나는 또 다른 남자아이의 입양을 계획하고 있었다. 남편은, 처음 입양은 쾌히 즐겁게 동의한 것과는 달리, 두 번째 입양은 늘어나는 자식부양문제로 불안해했다. 결정하지 못하고 있던 그는 결국 나에게 모든 결정을 미루어 버렸다. 남편의 완전한 동의 없이 셋째가 입양될 때보다 한살 더 많은 다섯 살 난 남자아이를 다시 입양했다. 이미 한 아이와 과정을 거친 덕분인지 둘째의 적응은 첫 아이와는 달리 너무나 탈 없이 무난하게 우리 가족에 합류되어가고 있다. 그런 중에 남편은 자기가 언제 그랬냐는 식으로 아이들에게 인자하고 능력있는 아빠, 나에게는 부드러운 남편의 역할을 해내고 있다.

이렇게, 난 가정을 깰 준비를 하고 있었는데…… 되레 입양을 통해 자식이 더하여지고 있으니…….

제 5 장   공개입양가족의 적용과정

본 연구의 연구문제는 '국내 공개입양가족들이 경험하는 적응의 의미와 적응과정은 어떠한가'하는 것이다. 분석결과, 공개입양가족들은 법적, 제도적인 절차를 포함하는 입양 과정과 입양아동에게 입양사실을 공개하는 가족 내 공개 과정, 가족 구성원 이외의 외부인들에게 입양사실을 공개하는 가족 외 공개 과정을 거쳐 적응해 가는 것으로 나타났으며 각각의 과정에서 공개입양가족들이 주관적으로 경험하는 적응의 의미도 나타났다. 또한 적응의 의미와 적응과정을 살펴본 결과, 공개입양가족들이 공유하는 문화적 주제를 발견할 수 있었다([표 5-2], p.249 참조). 분석결과에 따라 제1절은 입양 과정, 제2절은 가족 내 공개 과정, 제3절은 가족 외 공개 과정을 제시하였다.

제 1 절   입양 과정

입양 과정의 주제는 '혈연중심의 가족문화에 대한 도전을 통해 가족을 이루어가기'이다. 혈연중심의 가족문화에 도전하며 가족을 이루어가는 입양 과정은 다시 구체적으로 '불임과 함께 살아가기', '입양을 결정하기', '가족 전통에 도전하기', '법적인 가족되기', '상호 적응하기'로 이루어진다.

공개입양가족들이 처음 경험하는 도전은 '불임과 함께 살아가기'이다. 모든 입양부모들이 불임을 경험하는 것은 아니지만 전체 입양부모들 중 90% 이상이 불임으로 인해 입양하게 된다는 사실을 기반으로 할 때, 이것은 매우 일반적인 경험이다. 불임인 입양부모들은 '병'으로서 불임을 치료하는 과정과 불임과 관련된 여러 이슈에 대처하는 과정을 거치게 되는데, 이것은 입양을 한다고 해서 해결되는 것이 아니며 입양 이후에도 평생 지속된다. 따라서 이들 입양부모들은 '불임과 함께 살아가야' 한다.

두 번째 도전은 '입양을 결정하기'이다. 불임부부들에게 있어서 입양은 어쩔 수 없는 마지막 대안인 경우가 많지만, 전체 불임부부 중 일부만이 입양을 선택한다는 점에서 입양을 선택하는 것은 도전이 된다. 한편, 가임부부, 특히 이미 친생자가 있는 부부들의 경우 입양은 외부인들에게 '사서 고생하는' 것으로 인식된다. 외부인들은 끊임없이 '그럴 필요가 있는가'라고 입양부부들의 도전을 방해한다. 이러한 방해물들을 극복하고 도전을 지속하도록 하는 것은 가족을 이루려는 열망과 입양을 해야겠다는 부담감이다.

세 번째 도전은 다른 가족구성원과 확대가족을 설득하는 것이다. 이 과정은 가족이 가지고 있는 전통에 도전하는 과정이다. 많은 입양부모들에게 확대가족은 가장 적극적으로 입양을 방해하는 장애물이 된다. 이 장애물을 극복하는 부부들만이 입양을 경험하게 된다.

네 번째 도전은 공식적인 법적 입양절차에서 만나게 된다. 입양알선비용─수수료의 문제, 부모 자격의 심사, 입적 과정에서의 거짓말

등 입양부모들은 공식적인 입양절차에서도 도전에 대한 다양한 장애들을 경험한다.

다섯 번째 도전은 입양한 이후의 적응과정에서 경험하게 된다. 입양아동이 가족으로 들어온 후의 애착관계를 형성하고, 이후 허니문 과정, 그리고 자신의 부모 자격을 시험하는 과정을 통해 입양가족은 가족을 이루어간다.

1. 불임과 함께 살아가기

불임은 입양을 지향하도록 하여 가족을 이루어 가는 과정을 촉진하지만, 불임과 관련된 이슈들은 이후 입양가족의 적응을 어렵게 할 수 있다. 이 때문에 불임은 입양가족에게 '도전'해야 할 대상이 된다. 불임으로 인해 입양을 선택한 부모들에게 있어서 불임의 이슈는 매우 중요한 것이다.

입양모 B는 불임을 '삶의 희망까지도 앗아가는 아주 고질적인 최악의 병', '자신의 살아있는 것의 존재가치조차도 부정하게 되는 이 비참한 병'이라고 표현하였다. 불임은 그것을 치료하는 과정에서 신체적인 고통뿐만 아니라 정신적인 고통을 수반하며, 결국 불임을 해결하지 못하고 임신에 실패하게 되면 평생동안 불임과 관련된 이슈들을 경험하게 된다. 입양모 B는 두 아동을 입양하여 상당히 오랫동안 양육하고 있는 현재의 상황에서도 불임으로 인해 어려움을 겪고 있다고 진술하였다. 이런 맥락에서 불임인 입양부모들은 '불임과 함께 살아가야' 하는 것이다.

한편, 공개입양의 맥락에서 불임 이슈가 중요한 것은, 공개입양이라는 방법 자체가 입양부모의 불임 사실을 공개하도록 만들기 때문이다. 불임 사실은 불임부부들로 하여금 상실감을 갖도록 하고 자존감을 낮추게 하는데, 이는 부분적으로 사회적인 낙인의 영향이라고 할 수 있다(배태순, 1998). 따라서 입양 사실을 공개하는 것은 외부에 간접적으로 불임 사실을 공개하게 되는 결과를 초래하는데, 아직 불임 이슈를 해결하지 못한 부부들에게는 이것이 무척 어려운 일인 것이다.

반대로 말하자면, 불임을 이유로 입양한 입양부모가 입양사실을 공개한다는 것은 이들 부부가 불임 이슈를 어느 정도 해결했음을 말해주는 것이다. 만약 그렇지 않음에도 불구하고 입양사실을 공개했다면, 그것은 이들 부부에게 새로운 도전이 될 것이다. 즉, 외부인에게 입양사실을 알릴 때마다 자신이 불임이라는 사실을 인정해야 하며, 입양아동에게도 그 사실을 반복적으로 이야기해 줄 수 있어야 하는 것이다.

특히, 입양아동에게 불임 사실을 알릴 때에는 실제 입양절차상의 이슈, 특히 '아동 매매'의 이슈와도 만나게 된다. 아래에서 다시 구체적으로 언급하겠지만, 입양부모가 불임이었다는 사실은 입양아동이 다른 과정을 통해 입양부모의 자녀가 되었다는 것을 말해주는 것인데, 이 과정에서 입양수수료라고 부르는 상당한 비용이 전달되었음을 알게 되고 이것을 '매매'로 인식할 수 있는 것이다.

> 조카가 가끔 이런 질문을 하더라구요. 이모, ○○이는 어느 병원에서 낳았어? 나도 돈주고 데려왔어?
>
> ◐ (입양모 I, 집단 면접)

위 진술은 불임인 입양모가 말한 것이다. 비록 입양아동이 직접 한 말은 아니지만 나이 차가 별로 나지 않는 조카가 이렇게 이야기할 수 있다는 것은 입양아동도 그 또래가 되었을 때 그렇게 이해할 수 있음을 보여주는 것이다.

엠펙의 입양부모들 중 상당수가 불임부부이기 때문에 엠펙에서 이루어지는 대부분의 행사나 교육에서는 불임과 관련된 이슈들을 다루고 있다. 입양가족캠프에서도 불임과 관련된 강의와 토론을 진행하는 중 참석한 많은 입양부모들이 불임 이슈에 공감하는 모습을 볼 수 있었다. 불임 이슈가 일반적으로 입양부모들에게 어려움을 주는 것만은 사실인 것 같다. 그러나 그것이 이들에게 문제를 일으키고 있지 않는 것도 사실인 것 같다. 엠펙에 소속된 불임 입양부모들은 자신의 불임사실을 자유롭게 이야기한다.

이처럼 입양부모들이 불임과 관련된 어려움을 경험하면서도 이에 잘 대처할 수 있는 이유를 여러 가지로 분석해 볼 수 있다. 먼저, 엠펙이라는 안전한 지지체계 때문이다. 둘째, 불임으로 인한 고통보다 자녀를 양육하게 되었다는 기쁨을 더욱 강조한다. 셋째, 자신의 어려움을 개방함으로써 더욱 적극적으로 해결해 갈 수 있다. 한편, 장기간의 불임으로 인해 입양아동에게 더욱 애착을 갖게 되는 장점도 있다.

2. 입양을 결정하기

입양을 결정하게 되는 동기는 불임여부에 따라 달라진다. 불임부부들에게 있어서 입양을 결정하게 되는 동기는 주로 '가족을 이루려는 열망'이라고 할 수 있으며, 가임부부들에게 있어서는 '입양을 해야겠다는 부담감'이 입양을 결정하는 동기가 된다.

물론 불임부부들의 일차적인 입양동기는 불임 자체라고 할 수 있다. 그러나 모든 불임 부부들이 자녀를 낳기 위해 불임 치료를 받는 것은 아니며, 치료를 받더라도 그렇게 오랫동안 지속적으로 받지 않고, 끝내 불임 치료에 실패했을 경우에도 입양을 선택하는 것은 아니다. 결국 입양하기로 결정한다는 것은 '가족을 이루려는 열망'을 실현하고자 한다는 의미이다.

한국의 불임부부들에게 입양은 대체로 마지막 선택 대안이 된다. 즉, 불임을 해결하기 위한 모든 방법이 실패로 돌아간 후, 최후의 수단으로 입양을 선택하게 되는 것이다. 이는 입양가족들에게 다양한 영향을 미치게 된다.

먼저, 자녀에 대한 오랜 기다림으로 인해 입양을 한 이후 아동에게 더 큰 애착을 가질 수 있다. 또한 입양부모의 가족들도 입양부모들이 불임치료과정에서 경험한 어려움들을 알고 있기 때문에 입양을 긍정적인 대안으로 받아들이는 경우가 많고, 따라서 입양 이후에도 입양아동을 가족 구성원으로 쉽게 받아들이는 경향이 있다.

> 우리 시어머니는 좋아하셨어. 우리는 이제 불임, 애가 없으니까 친정 어머니는 굉장히 좋아하시고… 불임이라 다른 것 같애. 둘이서만 살면 어쩌나 굉장히 걱정하셔.
>
> ◎ (입양모 B, 집단 면접)

반면에, 입양부모와 입양아동간의 연령 차이가 많아진다는 점에서 발생하는 또 다른 어려움이 있을 수 있다. 엠펙에 소속된 불임 입양부모들이 경험한 평균적인 불임치료기간은 7년 정도인데, 이로 인해 입양부모와 입양아동간의 연령 차이가 친생부모와 아동간의 그것보다 많아지게 된다. 이는 가족생활주기의 변화를 초래하게 되며, 아동의 양육에도 영향을 미치게 된다. 이것이 입양가족의 적응에 긍정적인 영향을 미치는지, 부정적인 영향을 미치는지는 일반화할 수 없다.

중요한 것은, 다시 말해서, 입양이 마지막 대안이라는 것이다. 그 이유는 다시 사회적 맥락과 연결된다. 한국의 부부들 중에서 불임부부는 15% 정도에 이를 것으로 추정되는데, 이들 중 극소수만이 입양을 선택하고 있다. 그리고 그들 또한 아주 오랜 '방황'을 마친 후에야 입양이라는 대안을 만나게 된다. 그리고 그 대안도 그리 마음내키는 것은 아니다. 이러한 사실들은 한국 사회가 가지고 있는 입양에 대한 부정적 편견들을 다시 보여주는 것이다.

한편, 가임부부들의 입양동기는 '입양을 해야겠다는 부담감'으로 볼 수 있는데, 여기에는 입양의 좋은 이미지를 보고 선택하거나 종교적인 동기, 아동에게 가정을 제공해 주어야겠다는 사회복지적 동기 등이 있다. 입양의 동기에 따라 이후 적응해 가는 과정과 공개입양 여부가 달라지기 때문에 이러한 입양동기를 파악하는 것은 매우 중요하다.

가임부부들은 불임부부들보다 입양사실을 공개하기 더 쉬운 편이다. 그러나 이들에게도 공개가 마음편한 것만은 아니다. 입양을 했다는 것은 일반인들에게 선행으로 인식되기 쉽고, 이에 따라 사람들은 '좋은 일 하셨네요'와 같은 반응을 하는데, 이것은 입양부모들에게 부담을 주게 된다. 따라서 입양아동을 두고 '입양한 아이입니다'라고 말할 때, 스스로 선행을 자랑한다는 느낌을 갖기 쉬우며, 한편으로는 아동의 지위를 낮추는 것으로 인식할 수 있다. 이러한 부분들은 모두 한국 사회의 문화적 편견에 따른 것인데, 이로 인해 입양사실을 공개하는 데 어려움이 있을 수 있다.

불임부부이든 가임부부이든 사회는 이들이 입양을 시도하는 것을 방해한다. 예비 입양부모들은 가족을 이루려는 열망과 입양을 해야겠다는 부담감을 가지고 이러한 방해에 도전하며 가족을 이루어간다.

3. 가족 전통에 도전하기

입양가족 내의 다른 가족구성원들과 입양부모의 가족들이 입양결정에 미치는 영향의 정도와 방향은 매우 다양하다. 많은 경우, 입양부모들이 이들을 설득해야 하지만, 또 어떤 경우에는 이들이 입양부모들을 설득해서 입양으로 안내하기도 한다. 이들의 찬성과 반대의 정도 역시 매우 다양하기 때문에 일반화하여 제시할 수는 없다. 다만, 전자의 경우 다른 가족구성원들과 확대가족들은 입양가족이 가족을 이루어가는 과정을 방해한다. 이는 출산을 통한 가족만이 가족이라는 전통적인 가족문화에 근거한 것이다. 입양가족은 이러한 전통문화에 도전하여야 한다.

> 셋째는 2년 후에 작정기도감이야. 시부모님, 형님, … 너무 큰 벽이야. 너무 두려워. 부딪치는 자체가 그 문제를 가지고 부딪친다는 게 너무 힘이 들어. 이미 결정 다 섰는데, 결정은 하는데, 그 과정을 넘어가는 그 시기랑 부딪히는 게…
>
> ✪ (입양모 D, 집단 면접)

또한 중요한 것은 이러한 과정이 넓은 범위의 '공개' 과정에 포함된다는 사실이며, 이들의 반응에 따라 입양 자체의 양상뿐만 아니라 공개입양의 양상도 달라진다는 점이다.

4. 법적인 가족 되기

다른 가족구성원들과 확대가족 구성원들을 설득하는 데 성공하였더라도 예비 입양가족은 공식적인 입양절차를 거치는 과정에서 또다시 가족을 이루어가는 데 어려움을 경험한다. 입양기관이 입양을 못하도록 하는 것이다. 사회복지전문가들의 관점에서 보면 거기에는 분명한 이유가 있다. 어떤 예비 입양가족들은 가족이 될 자격을 갖추지 못하고 있는 것이다. 그러나 전체적인 입양절차에서 입양부모들의 관점을 고려할 필요가 있다.

면접에 참여한 입양모들은 일관적으로 입양과정에 있어서 입양기관의 개입이 반드시 필요하다고 지적하면서도, 현재 입양기관들의 역할에 대해서는 비판적인 태도를 유지하였다.

> 입양기관에 일단 전화받는 사람이 친절했으면 좋겠고, 일단 전화하는 사람은 누구든지 애를 내놓는 사람도 그렇고, 데리고 가려는 사람도 그렇고, 가슴이 아픈 사람들이 전화하기 때문에, 친절하게 했으면 좋겠어. 친절하지 않은 게 가장 흠이고, 그 다음에 될 수 있으면, 여력이 있으면 입양부모 한 명씩 고용했으면 좋겠어. 입양 부모 하나씩 고용을 해서 상담을 하러 오면 가슴으로 우선 상담하게끔 하고, 그 다음에 필요한 서류는 사무직원들이 서류는 접수하고, 가슴으로… 정말 나도 그랬습니다. 얼마나 힘들겠어. 그래야지. 이게 아픈 사람이 가는 데라고 입양기관은 다…
>
> ◑ (입양모 B, 집단 면접)

위 진술에서 볼 수 있는 것은 입양모들이 입양기관의 실무자들을 대체로 불친절한 것으로 인식하고 있다는 점이다. 또한 입양부모의 입장에 대한 감정이입적인 개입을 하지 못하는 것으로 나타났다.

한편, 입양부모들이 입양기관에 방문할 때는 최대한 '갖춰 입고' 오려고 한다. 이는 입양여부가 전적으로 입양기관의 심사에 달려있다고 믿기 때문인데, 정작 방문시간은 형식적으로 짧게 끝나는 경우가 많고 만약 입양에 실패했을 때는 분노를 일으키기도 한다. 또한 입양기관을 방문했을 때 대기실의 분위기에 대해서도 입양모들은 '썰렁하다', '차갑다'라는 표현을 많이 사용하였다.

결국, 최소한 일부 입양기관과 실무자들은 입양부모들을 대상으로 상담을 하거나 입양절차를 진행할 때 사무적이고 형식적인 태도를 취하고 있으며, 이는 입양부모들에게 부정적인 영향을 주게 된다.

1) 수수료 내기

한편, 입양을 결정하고 나서 여러 경로를 통해 입양부모가 공식적인 입양절차로 들어갔을 때 처음 경험하게 되는 이슈가 수수료에 대한 것이다. 현재 입양기관을 통해 입양을 할 때 입양부모들이 약 200만원 정도의 입양수수료-입양알선비용을 내도록 되어 있다. 입양사업에 대한 정부 지원이 부족한 상태에서 이 비용은 입양기관이 관련 절차들을 진행하는 데 필요한 비용이라고 할 수 있는데, 이러한 사실을 미리 알지 못한 입양부모들은 이 비용에 대해 거부감을 가지는 경우가 많다.

즉, 이러한 거부감은 입양아동을 '사고파는' 것으로 인식하는 데에서 비롯된다. 특히 이미 자녀가 있는 잠재적 입양부모(즉, 가임부부)들은 이를테면, 아동복지서비스의 차원에서 입양하려는 동기를 가진 경우가 많은데, 입양하기 위해 돈을 내야 한다는 사실 자체를 이해할 수 없는 것이다. 사실, 이 때문에 많은 잠재적 입양부모들이 입양을 포기하며, 또한 많은 입양부모들은 이 돈을 마련하기 어렵기 때문에 입양을 포기하기도 한다.

물론 경제적으로 여유있는 가정에 아동을 입양시키는 것을 위험요인을 감소시키는 예방적 차원으로 볼 수도 있겠지만, 국내입양을 활성화해야 할 상황에서, 그리고 경제적인 요인이 입양아동의 복지에 큰 영향을 미치지 않을 수도 있다는 점에서, 그리고 무엇보다도 보호를 필요로 하는 아동에 대한 국가 책임의 보장이라는 차원에서 입양수수료에 대한 검토가 필요하다 할 것이다.

2) 부모 자격 심사받기

입양을 신청하고 나서는 기다림의 과정이 연속적으로 이루어진다.

이 과정은 입양부모의 입장에서 부모로서의 자격을 심사받는 것이다. 즉, 입양부모들은 각종 서류를 통해 자신의 부모 자격을 제시하고, 입양기관은 그 서류들을 검토하고 가정방문을 한 후 이들의 자격여부를 결정한다.

실무자들의 입장에서 이러한 과정은 당연한 것이라고 할 수 있다. 즉, 아동복지서비스의 차원에서 보자면, 보호를 필요로 하는 아동에게 가장 적절한 가정을 찾아주는 데 꼭 필요한 과정인 것이다.

그러나 문제는 입양기관들마다 심사기준이 다르기 때문에, 어떤 기관에서는 부적합한 것으로 결정되었더라도, 다른 기관에서는 적합한 가정으로 판정되는 경우가 많다는 것이다. 이 때문에 잠재적인 입양부모들이 입양기관들을 '떠돌아다니는' 경향이 발생한다.

또한 심사에서 탈락한 경우, 잠재적인 입양부모들은 다시 입양할 동기를 상실할 수 있고, 불임부부의 경우에는 불임관련 이슈와 관련하여 다시 한번 부모자격의 상실감을 경험하게 된다. 물론, 입양실무의 입장에서 보자면 불가피한 것이기는 하지만, 이러한 잠재적 입양부모들의 어려움을 돕기 위한 아무런 대책이 없다는 것은 문제로 지적될 수 있다.

3) 입적하기

심사과정을 통과하여 입양이 성사되면 이제 공식적으로 가족이 되기 위한 법적인 절차가 남아있다. 즉, 호적에 입적하는 과정을 거치게 되는 것이다. 그런데 여기에서 입양부모들은 새로운 이슈를 만나게 된다. 그것은 입양아동을 친자로 입적하기 위해 동사무소 등에 출생신고를 하면서 '거짓말'을 해야 하는 것이다.

현행 호적 제도에서 입양기관의 장은 입양될 아동이 호적이 없는 경우에는 그 아동에 대한 호적절차를 거쳐 일가창립을 할 수 있다. 관할 시군구청에서 아동의 수용승인을 받으면 아동은 단독호적을 부여받고 이후 입양이 되면 양자로서 다른 호적을 갖게 된다. 그런데 양자될 아동은 양친이 원하면 양친의 성과 본을 따를 수 있도록 하고 있으나, 입양사실이 친호적에 기록됨으로써 입양아의 양자로서 신분은 계속 남아있게 된다. 결국 입양의 비밀이 지켜지지 못하여 혈연의식이 강한 우리 사회에서 편견에 노출되어 입양아동의 성장에 문제 가능성을 남기게 된다(변용찬 외, 1999). 따라서 대부분의 입양부모는 입양 비밀을 위해 불법임에도 불구하고 아동의 단독 호적 없이 직접 자신들의 친자로 입적하고 있다. 현재 입양형태가 비밀입양이든 공개입양이든 호적상 친자 입적이 아동을 위하는 것이라 여기기 때문이다. 친자호적 입적을 위해 양친은 병원에서 발급하고 있는 출생증명서 대신 2인의 인우보증서만 제출하여 자신들이 직접 출산한 것으로 신고하고 있다. 입양기관에서 정당하게 입양한 입양부모들도 인우보증제를 통해 거짓말을 해야 하는 심리적 스트레스에 놓여 있다(이현정, 2002).

심지어, 입양기관이나 동사무소 등 공식적 기관에서도 이러한 방법을 눈감아주거나 부추기기까지 하는 경향이 있다는 점에서 문제는 더욱 심각하다. 이러한 문제를 해결하기 위해 최근 입양부모들은 여성단체들과 협력하여 친양자제도의 도입을 적극적으로 추진하고 있다. 어쨌거나 중요한 것은 입양기관들이 이러한 제도의 문제점을 알고 있으면서도 해결하려는 노력을 별로 하지 않았고, 오히려 불법을 부추기는 경향이 있었다는 것이고, 이러한 과정에서 입양부모들의 입장이 고려되지 않았다는 것이다.

이 모든 절차들에서 일부 입양가족들은 가족을 이루어가는 과정을 방해받는다. 그리고 그것은 입양가족들에게 도전해야 할 대상이 된다. 이러한 상황에서 상당히 많은 예비입양부모들이 이러한 도전을 포기하는 반면에, 또 많은 부부들은 그럼에도 불구하고 입양과정을 진행해간다.

 공식적인 입양 절차[9]

- **부부와 가족간의 입양에 관한 충분한 합의**

- **입양문의**
양부모들께서는 전화나 내방상담을 통하여 입양기관의 입양절차에 대하여 문의하십니다. 그러면 입양기관은 입양상담원으로부터 입양에 대하여 안내를 받으실 수 있으며 신청요건에 적합하신 부부는 입양상담원과 시간을 정하여 부부개별면접을 하실 수 있습니다.

- **내방상담**
입양 상담원과 약속한 일시에 사무실을 내방하셔서 더 상세한 입양정보를 얻으신 후, 신청규정에 적합한 지의 여부를 안내 받으시게 되며 입양신청에 관하여 자신의 생각을 입양상담원과 대화하시게 됩니다.

- **서류접수**
입양을 진행하시기로 결정이 되시면 구비서류를 준비하셔서 입양기관에 접수하시면 됩니다. 구비서류는 호적등본, 주민등록등본, 부부건강진단서 등 입양기관마다 약간의 구비서류 차이가 있습니다.

- **입양부모교육**

- **개별면접 및 사회복지사 가정방문**

- **아이 선보기**

---

9) 출처 : 한국입양홍보회 홈페이지.

·양부모 가족으로 등록

그 동안 진행해 온 상담과 서류 등 관련 절차를 통해 최종적으로 양부모가정이 결정되면 아동이 입양될 수 있는 시기가 정해집니다.

·아동이 입적된 호적발송

입양아동을 입적시키는 방법에는 친자입적과 양자입적 두 가지 방법이 있습니다. 어떠한 방법을 선택하더라도 입양기관에서 제공하는 "입양확인서"를 통해 입양아동과 관련하여 정부에서 제공하는 모든 혜택을 받으실 수 있습니다.

1. 첫 번째로 양자입적은 합법적인 방법으로 입양기관에서 관련서류를 교부받아 관할 시청이나 구청의 호적계에 입양신고서를 작성하여 제출하시면 됩니다.
주의사항: 입양신고서 작성시 ⑥번 기타란에 "입양아동의 성과 본은 양부의 성과 본으로 변경한다"로 반드시 기재해야 입양아동이 양부의 성과 본을 따를 수 있습니다.

2. 두 번째로 친자 입적은 동사무소에 가서 자가분만을 통한 출생신고를 하시면 됩니다.
그러나 이는 편법으로 산부인과에서 증명하는 출생증명서가 없으므로 인후 보증인 2명의 주민등록등본과 도장이 있어야 합니다. 또한 출생 1개월 이후에 신고를 함으로서 그에 따른 일정금액의 벌금을 지급해야합니다. 출생신고 후 주민등록등본을 지참하셔서 의료보험 공단에 가시면 자가 분만에 따른 출산의료비를 받으실 수 있습니다. 또한 지자체별로 출산장려금을 받으실 수 있습니다.

호적에 양자입적 후 입양아동의 이름을 개명하길 원하신다면 가정법원을 통해 개명신청과정을 거쳐야 이름이 바뀔 수 있습니다. 간혹 기각되는 경우가 있으므로 개명사유를 자세히 기록하는 것이 좋습니다.

·입양 후 가정방문 및 상담
아동을 입양하신 후 아동이 입적된 호적을 입양기관에 제출하시면 됩니다. 이후 입양기관에서 가정방문을 통하여 양자의 건강상태, 발육상태, 양부모님들의 문의 사항 등에 대해 상담을 하게 됩니다. 이로써 공식적인 입양절차는 끝나게 되며 입양기관에서의 입양서류가 종결되게 됩니다.

양자입적 절차[10]

현재 우리나라는 입양을 하면 호적에 입양신고를 하도록 되어 있습니다. 어느 사회든 혼외자녀(사생아포함)가 없던 시절은 없었습니다. 국가와 시대를 막론하고 혼외자녀(사생아포함)들은 많은 차별을 받아왔으며 차별을 받을 가능성은 지금이라고 해서 전무하다고 볼 수는 없습니다. 서구사회라 할지라도.

우리는 우리나라만 유난히 혈연의식이 강하다고 생각하지만 다른 나라도 혈연을 아주 중요하게 생각합니다. 다만 가정이 필요한 아이들을 위한 입양만큼은 사회적으로 큰 배려를 하고 있을 뿐입니다. 우리가 아는 것과 달리 외국은 입양아동이 차별을 받게 될까봐 익명의 제3자는 서류를 통해 입양과 혈연을 구별할 수 없도록 법으로 규정하고 있습니다.

그런데 입양에 대해 폐쇄적인 우리나라의 법은 익명의 제3자가 얼마든지 입양사실을 알 수 있도록 입양신고를 하면 호적등본에 입양사실을 기재하도록 되어있습니다. 비밀입양이 주류를 이루는 이 나라에서 매년 1,700여명씩 입양하는 사람들은 이 문제를 어떻게 해결하고 있을까요?

입양역사 50여년이 되도록 아무도 이 문제를 문제삼지 않았습니다. 왜냐하면 법이 너무 현실과 동떨어져 있기 때문에 사람들은 보통 합법적으로 입양신고를 하는 것이 아니라 自家(자가)분만을 한 것으로 거짓증인을 세워 허위로 출생신고를 하는 것이 일반화되어 있기 때문이었습니다.

허위로 출생신고를 하는 경우 인후보증인을 세워야 하는데 성인(가족 포함)이면 누구나 할 수 있습니다. 출생신고기간을 넘겼으

---

10) 출처 : 한국입양홍보회 홈페이지, 입양모 A의 글.

므로 5만~7만원의 벌금을 내게 됩니다. 또한 의료보험조합에 가시면 벌금보다 더 많은 출산보조비를 받으실 수 있습니다. 일반인들은 비밀입양이기 때문에 허위로 출생신고를 하는 줄 알지만 실제로는 입양기관조차 입양신고하는 방법을 모르고 있거나 안내하지 않는 경우가 많습니다.

출생신고를 할 것인지 입양신고를 할 것인지를 놓고 사람들은 여러 가지 의견을 내놓습니다. 어떤 입양기관이나 사람들은 반드시 출생신고를 하도록 권유합니다. 아이를 위해서 그리해야 한다고 주장합니다. 어떤 이는 법적으로 부모자녀관계에 어떤 차이가 있는 것은 아닐까 궁금해 하시기도 합니다. 그러나 양자나 친자나 자녀로서의 권리와 의무는 동일하며 입양으로 인한 각종 혜택(의료비, 학비 등)도 동일하게 적용됩니다.

가끔 주민등록이나 의료보험증에 어떤 식으로 기재가 되는지 궁금해 하시는 분들이 있는데 주민등록등본이나 혹은 주민등록초본, 의료보험증엔 모두 子로 기재됩니다.

중요한 것은 모든 아이들이 허위로 출생신고를 할 수 있지 않습니다. 호적이 있는 아이들은 입양을 통해 가정을 찾는 일에 여간 애를 먹지 않습니다. 또한 법을 지키기 원하는 입양부모들은 올바른 안내를 받지 못해 당황하게 됩니다. 정말 아이를 위해 호적에 입양이라는 기록이 남지 않도록 해야 할 필요가 있으며, 모두가 원한다면 합법적인 방법으로 출생신고를 할 수 있도록 법개정이 이루어져야 할 것입니다.

최근 입양지정기관에서 일가창립(호적)을 한 아동이 입양을 가게 되었습니다. 그런데 입양관련 서류를 해줘야 할 입양지정기관은 아무런 조치도 취해주지 않고 있습니다. 이유는 방법을 모르기 때문입니다.

호적계에 있는 공무원들도 이런 종류의 업무를 해보지 않았기 때문에 해결해주지 못하고 있으며 덜컥 아동을 자녀로 받아들인

부모님만 애가 탄 상태에 놓였습니다. 내년이면 학교에 가야 하는데…….. 참으로 웃지 못할 안타까운 현실입니다.

그래서 도움이 필요한 분들을 위해 여러 가지 경우를 들어 양자입적 절차를 안내합니다. 해당 사회복지사님께서는 아래 사항을 잘 보시고 조속한 시일 안에 입양신고를 할 수 있도록 도와주시기 바랍니다. 또한 양자입적을 하고자 하시는 입양부모님들도 참고하셔서 순조롭게 법적으로 자녀를 얻으시기 바랍니다.

1. **아동의 호적이 있어야 함.**
(1) 호적이 있는 아동이 친권포기가 된 경우
  ① 법원에 후견인 선임 청구.
    * 후견인 선임 청구 및 후견인 지정허가 신청서 작성하여 수속과에 의뢰함.
  ② 아동의 호적에 후견인 등재.
    (위의 법원심판결과와 후견인(입양기관장)의 호적등본, 그리고 아동의 호적등본을 가지고 아동의 본적지에 가서 후견개시신고함.)
    * 구청에 비치된 후견개시 신고서 작성 要.
  ③ 후견인이 등재된 호적등본 3통 발급.

(2) 호적이 없는 아동이 친권포기가 된 경우
  ① 아동의 일가창립(호적)을 만듦.
    * 이 경우에도 아동의 호적에 후견인이 등재되어야 함.
    * 수속과에 의뢰함.
  ② 아동의 호적 3통 발급.

2. 1에 해당하는 아동의 호적과 후견인증명, 입양신고서를 준비하여 양부모에게 전달, 양부모가 거주지관할 시·구청 호적계에 입양신고를 한다.

⑥ 기타사항 란에 양자의 성과 본을 양부의 성과 본으로 변경요
망하는 내용을 써야 한다. 경우에 따라서는 양친가정조사서 사본
과 입양대상아동확인서를 필요로 할 수 있다.

직인 찍은 후 복사. → 원본대조필 도장 찍을 것.

입양신고서에 법적후견인(입양기관장)의 기명날인과 양자란에
후견인의 기명날인을 해야한다. (양부모가 증인란의 도움을 요청
하는 경우 부서내에서 해줄 수 있다.)

구청에 따라 호적등본 등의 서류를 2부씩 요구하는 경우도 있
으므로 양부모에게 서류를 각 2부씩 준비해주면 좋다. 입양신고시
양부모가 원할 경우 아이의 성과 본을 양부모의 성과 본에 일치하
게 바꿀 수는 있으나 이름은 안 된다. 일단 입양신고를 한 후 호적
이 나오면 호적등본을 가지고 거주지관할 가정법원에 개명신청을
하면 된다. 개명사유는 자세히 써야 기각이 되지 않으며 개명신청
비용은 1~2만원 대에서 해결된다. 개명허가기간은 거주지관할 법
원에 따라 다소 차이가 있으나 보통 1~2개월 안에 처리되며 개명
허가 통고서가 오면 관할 동사무소에 신고하면 된다.

5. 상호 적응하기

입양가족의 상호 적응하기는 법률로 정해진 공식적인 과정으로서
상호적응과정을 포함하는 의미이다. 입양이 성립된 후 사후관리를 위
하여 입양기관은 입양 후 6개월 이내에 양친과 양자간 상호적응상태
를 관찰하고, 입양가정에서의 아동양육에 필요한 서비스를 제공하며,
수시로 상담할 수 있는 창구를 개설하고 상담인원을 배치하도록 되
어 있다(입양특례법 제12조 및 시행규칙 제13조). 또한 사후관리는 입양
후에 양부모와 입양아동이 건전한 부모 - 자녀관계가 형성될 수 있도

록 적절한 상담과 지도를 제공하는 단계이며, 사후관리 방문시에는
아동의 입적확인 및 아동과 양부모가 변화된 새로운 환경에 상호 잘
적응하고 있는지의 여부와 입양 후 양부모의 감정과 집안 분위기 등
변화된 사항을 살펴보게 된다(홀트아동복지회, 2002). 따라서 이 과정은
앞서 살펴본 '법적인 가족되기'의 연장선상에 있는 한편, 입양아동은
새로운 가족에 적응하고, 입양가족은 입양아동에 적응하면서 부모-자
녀관계를 포함한 가족관계를 이루어가는 과정으로 볼 수 있다. 그런
데 이러한 상호 적응 과정은 실제로 6개월 이상의 기간이 필요하며,
어쩌면 평생에 걸친 과정으로도 볼 수 있다.

여기에서는 애착관계 형성하기와 허니문, 입양부모 자신의 부모
자격 시험하기를 입양가족의 상호 적응하기에 포함되는 과정으로 살
펴볼 것이다.

1) 애착관계 형성하기

입양아동이 새로운 가족 내에 오게 되면 일정한 적응기간이 필요
하다. 이 기간은 애착관계를 형성하는 기간으로 볼 수 있다.

> 신생아 같은 경우는 새롭게 변화된 환경에 서로 익숙해지는 것, 우유
> 를 탄다든지, 아이를 옆에 돌봐야 된다든지, 우리 애들 둘 다 6개월
> 때 왔는데 아이들이 갑자기 바뀐 환경 때문에 뭐, 걔가 듣던 소리도
> 다 달라진 거고 냄새도 달라진 거고 사람들도 다 달라진 거니까, 몇
> 달 동안은 두리번거리고, 불안정한 상태를 보이는 것 같아요. 그게 한
> 육개월 정도 그러면 아이도 이제 어떤 반응을 보이고 눈도 맞추고 이
> 야기도 하게 되고 옹아리도 하고 적극적으로 웃기도 하고 아, 얘가 인
> 제 통하는구나 그런 느낌이 오죠.
>
> ◯ (입양모 A, 개별면접)

기존의 애착이론은 주로 입양아동의 부적응을 설명하는 데 적용되어 왔다. 출산 후 애착대상과의 분리와 잦은 교체 등으로 인해 애착관계를 형성하지 못함으로써 이후 부적응하게 된다는 것이다. 그러나 최근의 애착이론은 영아기를 지나 아동, 청소년기와 성인기 이후에도 애착관계 형성이 가능함을 입증함으로써 입양가족의 애착관계 형성을 이해하는 데 적용될 수 있다(장휘숙, 1998).

그리고 그것은 많은 위험요소에도 불구하고 공개 이후에도 입양가족들이 적응해 가는 과정을 설명해 줄 수 있다. 즉, 낳아준 부모에 대한 상실감과 분노 등의 감정을 경험하더라도 현재의 입양부모와의 애착관계로 인해 안전감을 느낄 수 있다는 것이다.

2) 허니문

특히, 오랜 불임 기간을 경험한 입양가족의 경우, 아기를 갖고 싶다는 열망으로 인해 입양아동과의 초기 만남은 신혼여행과 같은 달콤한 시간으로 경험된다. 그리고 이러한 기간은 꽤 오래 지속되는데, 양육과정에서 특정한 문제들을 경험하게 되더라도 그것이 입양가족의 관계에 심각한 부정적 영향을 미치지는 못한다.

> 친자하고 불임인 경우는 틀리더라구요. 불임인 경우는 내리사랑이 아니라고… 쏙 빠지더라구요. 불임은 아이가 정말 축복받으면서… 눈에 넣어도 안아플 정도로…
>
> ○ (입양모 F, 집단 면접)

다만, 신혼기간이 그런 것처럼, 이 기간에 발생하는 예기치 못한 문제들(영유아기 아동의 부적응 행동 등)에 대처하지 못할 경우, 상당히 오랜 부적응 기간을 경험하거나 결국 파양-이혼과 비교되는-에 이를 수 있다.

이러한 두 가지 양상들은 공개입양의 여부에 따라 다시 다양한 양상을 갖게 될 수 있다. 큰 문제없이 허니문 기간이 지속되는 경우, 원래는 공개입양을 지향하던 입양부모들도 입양사실을 공개할 경우 이러한 감정과 분위기를 깨뜨릴 수 있다는 불안감을 가질 수 있다. 이 때문에 비밀입양으로 전환할 가능성도 있다.

> 원래 공개를 하기로 해서 갔는데, 막상 지은이를 보고, 얼굴만 보고 가기로 했었는데… 걔를 일주일만에 갔다가, 다시 만났어요. 그래서 아기를 보고 집에 가는데… "비밀로 하자. 이제 우리 딸이다. 다시 생각해 보자." 가면서… 그때마다 부부싸움을 하는 거죠.
>
> ◯ (입양모 I, 집단 면접)

한편, 공개입양을 하지 않았을 경우, 위에서 언급된 다양한 문제들이 발생하고 입양부모가 제대로 대처하지 못했을 때 주위의 도움을 받지 못할 가능성이 높고 이는 파양의 가능성을 높여줄 수 있다. 입양부모들이 비밀입양을 반대하는 이유 중에 하나가, 이처럼 어려움이 있을 때 대처할 방법이 없다는 사실이다.

3) 부모 자격을 시험하기

여기에서 '부모 자격을 시험한다는 것'은 입양부모 자신이 입양아동의 부모로서의 자격을 갖고 있는가를 시험한다는 것을 의미한다.

입양이 이루어진 후 양육과정에서 입양부모들은 입양아동에 대해 '낯선' 감정을 경험하게 된다고 한다. 이는 유자녀 부모—즉, 이미 낳은 자녀(친생자)가 있는 입양부모들이 주로 경험하는 것이다. 예를 들어, 먹을 것을 주려고 할 때, 친생자에게는 가장 비싸고 좋은 음식을 주고 싶어하고 주면서도 전혀 아깝다는 생각이 들지 않는 반면에, 입양한 차녀에게는 아깝다는 생각이 드는 경우가 있고, 자녀가 다쳤을 때도 친생자의 경우 '내 몸이 아픈' 것처럼 느끼는 반면에, 입양아동의 경우 '아프겠다'는 정도로 느껴진다는 것이다. 그리고 친생자와 입양자녀가 동시에 다쳤을 때, 무의식적으로 친생자에게 먼저 가서 돌보게 되는 경우를 경험하기도 한다.

이러한 감정들은 입양부모들에게 '낯설게' 느껴지고, 부모로서의 좌절감 등을 경험하게 된다고 하였다. 한편, 이러한 감정들이 일어날 때 이것을 주위 사람들에게 공개하는 것은 자신의 부모로서의 정당성을 훼손시킬 가능성이 있기 때문에 공개하지 않는 경우가 많다. 또한 엠펙은 입양 홍보를 사명으로 하고 있기 때문에 그 구성원들은 가능한 입양의 긍정적 측면들을 보여주려 하고 이러한 부정적 측면들을 감추려는 경향이 있다.

이러한 감정의 공개는 가족 외 공개의 맥락에서 중요한 의미를 갖는다. 입양부모들이 고립되어 있다면 위에서 살펴본 부정적 감정들이 발생할 때 부모로서의 자격을 스스로 시험하고 좌절감을 느낄 수 있는 반면에, 자조모임에 참여하는 입양부모들은 감정의 공유를 통해 이러한 감정이 일반적인 것임을 확인하게 되고 이를 적극적으로 해결해 나갈 가능성이 높은 것이다.

다른 한편으로, 입양모들은 친생부모가 경험하지 않는 입양부모의 슬픔을 출산경험과 수유경험, 병력 등에서 찾았다. 이러한 차이는 입양부모들에게 '내가 낳았을지도 몰라'라는 생각을 갖게 하기도 하며, 환상을 갖기도 한다. 번역모임에서 입양모들은 '뱃속에 넣었다 뺐으면 좋겠어'와 같은 표현을 자주 썼다. 이는 입양과 출산간의 차이에 대한 입양모의 주관적인 인식을 보여주는 것이다. 입양가족들에게 있어서 이 과정상의 적응은 '입양사실을 인정하는 것' 그리고 그 전에 '낳지 않았다는 것을 인정하는 것'으로 볼 수 있다.

Kirk(1964)의 입양적응에 대한 고전적 사회역할이론은 입양가족의 기본적인 이슈는 그들이 입양가족생활의 내재적인 차이를 다루는 방식이라고 제안했다. 그는 입양가족과 비입양가족을 구별하는 위와 같은 독특한 과업, 도전, 갈등들을 검토하였다. Kirk(1964)에 따르면, 입양 부모의 역할 핸디캡에 대한 반응에서 일부 부모들은 가능한 밀접하게 비입양가족을 본받음으로써 입양을 숨기려고 노력한다. 아동과의 상호작용에 있어서 그들은 입양된 것에 대해 잊어버리는 것의 중요성을 전달하며, 그렇게 하려고 노력한다. 이러한 행동 패턴은 차이거부(rejection-of-difference, RD)라고 명명한다. 반대로 다른 부모들은 입양과 연관된 차이들을 공개적으로 직면한다. 이런 사람들은 이슈에 대해 더욱 적극적이고 직접적으로 관여함으로써 입양가족생활의 도전과 갈등들을 해결하려고 한다. 그들은 스스로와 아동들에게 생활경험 과정에서 이따금 발생하는 차이의 감정을 탐색할 자유와 기회를 허용한다. Kirk는 이러한 패턴을 차이인정(acknowledgment-of-difference, AD)이라고 명명하였다.

Kirk의 이론에서 이러한 두 가지 패턴은 태도와 의사소통 행동의 연속선을 대표하는데, AD의 극단은 가족구성원간의 긍정적인 적응과 더 밀접하게 연관되어 있으며, RD의 극단은 적응상의 문제들과 더 자주 연결되어 있다. 따라서 Kirk는 RD 행동이 수용적이고 신뢰로운 가족 분위기-입양관련 이슈에 대한 공개적이고 정직한 탐색을 돕는 분위기-를 방해하는 경향이 있다고 하였다. 그는 또한 이러한 의사소통 패턴이 아동으로 하여금 다르게 느끼는 것이 비정상적인 것이라는 생각을 강화하는 경향이 있다고 제안했다. 이러한 결과 모두는 입양아동의 자아존중감과 전반적 적응에 유의미한 영향을 미칠 수 있다.

위에서 언급한 입양부모들의 감정은 RD와 관련된 것으로 볼 수 있지만, 그들이 인지적으로는 그러한 차이를 인식하고 인정하고 있음을 고려할 때 AD에 가까운 것으로 볼 수 있다. 즉, 차이를 거부하고 싶은 감정을 가지고 있기는 하지만, 한편으로는 그러한 차이를 인정하고 있는 것이다.

입양부모들에게 있어서 이러한 양상은 자연스러운 것으로 보인다. 그리고 이러한 감정들은 삶의 과정에서 반복될 수 있다는 점을 고려할 때 역시 평생에 걸친 도전 과제라고 할 수 있다.

제 2 절 가족 내 공개 과정

입양아동에 대한 입양사실의 공개는 공개입양가족 전체에게 가장 중요한 '도전'이다. 여기에서의 도전은 '내재화된 비밀입양 전통에 도전'하는 것이다. 이는 비밀입양의 전통이 입양부모들에게도 내재화되어 있다는 것으로서 입양아동에게 입양사실을 공개하기 위해서는 이러한 내재화된 전통에 도전해야 한다는 것을 말해준다. 이러한 전통은 일종의 두려움, 불안감과 같은 형태로 나타난다.

"나의 우울증"
입양 사실을 알려 준다면 아이의 충격이 클 것이라고 생각하며 너무나 망설이며 이제나저제나 하며 살아왔지만, 그건 아이만의 고통이 아니고 우리에게도 무척이나 고통스런 일이었다. 남편은 자다가도 몇 번씩 깨어 아이의 잠자는 모습을 살펴보곤 하였다. '이 놈이 진짜로 깊은 잠을 자고 있는지 아니면 자는 척 하는지' 유심히 들여다보는 마음은 참으로 조마조마하다.

◑ (입양모 B의 입양일기)

비밀입양을 유지하다가 여러 가지 상황이나 사건을 통해 입양사실이 노출된 사례, 학령기에 입양하여 이미 입양사실을 알고 있는 사례, 또는 초등학교 3, 4학년 때－입양의 의미를 이해할 수 있는－공개한 사례는 있지만 영유아기 때부터 지속적으로 공개를 해서 청소년기나 성인기에 이른 사례는 없기 때문에 공개입양의 적절한 시기 등과 관련해서는 아직 정확한 지침을 제공할 수 없다. 다만, 미국 등에서 출판된 입양 관련 도서의 제안을 근거로 어렸을 때부터의 공개입양을 주장하고 있는 것이다. 따라서 기존 공개입양가족들이 제시하고 있는 현재의 주장이나 결론은 잠정적인 것이라고 할 수 있다. 만약 이러한 주장이 사실이라고 하더라도, 모든 사례의 개별적 특성을 감안할 때, 입양가족들이 경험하는 불안감은 이해할 수 있는 것이고, 따라서 그것은 각 가정에게 '도전'이 된다. 그리고 그것은 입양부모들이 선택한 도전이다.

가족 내 공개는 공개를 준비하는 과정과 공개 장면, 공개 이후 적응과정으로 분류할 수 있으며, 이 모든 과정들은 입양가족에게 도전의 과정이다. 각각의 구체적인 과정들을 살펴보면 다음과 같다.

일반적으로, 그리고 대부분의 입양부모들이 이해하는 공개는 어느 한 순간, 입양아동과 대면하여 입양사실을 말해주는 것이다. 그러나 공개입양가족들은 공개가 이처럼 특정한 순간에만 이루어지는 것이 아니라고 말한다. 그들은 공개의 공간적, 시간적 맥락화와 일반화를 강조한다. 그것은 입양사실을 다양한 상황에서 장기적으로 공개해야 한다는 것과 입양이라는 개념을 '일반적'인 것으로 이해하도록 해야 한다는 것이다. 또한 이러한 공개를 위해서는 자조모임의 참여가 필수적이라고 지적하였다.

한편, 공개가 이처럼 공간적, 시간적 맥락속에서 이루어지더라도 입양의 개념을 구체적으로 이해할 수 있는 연령이 되었을 때, 입양사실을 공개하는 특정한 장면이 필요하다. 이 장면이 모든 공개입양가족들에게는 가장 어려운 도전이라고 할 수 있는데, 여기에서 입양부모는 두려움에 맞서서 비밀을 밝히며, 입양아동은 거짓말 같은 진실을 받아들여야 한다.

또한 공개 이후에는 입양사실을 받아들이고, 시험하기, 달라붙기, 닮은 점 찾기 등을 통해 친자녀임을 확인하려는 과정과 망설임없이 양육하고 자녀로부터 부모 자격을 인정받는 과정을 통해 친부모가 되는 과정, 형제관계를 형성함으로 친형제가 되는 과정 등을 포함하는 '친가족 되기'의 과정을 경험하게 되며, 친생부모를 찾는 과정에서 '뿌리 찾기'를 시도하게 되는데, 이 모든 과정들 역시 공개입양가족들이 경험하는 도전이 된다.

여기에서는 먼저 입양아동에게 입양사실을 공개하는 장면을 진술한 한 입양모의 입양일기 전문을 제시하고자 한다. 이 글은 '공개'의 여러 가지 측면들을 잘 보여주고 있다는 점에서 논의를 전개하는 데 중요한 의미를 갖는다.

> 사랑하는 아들아! 사랑하구, 고마워!
>
> 여러분의 기도에 먼저 감사드립니다.
> 오후 내내 가슴 졸이고. 게시판에 올리신 위로의 글 읽고 눈물짓고. 몇 통의 전화위로에 용기얻고. 아무튼 드라마틱한(?) 장면을 상상하며, 희망과 절망사이를 오락가락 했는데 드디어, 딩동… 벨소리에 심장이 멎는 듯한 느낌. 급하게 들어서며 하는 말,
> "엄마, 지금 자전거 타러 나가야 해. 친구들이 조기서 기다려. 그리구, 이 바지 찢어졌어. 탁 넘어 졌는데 이렇게 찢어지냐."
> 다른 바지 찾아 입고 자전거 타고 신나게 나가버리더군요. 얼른 베란다로 나가서 멋진 뒷모습을 황홀하게 보았습니다. (준희 어머니 준

희가 율동할 때 뿅 가던 그 모습)

또 소설 몇 편 쓰고 드라마 몇 편 만드는데,

"엄마, 엄마, 여기 이거 가지고 가."

길에 누가 떨어트린 식용유 셋트랑 유리 방수제 등을 줏어와서 신나합니다. 아빠 차에 바르라구요. 주인 찾아줘야 한다니까 자기가 안 주웠으면 다른 사람이라도 가져 간다나요. 어정쩡하게 받고는 또 놓치고 말았습니다. 기회를··· 만화할 시간이 되니 들어 왔어요. 웃는 얼굴로 아들 뒤를 따라다니며,

"아들. 할 얘기 있어."

"엄마, 저리가. 쉬 좀 하게, 손 좀 씻구 들어갈게."

이럴 땐 누가 어른인지··· 가만히 안고 속삭이듯 고백하려는데 이 덩치 큰 녀석 자꾸만 버둥거립니다.

"재원아. 자녀는 하느님께서 두 가지 방법으로 주셔."

"엄마, 나 알아. 하나는 엄마 뱃속에서 낳고(?) 하나는 다른 방법으로 주시지."

저, 너무 놀랐습니다. 입양이야길 자주 하긴 했지만 이렇게 정확하게 알고 있다니···.

"엄마, 아빠는 결혼해서 6년이 지나도록 아기가 없어서 하느님께 열심히 기도를 드렸어. 그랬더니 서울에 있는 ○○○○(입양기관)에서 연락이 왔어, 엄마 아빠는 기절하는 줄 알았어. 어떻게 이렇게 하얗고 잘 생긴 아기가 우리아기인지··· 네가 태어난 지 7일 만에 우리랑 처음 본 거야."

재원, "저번엔 서울에서 나 낳았다고 했잖아."

하이고, 인석아, 그땐 이런 말을 안 하고 살 줄 알았지~.

두 눈에 눈물이 어리는가 하더니, "엄마, 뻥이지. 거짓말이지."

믿고 싶지 않은 듯 만화를 보더군요, 웃기는 건 재원이는 하나도 심각하지 않는데 제가 믿어달라고 믿어달라고 매달리는 꼴이 되고 말았어요. 그러는 사이에 아빠가 오시고 사실대로 얘길하니 안도의 모습을 보이곤 아들 끌어안고 난리 났습니다.

재원이 이야기 또 써야지 하고 컴에 앉으니 정말이냐고 자꾸 물어요, 그리고 하나도 슬프지 않고 자랑스럽대요. 왜냐니까 컴에 자기 이

야기도 나오고 커서 훌륭한 치과의사 선생님이 되어서 불쌍한 사람들 무료 치료해준대요. 이런 기적은 살면서 첨이에요. 가만히 되짚어 정리를 해보면 재원이는 저랑 얘기도 잘 통하고 어떤 땐 든든한 남자(?) 같은 아들인데 이 상황을 이해 못 할 아이가 아니거든요. 그렇습니다. 그건 주님께서 재원이 마음에 들어 오셔서 지혜를 주신거지요. 애태우는 이 어미를 불쌍히 여기시어 저 고운 입술에서 기막힌 말을 엮어내게 하시는 주님! 찬미 영광 받으소서!

　다음 주 ○○이 돌 때 우리 재원이 보시면 아는 체 해주세요. 제가 만 43년을 살면서 주님을 체험하긴(이렇게 화끈하게) 두 번째입니다. 처음은 재원이 첫 만남이구요. 여러분 고맙습니다, 잘 키우겠습니다.

　먼저, 가족 내 공개입양, 즉 입양아동에 대한 공개의 측면에서 보면, 위 글에는 입양사실을 공개하기 전과 공개하는 장면, 공개한 이후 입양모의 감정상태가 잘 나타나 있다. '희망과 절망 사이를 오락가락했다'는 표현에는 공개 이후의 상황에 대한 기대감과 불안감, 두려움 등이 압축되어 나타나고 있다.

　글의 중간 정도에는 이전에도 입양에 대해 아동에게 자주 이야기해 왔다는 사실이 나타나 있다. 또한 이것이 입양에 대한 아동의 이해를 돕고, 입양사실을 받아들이는 데 긍정적인 영향을 미쳤음을 알 수 있다.

　한편, 글 맨 앞부분의 진술 중 '게시판에 올리신 위로의 글 읽고 눈물짓고, 몇 통의 전화위로에 용기얻고'라는 표현은 공개입양에 있어서 사회적 지지가 가진 영향력을 잘 보여준다. 사회적 지지는 입양아동에게 공개하기 전과 공개하는 장면, 그리고 공개 이후 가족의 적응과정 전반에 걸쳐 영향을 미치고 있는 것이다.

1. 공개를 준비하기

1) 공개입양을 결심하기

본 연구에 앞서 이루어진 이현정(2002)의 연구에서 입양부모들이 공개입양을 선택하게 되는 동기는 [표 5-1]과 같이 크게 세 가지로 제시되었다. 첫째, 공개입양이 바람직하다고 인식했기 때문에, 둘째, 비밀입양의 부정적 측면들을 피하기 위해서, 셋째, 입양기관 또는 입양가족 자조모임의 영향이다. 이러한 동기들은 본 연구자가 만난 입양가족들에게서도 동일하게 나타났다.

앞의 두 가지 동기가 개인적인 차원의 동기라고 한다면, 마지막 동기는 사회적인 차원에서 형성된 것이라 볼 수 있다. 그러나 공개입양의 긍정적 측면들에 대한 인식들 또한 직접적인 경험에서 비롯되었다기보다는 언론에서 보도된 내용들을 보거나 다른 입양가족들을 만나는 과정에서 형성되었다는 점을 고려하면 이 또한 사회적인 영향을 받은 것이라 볼 수 있다. 이는 현재 공개입양가족들이 양육하고 있는 입양아동들이 아직 어리고 공개입양을 진행한 지 얼마 지나지 않았기 때문이다. 또한 비밀입양의 부정적 측면도 현재 경험하고 있는 것이라기보다 앞으로 있을 가능성을 염려하는 것이기 때문에 '사회적'인 영향을 받은 것으로 볼 수 있다.

이러한 결과는 두 가지 측면을 보여주는데, 첫째, 공개입양의 동기가 사회적으로 형성된 이미지의 영향을 받는다는 것이며, 둘째, 공개입양의 결정이 현재의 경험보다 미래의 가능성을 염두에 두고 이루어진다는 점이다.

[표 5-1] 공개입양을 선택한 동기

공개입양의 긍정적 측면을 받아들임	해외입양아의 적응을 보고 안도함
	아이들이 자신을 인정하도록 하기 위해
	입양은 부끄러운 사실이 아니다
비밀입양의 부정적 측면을 회피함	비밀을 지키기 어려움, 자신 없음
	비밀이 드러날 경우 더 악화 염려(상처, 배신감)
	양육에 문제가 생길 것 같아서
	비밀로 인한 스트레스가 싫어서
공식, 비공식 지지체계의 영향	입양기관의 교육
	엠펙의 영향
	긍정적인 입양관을 보여주고 싶어서(우리도 한몫하자)

그런데 이러한 공개입양 결정이 모든 입양가족들에게 있어서 이후에도 지속적으로 유지되는 것은 아니다. 많은 입양가족들은 공개입양을 결심한 이후에도 다시 비밀입양으로 전환할 가능성이 있다. 따라서 중요한 것은 공개입양을 결심한 순간의 동기가 아니라 공개입양을 유지하게 되는 동기이다. 아래 진술들은 공개입양가족들의 스터디 모임에서 입양모들이 이야기한 내용들이다.

공개입양이 비밀입양에 비해서 좋다는 거지. 마냥 좋지는 않아. 공개입양이 가지고 있는 심리적인 부담감… 나는 공개입양에 대해서, 비밀입양 자체를 생각을 못한다는 면에서 공개입양인 거지, 비밀입양 자체를 생각을 못하겠어. 왜냐하면 그건 너무 위험요소가 크니까… 내가 입양아라고 생각했을 때, 엄마 사랑을 듬뿍 받고 자라면 자랄수록… 어느 날 엄마가 날 안 낳았다 생각하면 세상에 그런 날벼락이 어디 있어. 그건 진짜 날벼락이지…….

비밀입양은 애한테 가혹한 건 둘째치고 내가 경험한 거는 내가 못 견뎌. 내가 거짓말 해야 되고 매사에… 물어보잖아요. 난 많이 당했는데… 동네에서 임신한 여자가 계속 물어보는 거야. 임신할 때 입덧은 어떻게 했냐고, 제왕절개 했냐고 그러고, 그냥 낳았다고 그러면 비쩍 마른 사람이 어떻게 그냥 낳았냐고 그러고… 계속 거짓말이 꼬리에 꼬리를 물고… 거짓말 하는 게 사실은 머리가 좋아야지. 똑같은 거짓 말을 계속 해줘야 되는데… 저 사람한테는 이렇게 거짓말… 코드를 맞춰가지고 그래야 되는데, 그렇게 못하니까 내 머리가 아프더라고. (중략) 그래서 공개를 한 거예요. 굉장히 생각 많이 했어. 나 스스로가 나 자신을 믿을 수가 없고, 애한테 너무 잔인하고… 나는 알고 있는 데, 저는 그 사실을 모르는 거야. 딴 사람은 다 입양한 거 아는데 지만 모르는 거야. 그래서 늘 허튼 소리만 하고 헛도는 거야. 엄마 나 애기 때, 낳을 때… 애기 때 애기 들으면 너무 행복해하고 즐겁게 생각하는 데… 그러니까 인간으로 할 짓이 아니라니까… 그 두 가지…….

그 인생 전체는 하나의 흐린 막을 치고 사는 것 같애. 죽을 때까지 비 밀을 지킬 수 있을망정 그 인생을 보면…….

알 권리를 모르고 거짓으로 살았다는 게 얼마나 황당해.

부모님 돌아가시고 입양아만 남았을 때 알게 된다구요. 이웃을 통해 서… 입양아에게 인생은 너무 허무한 거야. 물어볼 데도 없고… 자기 그거를 찾아야 되는데… 풀리지 않는 수수께끼로 살 거 아니예요… 일찍 알았더라면… 나중에 단념을 하더라도 자기 수수께끼는 풀어야 할 거 아냐.

위의 진술들에서는 비밀입양의 단점을 언급하고 입양아동의 알권 리를 보장해야 한다는 차원에서 공개입양의 당위성을 주장하고 있다. 이 밖에도 면접과정에서 위에서 제시한 공개입양의 장점을 제시하는 진술들이 제시되었다. 그런데 여기에서 중요한 것은 이러한 진술들이 엠펙을 통해 구성되고 있다는 것이다. 스터디 모임이나 번역모임 등 에서 만들어진 이러한 주장들은 다른 입양가족들에게 전달되며 하나의 신념체계가 된다. 그리고 이러한 신념체계는 엠펙의 존재 자체를 유지해주며 각 입양가족들이 공개입양을 유지하도록 지원해준다.

2) 입양에 익숙해지도록 하기

연구자는, 연구를 진행하기 전과 진행과정 초기에는 공개를 어느 한 순간에 일어나는 일회적인 것으로 인식하였다. 그러나 이후 연구가 진행되면서 공개가 장기적이고 지속적인 과정이라는 인식을 갖게 되었다.

> 여기서 공개는 갑자기 얘기하는 게 아니라 우리가 모이잖아요. 그러면 입양 얘기를 자연히 하기 때문에 걔한테 은근히 스며드는 거예요. 어 렸을 때부터 은근히 스며들어 가지고……
>
> ◐ (입양모 B, 집단면접)

이 '스며든다'는 것이 입양아동에게 어떤 의미를 갖는지는 확인할 수 없었다. 다만, 입양아동에게 입양이라는 사실과 맥락이 '익숙해지 도록' 해야 한다는 것으로 이해할 수 있다.

엠펙의 구성원들 사이에서도 입양아동의 연령에 따라 그리고 입양 부모의 수용 정도에 따라 공개의 정도는 매우 다른데, 13개월 된 입 양아동을 양육하고 있는 한 입양모가 공개의 구체적인 방법을 물어 보자, 다른 입양모가 다음과 같이 조언해 주었다.

> 나는 공개입양을 할 때 아이한테 공개를 할 때 필수적인 요소가 공개 입양부모의 지속적인 모임이 있을 때만 공개입양이 가능하다고 생각 을 해. 예를 들면 입양부모모임 자체가 없이 공개입양으로 키운다는 건 한계가 있어요. 아이한테 공개입양의 핵심이 아이에게 입양사실을 일단 알려서 키운다는 게 공개지, 주변에 알린다는 건 아니거든. 굳이

주변까지 알릴 필요는 없어요. 자기가 입양아라는 걸 알고 커야 되는데, 집에 환경이라는 게 입양에 관한 책이 책장에 있으면 책꽂이 하나 전체가 입양이거든. 입양동화, 입양에 대한 일기, 그리고 엠펙에서 주는 단체사진을 다 올려놓는단 말이야. 입양부모모임 이런 게 다 있어. 손님만 오면 지 사진 나왔다고, 왜 가슴으로 낳았냐고, 오는 사람마다 지가 공개를 해. ○○는 당연히 지 사진이고. 석 달마다 입양부모모임 있지, 심심하면 엄마 따라 여기오지, 그러니까 어려서부터 ○○이, ○○는 엠펙이라는 거에 대해서 입양부모모임이라는 것에 대해서 너무 쉬운 거야. 그러면서 자기 단계단계에 맞게 자기가 이해하는 만큼 이해하지. 어느 날 날 잡아가지고 이게 아니고, 애기 때 동화 같으면 뻘건 빼고 읽어줄건 읽어주다가 또 한 네 살쯤 되서 읽어줄만한 동화책이라도 이해하는 만큼만 읽어주고 초등학교 와서 다 읽어줄 수 있고, 이게 자연스럽게 삶의 일부분이 돼서, 아이가 입양이라는 걸 굉장히 자연스럽게 받아들여야지. 입양부모모임 자체없이 내가 입양을 했다 그러면 애한테는 별 것 아닌 게 남들한테 너무 특별한 거야. 자기 주변사람한테··· 그럴 때 오는 황당함과 당혹감이라는 게, 공개입양을 할 때는 공개입양부모모임에 꼭 참석해서··· ○○이 같은 경우는 처음에 1년을 내 동생 아니라고 다른 엄마가 낳았다고 그러고 그러더니, 누구네 집은, 누구네 집은··· 지가 아는 애기 중에는 엄마가 낳은 애들보다 안 낳은 애들이 더 많거든. ○○이 생각에는, 엄마 친구가 많은 것도 아니고 맨날 엄마따라 엠펙을 다니다보니까 지가 알고 있는 애기 중에는 (입양아동들 이름) 죄다 엄마가 안 낳았거든. 낳은 애들이 드물지. 그러니까 아무렇지도 않은 거야. 그렇게 자연스럽게 되는 거지. 너무너무 중요하다고 난 생각해. 한국 사회에서는 입양부모모임에 지속적으로 참여하고. 아이들끼리의 교제가 되어지고. 캠프가 지속적으로 이어질 때는. 공개입양이라는 입양이라는 의미가 살아나지, 그렇지 않으면 사회적으로 입양하는 게 굉장히 스트레스 받지.

🌑 (입양모 D, 집단면접)

위의 진술에서 발견할 수 있는 것은, 공개입양에 있어서 자조모임의 필요성, 공개의 초점, 공개의 맥락화, 공개의 일반화, 자조모임에서 입양아동들간의 지지 등이다.

즉, 공개입양을 진행하는 과정에서 자조모임에 참여하는 것이 반드시 필요하다는 것이며, 공개의 여러 차원들 중에서 입양아동에게 입양사실을 공개하는 것이 가장 핵심적이고 중요한 이슈라는 것, 또한 공개를 하는 데 있어서 입양부모와 입양아동간의 의식적인 대화만을 통해서 입양사실을 알려주는 것이 아니라, 광범위한 맥락 내에서 다양한 방법으로 알려 주어야 한다는 것, 그리고 입양아동들이 입양되었다는 것 자체를 특별한 것으로 인식하지 않고 일반적인 것으로 인식하도록 해야 한다는 것, 마지막으로 자조모임을 통해 입양아동들간에도 사회적 지지망을 형성할 수 있도록 해야 한다는 것이다.

다른 사항들은 공개입양의 또 다른 측면으로 뒤에서 다시 언급될 것이므로 생략하도록 하고, 여기에서는 공개의 맥락화만을 살펴보고자 한다. 위에서 입양모는 엠펙 모임 참여, 엠펙 모임에서 제공한 책이나 자료, 모임에서 찍은 사진 등 엠펙 모임을 공개의 맥락으로 활용할 수 있음을 지적하였고, 한편으로는 직접적으로 입양과 관련된 동화나 책, 입양일기 등을 함께 읽음으로써 입양사실을 전달할 수 있다고 하였다. 이러한 공개의 맥락화는 입양이라는 것이 매우 일반적인 것이라는 메시지를 아동에게 제공해 주는 것이며, 공개를 자연스러운 상황에서 이루어지도록 해준다.

한편, 위에서 인용한 입양모의 진술과 생각이 엠펙 내에서 완전히 공유된 것은 아닌 것으로 보인다. 연구자는 서울·경기 지역모임에 참석한 입양부모들에게 질문지를 주고 현재 어떤 방식으로 입양사실을 공개하고 있는지 응답하도록 하였는데, 절반 정도는 육아일기, 사진, 동화 읽어주기, 그림, 직접적인 대화를 통해 공개하고 있다고 한 반면에, 나머지 절반 정도는 아직 공개를 하지 않고 있고, 5~6세 이후에 공개할 예정이라고 하였다. 이는 많은 입양부모들이 결정적 순간을 통해 입양사실을 알려주는 것을 '공개'로 인식하고 있음을 보여주는 것이다.

한편, 직접적인 대화를 통해 공개할 때는 '모든 아기들은 하나님의 선물이고, 아가는 엄마 뱃속에서 자라서 태어났는데, 엄마는 아기방이 없어서 다른 엄마의 배를 빌려서 너를 만났어', 또는 '하나님께 기도를 많이 했더니, 너를 내 딸이 되게 해주셨어'와 같이 말을 하거나, '현재 너는 엄마, 아빠가 낳지 않았고 너를 낳아주신 분께서 너를 키우지 못해서 우리가 너의 양부모가 되었다'는 것과 '너는 대구에서 태어났다'는 것 등을 말해주었다고 하였다(52개월, 6세 아동의 입양모).

2. 공개하기

공개가 장기적인 과정을 통해 이루어지는 것이 바람직한 것으로 인식되기는 하지만, 특정한 시기에 직접적으로 입양사실을 공개할 필요가 있다. 대부분의 공개입양부모들은 이러한 공개 장면을 앞두고 '대사'들을 준비하게 된다. 즉, 입양사실을 구체적으로 어떻게 말할지, 아동의 반응에 대해 어떻게 대처할지 미리 생각하는 것이다. 이러한 공개 장면은 입양부모에게는 공개 이후 발생할 일에 대한 '두려움에 맞서', '비밀을 밝히는 것'이며, 입양아동에게는 '거짓말 같은 진실을 받아들이는' 과정이다.

아래 글은 입양부모 B가 두 번째 입양한 아동, 준희에게 입양사실을 공개하는 장면을 기록한 것이다. 첫 번째 입양아동인 준기에게 이미 입양사실을 공개한 이후여서 비교적 평안한 상태에서 공개할 수 있었다고 한다. 그럼에도 불구하고, 망설이는 모습을 볼 수 있다. 한편, 준기의 경우 이미 공개한 지 상당한 시간이 지났음에도 불구하고 여전히 입양사실을 반복해서 확인하는 모습을 보이고 있다. 또한 친생부모에 대한 탐색을 진행하고 있음을 보여준다.

"준희야, 우리 비밀 있다."
아이는 아이인지라 비밀 유지가 어려울 것 같은 생각이 스쳤다.
"뭐야? 오빠, 엄마"하고 준희는 호기심 가득 찬 얼굴을 하고 나를 쳐다보았다.
"우리는 너를 사랑한다고" 나는 금세 말을 돌려주었다.
"나도 알아, 나도 엄마 사랑해" 준희는 돌아서서 안기며 뽀뽀를 하였다.
"아냐. 엄마가 너 안 낳았어. 너 딴 데서 데려왔대" 준기가 말했다.
아이가 금방 울상이 되더니 나에게 정말이냐고 다시 물었다.
차마 이 나이 어린 아이한테 이야기 할 수가 없어서 아니라고 했더니 금방 얼굴이 밝아졌다. 준희는 눈길을 강아지처럼 뛰면서 앞장서서 걸었다.
조금 가다가 또 준기가 나에게 다가오더니
"엄마, 거짓말이지?" 하고 물었다.
"진짜야. 그런 것을 어떻게 거짓말 해, 네가 슬퍼하는데."
아이는 잠시 말이 없이 걷더니,
"그럼 난 내 엄마 꼭 찾을 거야, 궁금해"하고 말문을 열었다.
"네가 크면 찾는 것 도와줄게."
"어떻게 찾아? 이름이라도 알아?"
"몰라"
"그런데 어떻게 찾아?"
"방법이 있을 거야. 그 때 가서 꼭 도와줄게"
나는 아이의 손을 내 주머니에 넣었다.
"준희랑 나는 엄마가 다르겠네?"
"응"
우리는 택시를 타고 후라이데이스에 도착했다. 자리에 인도되어 전망이 좋은 창가에 앉아 아빠를 기다렸다. 창 밖을 보고 있던 아이들이 아빠가 온다고 밖으로 달음질쳐 나갔다. 아들의 행동에 아무런 변화는 없었다. 주문한 음식을 먹으며 이야기하고 떠들다가 준희가 잠시 화장실을 간 사이에 준기는 말문을 열었다.

"엄마, 말 해봐"

아직도 믿어지지 않는지 아들은 아빠의 입을 통해서도 듣고 싶어했다.

"여보, 우리는 준기, 준희를 굉장히 사랑하지요?"하고 내가 말을 꺼냈다.

아빠는 준기의 손을 잡으며 말했다.

"엄마와 아빠는 결혼하고 13년 동안이나 아이 없이 심심하게 살았어. 하느님께 기도를 많이 했어. 준기, 준희처럼 예쁜 아기 좀 주시라고, 그래서 너와 준희를 갖게 되었어. 아빠는 참 행복하다. 너 같이 착한 아들이 있어서"

"……." 남편은 또 말했다.

"엄마란 낳은 엄마만 엄마가 아니고 기른 엄마도 엄마인 거야. 너도 그건 알지?"

"응, 알아" 그러는 사이 준희가 제자리에 돌아오고 우리는 그 말을 그만 두었다.

식사를 하는 동안 아이들은 전과 같이 풍선도 가지고 와서 놀고 카운터에 가서 그림판도 가지고 와서 색칠을 하며 잘 놀았다. 후식으로 아이스크림을 먹으며 만족한 미소를 짓기도 했다. 집에 오느라고 내가 갖고 있는 열쇠로 차 문을 열고 차에 들어가 아빠를 기다렸다.

아빠가 주차장에 맡겨놓은 차 열쇠를 받아오는 동안 준기가 뒷좌석에서

"엄마, 우린 계속 똑 같이 사는 거야"하고 소리쳤다.

"그럼, 우린 똑 같이 사랑하며 행복하게 살 거야." 나는 큰 소리로 대답하였다.

아빠가 돌아와 차에 앉았다.

"여보, 우리 식구 지금같이 사랑하며 행복하게 삽시다." 나는 큰 소리로 말했다.

"그럼. 나는 준기, 준희 때문에 얼마나 행복한지 몰라."

아빠도 큰 소리로 대답하였다.

◎ (입양가족 B의 입양일기)

"우리 슬퍼하지 말고 항상 똑같이 명랑하고 행복하게 살자. 지금부터 달라진 것은 하나도 없어, 그냥 똑 같은 거야. 단지 네가 이젠 컸으니까 솔직하게 얘기해도 네가 알아들을 것 같아서 얘기 한 거야. 이렇게 중요한 일을 네가 모르면 안 되잖아. 그래도 우린 영원한 가족이다."

"응"

⊙ 〈입양가족 B의 입양일기〉

준기는 입양사실을 들었을 때의 느낌을 '가슴이 찡했어요'라고 표현했다. 또한 이러한 느낌을 아이들끼리 일상적으로 주고받는 말 중에 '다리밑에서 주워왔어'라는 말과 연결하여 인식한 것으로 진술하였다. 이러한 말들은 아이들간에, 그리고 어른들이 아이들을 놀리려고 할 때 사용하는 표현들인데, 그것이 입양아동에게는 '진실'로 받아들여지게 되고, 이전과는 다른 느낌을 갖게 하는 것이다.

앞서 3절의 서론 부분에서 제시한 진술에서, 재원이도 준기와 비슷한 반응을 보였다. 둘 다 별다른 준비과정 없이 초등학교 3, 4학년 때 입양사실을 알게 된 것인데, 처음에는 그 사실을 인정하지 않고 가벼운 거짓말 정도로 받아들이다가 몇 번의 확인작업을 거친 후에야 인정하게 되는 것이다.

질문지를 통한 답변에서 재원이는 입양사실을 알게 되었을 때의 느낌을 "거짓말하는 줄 알았는데 사실이어서 많이 놀랐다"고 표현하였으며, 이후 "눈물도 나려 했지만 내 현실을 있는 그대로 받아 들였다"고 하였다.

이처럼 특정한 '공개장면'이 필요한 이유는 입양아동들이 연령에 따라 입양의 개념을 이해하는 정도가 다르기 때문이다. Brodzinsky 등 (1992)에 따르면, 입양아동들은 학령기에 들어서면서 입양의 정확한 의미를 이해하게 된다고 한다. 이는 가족의 개념을 이해하는 것과 함께 이루어지는데, 학령기 이전의 아동들은 가족을 '같은 집에 함께

사는 사람'으로 인식하는 반면, 학령기 아동들은 가족을 혈연 관계로
인식하게 되며, 자신들이 입양부모와 생물학적으로 연결되어 있지 않
다는 것을 알게 된다. 결국, 입양아동들이 7, 8세가 되었을 때 '입양'
이라는 개념이 의미하는 바를 구체적으로 알게 되며, 이는 자신과 입
양부모간의 관계를 다시 생각하고, 친생부모를 생각하게 되는 계기가
되는 것이다.

이런 이유에서 입양사실을 구체적으로 알려주는 '결정적인 장면'
이 필요한 것이다. 그러나 위의 사례에서 본 것처럼 이러한 순간들도
일회적인 것은 아니다. 입양아동은 입양사실을 구체적으로 인식한 이
후에도 반복적으로 확인하려고 하며, 그에 수반되는 새로운 질문들을
하게 되는 것이다.

공개 이후 입양가족의 적응과정은 이러한 질문들에 응답하고 입양
아동의 반응에 대처해 가는 과정이라고 할 수 있다.

3. '친가족' 되기

여기에서 '친가족'의 의미는 주로 가족관계에 있어서 정서적인 측
면에 초점을 둔 것이다. 즉, 공개입양가족들이 친가족이 된다는 것은
가족 구성원들간에 가족으로서의 정서적 관계를 형성한다는 의미를
갖는다. 그런데 '친가족'이라는 말 자체는 이러한 정서적 관계를 넘
어서는 의미 또한 가지고 있다. 한국 사회의 구성원들은 주로 혈연과
결혼을 통해 가족관계를 형성한 가족들에게만 '친가족'이라는 말을
쓰는 것 같다. 즉 입양가족들에게는 '친가족'이라는 말을 쓰지 않으
며, 친가족으로 인정하려 들지도 않는다. 법률적으로도 입양아동의
친생부모를 '친부모'라고 부르며, 많은 입양기관들에서도 친생부모를
'친부모'로 칭한다. 이렇게 되면 입양부모는 양부모 또는 양친일 뿐

결코 친부모가 될 수 없다. 이러한 이유로 입양부모들은 이러한 호칭에 대해 거부감을 가지고 있으며, 입양의 세 당사자들에 대해 입양부모, 입양아동, 친생부모라는 호칭을 선호한다. 생부모라는 호칭도 널리 쓰이고 있지만, 이들을 존중하여 높여 부르기 위해 친생부모라는 표현을 사용하고 있는 것이다.

사실 국어사전에서는 오히려 입양부모를 친부모로 인정하는 정의를 내리고 있다(동아 새국어사전, 2002).

> 입양(入養) 혈연관계가 아닌 일반인 사이에, 양친과 양자로서의 법적인 친자 관계를 맺는 일.

위에서 제시된 것처럼, 여전히 입양부모와 입양아동을 양친과 양자로 부르고 있지만, '친자'관계를 맺는다고 함으로써 이들이 친가족임을 인정하고 있는 것이다. 엠펙의 입양부모들도 이러한 사전적 정의를 자주 제시하면서 자신들의 가족이 친가족이라는 것을 강조하였다. 결국, '친가족'이라는 말에는 법률적, 정서적, 사회적 관계의 의미들이 모두 포함되어 있는 셈이다. 다만 여기에서는 이중에서도 정서적 관계의 의미를 부각시키고자 따옴표를 사용하여 강조한 것이다.

한편, 입양아동에게 입양사실을 공개한 이후 입양가족의 적응과정은 평생에 걸친 것이라고 할 수 있다. 또한 입양사실의 공개도 어느 한순간으로 끝나는 것은 아니다. 입양아동(그리고 장기적으로 입양인)은 자신의 입양사실을 알게 된 이후 입양사실 자체에 대해서 뿐만 아니라 자신을 낳은 부모에 대해서도 지속적으로 생각하게 되고 입양가족과의 관계에서도 상이한 태도를 취하게 된다. 이러한 모습들은 입양아동과 입양가족들에게 있어서 상당히 다양한 형태로 나타난다.

아래에서는 입양사실을 공개한 이후 입양사실을 수용하는 과정과 입양가족 내에서 각 구성원들이 적응하는 과정을 살펴보았다.

1) 입양사실을 받아들이기

이는 처음 입양사실을 알게 되었을 때 갖게 되는 감정과 그것을 받아들이고 이해하는 과정으로 볼 수 있다. 입양 사실을 알게 되었을 때 많은 입양아동들은 '놀라움'을 느끼는 것 같다. 한편, 연구 과정에서 연구자는 33세에 처음으로 입양사실을 알게 된 입양인과 잠깐 이야기를 나눌 수 있었는데, 그는 입양사실을 알게 된 후 한동안 입양부모가 '낯설게' 느껴졌다고 하였다. 이러한 감정들은 모두 이해할만한 것이다. 그동안 함께 살아오면서 당연히 자신을 낳은 부모라고 믿었던 사람들이 사실은 자기를 낳지 않았다는 사실에 놀라게 되며, 그로 인해 입양부모들이 갑자기 낯선 사람들로 느껴질 수 있는 것이다.

앞서 제시된 공개장면에서, 준기는 초등학교 3학년 겨울방학 때 입양사실을 알게 되었는데, 그때의 느낌을 '가슴이 찡했다'고 표현하였다. 이것은 또래 친구들과 농담처럼 주고받는 '다리 밑에서 주워왔어'라는 말이 진실이 되었다고 인식하였기 때문이다. 이러한 말들은 다분히 부정적인 의미를 담고 있기 때문에 그것이 자신에게 진실이 되었다는 것은 바로 자신에게 그 부정적인 이미지를 부여하게 되었음을 의미하는 것이다. 한편, 입양되었다는 것은 동시에 누군가에 의해 버려졌다는 것을 의미하기도 하는데, 그것은 입양아동에게 분노를 일으키도록 만들기도 한다(Brodzinsky, 1992). 그러나 준기는 입양사실을 알게 된 후 입양부모와 친생부모에 대한 느낌을 '고마웠다'라는 말로 요약하였다. 입양부모에게는 좋은 환경에서 잘 자랄 수 있도록 해주어 고맙다고 하였으며, 친생부모에게는 자신들보다 좋은 부모를 만날 수 있도록 해주어 고맙다고 하였다.[11]

준기가 이처럼 입양사실을 긍정적으로 받아들이게 된 것은 먼저, 입양사실에 대한 개방적인 의사소통이 이루어질 수 있었으며, 둘째, 친생부모에 대한 긍정적인 정보를 가지고 있었고, 셋째, 입양부모와의 친밀한 관계가 형성되어 있었기 때문이라고 할 수 있다.

준기의 입양부모는 공개장면 이후에도 준기와 입양에 대해 지속적으로 이야기를 나누었으며, 엠펙에 참여하기 시작한 이후로는 더욱 자주 이야기를 나누었다고 한다. 공개장면에서 입양부모가 부정적인 태도를 취했다면, 그리고 이후 입양에 대한 논의를 피하려 했다면, 준기 역시 입양사실에 대해 부정적인 태도를 가지게 되었을 가능성이 높다. 그러나 준기의 입양부모는 그렇게 하지 않았으며, 이것이 준기의 태도에 긍정적인 영향을 미친 것으로 볼 수 있다.

친생부모에 대한 정보공개가 원천적으로 차단되어 있는 한국 입양실무의 현실에서 친생부모에 대한 생각은 정확한 정보가 아닌 이미지로 형성되기 쉽다. 입양아동의 대부분이 미혼모가 낳은 아동이라는 사실과 함께 한국 사회에서 미혼모에 대한 부정적인 이미지—무책임한, 미성숙한—를 고려하면 친생부모에 대한 이미지는 입양부모와 입양아동 모두에게 부정적으로 형성되기 쉽다. 이러한 부정적 이미지는 결국 입양되었다는 사실에 대해서도 부정적인 영향을 미치기 쉽고, 이는 결국 입양아동의 자아상을 해치게 된다. 그러나 준기의 경우에는 친생부모에 대한 긍정적 이미지를 줄 수 있는 정보를 가지고 있었다. 이것이 입양사실을 긍정적으로 받아들이는 데 도움이 된 것이다. 다른 엠펙의 입양부모들도 이러한 태도를 공유하고 있다. 즉,

---

11) 입양과정에서 입양부모가 들은 정보로는, 친생부모가 입양아동을 머리 좋은 부모들에게 입양시켜달라고 입양기관에 부탁하였다고 한다. 입양아동도 이 정보를 알고 있으며, '고맙다'는 의미도 이런 맥락에서 사용된 것이다. 즉, 친생부모들이 비록 스스로 자녀를 키울 수 없어 자신을 포기하기는 했지만, 좋은 환경에서 자랄 수 있도록 배려했다는 점에서 고맙다는 것이다.

친생부모가 무책임해서 아동을 포기했다기보다 아동을 보다 좋은 환경에서 성장하도록 하기 위해 입양을 선택했다고 보는 것이다. 입양부모의 태도는 입양아동의 태도에도 영향을 미치며, 이러한 태도의 차이가 입양사실을 받아들이는 데 긍정적인 영향을 미쳤다고 할 수 있다.

마지막으로, 입양부모와의 친밀한 관계도 입양사실을 긍정적으로 인식하는 데 영향을 미쳤다. 준기의 입양부모는 오랜 불임기간을 경험한 후에 입양을 하게 됐고, 아동들에게 특별한 애착을 가졌다. 이러한 애착은 입양가족의 적응에 긍정적인 영향을 미친다. Brodzinsky(1990)에 의하면, 입양 가족 구성원들에 대한 신뢰와 헌신이 없는 아동은 입양 경험을 보다 부정적으로 평가하는 경향이 있다. 반대로 가족 구성원들에 대한 신뢰와 헌신이 있는 아동은 입양 경험을 긍정적으로 평가하게 되는 것이다.

한편, 입양사실을 받아들이는 것은 한 순간에 이루어지는 것이 아니라 장기적인 과정을 통해 이루어진다. 입양사실을 알고 있고, 사회적인 맥락속에서 반복적으로 확인을 하게 되면서도 입양아동은 가끔 입양부모가 자신을 낳았다는 착각을 하기도 한다.

나와 엄마는 싱겁기론 세상에 둘도 없는 모자다. 싱겁기가 하늘을 찌른다.
꼭 엄마가 나를 진짜로 낳은 거 같다. 그렇지 않으면 어째 이리 싱겁기가 딱 이리 맞을까.
우리 둘은 맨날 하루도 빠짐없이 저녁에
"저 푸른 초원 위에 (쭈쭈르 쭈르쭈쭈) 그림 같은 집을 짓고(*** ****)"
약간 느끼하게 부르며 논다.
우리 아빠는 둘 다 똑같다며 시끄럽다고 야단을 치신다. 우리 아빠

썰렁하다.

　이렇게 재미있는데 왜 화를 낼까? 그래도 우리는 혼나면서도 맨날
이러고 논다. 싱거운 우리 모자.

● (입양아동, 입양일기)

　이러한 과정들을 거치고 나면, 입양아동들은 입양됨을 삶의 자연
스런 일부분으로 받아들이게 된다. 달리 말하면, 입양되었다는 것이
자아정체감의 일부가 되는 것이다. 이제 입양아동들은 일상생활에서
'입양'이라는 말을 자연스럽게 사용한다.

　우리 재원이는 3학년 겨울에 제가 결심을 하고 가을부터 많이 접근을
시키고 겨울에 방학을 이용해서 말을 했어요. 근데… 너무 잘 받아들
이고 생활 중간중간에 그런 말을 참 많이 해요. 그리고 저번에 정치인
떨어지신 분 왜 사람들은 그분을 안 찍어 주지? 친양자 제도 해준다고
했는데… 그런 식으로… 그게 구체적으로 뭔지는 잘 몰라요. 얘기도
못해줬지만 단지 지가 이해하는 건 그거더라구요. 저분이 했으면 나를
엄마가 친자로 인정해 주는 게 아니냐고 살면서 그런 표현을 참 많이
해요. 날 낳아준 엄마는 지금 몇 살이지? 한 번씩 생각을 하고 있는
표정을 딱 보면 그런 생각을 하고 있는 것 같아요. 건강한 정신을 가
진 것 같아서 너무 감사해요.

● (입양모 C, 개별면접)

　한편, 입양사실 자체를 받아들였다고 해서 입양에 관련된 모든 것
을 다 이해하게 되는 것은 아니다. 입양사실을 알게 된 후, 입양아동
들은 입양에 관련된 이야기들을 반복적으로 생각할 수 있는데, 이는
일상생활의 다른 측면에 변화를 가져올 수 있다. 학령기 아동에게 있
어서 그것은 학교생활에서의 변화로 나타날 수 있다. 재원이는 입양
사실을 알게 된 이후 학교 성적이 떨어졌다고 하였다. 이것은 아동이

갖고 있던 선천적인 장애 때문이라고도 할 수 있지만, 입양모의 진술을 따른다면, 입양사실을 알게 된 때문이라고 할 수 있을 것이다. 아래의 진술에서 ADHD를 입양아의 특징이라고 단정하였는데, 이러한 진술은 기존 연구들에서도 찾아볼 수 있다.

Brodzinsky 등(1992)은 입양아동들이 비입양아동들 보다 학습장애를 경험할 가능성이 더 높다고 하였는데, 그러한 이유 중의 하나로 입양아동들이 학교에 다니는 동안 입양사실을 반복적으로 생각하게 됨에 따라 학습을 위해 필요한 집중력이 낮아질 수 있다는 점을 들었다.

우선 준희 어머니의 교육열에 대해서··· 제가 많이 배우지 못해서 그런지 몰라도··· 공부하기 싫으면 그냥 하지 마라 내버려두는 주의예요. 하기 싫은 아이 해봤자 효과도 없을 것 같고··· 입양사실을 알고 나서 사실 성적이 많이 떨어졌어요. 1등을 못했어도 꼭 2등쯤은 하고··· 욕심은 많아요. 공부에 대한 욕심은 많아서··· 제일 하고 싶은 게 뭐냐고 하면 학교 1등이라고 하거든요. 마음만 가득해요. 걔는··· 저는 1등하는 걸 원하지 않아요. 성격으로 봐서 다른 걸 해도 먹고 살 아이 같으니까 공부하라고 하지는 않는데 그 영향은 있는 것 같아요. 입양사실을 알고 나서··· 성적이 많이 떨어졌거든요. 도와줄 수 있는··· 옆에 끼고 가르쳐도 집중력이 전혀 없어요. 야단··· 공부 갖고는 절대 시비 안 거니까··· 그거 가지고··· 그 영향은 분명히 있는 것 같아요.

(질문: 입양사실을 말하고 나서 집중력이···?)

집중력은 원래 없었구요. 그 뭐였었죠. 원래부터 ADHD가 있는 아이였어요. 병원가서 알아낸 건 아닌데 미국 ··· 아이하고 거의 유사하더라구요. 입양아의 특징이라고 그러더라구요. 자라면서 많이 없어졌어요. 머리는 있는데 전혀 집중을 안 하고 산만하고 전혀 가만있지를 못하고 그러고 다니잖아요. 그 영향은 분명 있다고 (봐요).
◯ (입양모 C, 입양가족캠프 중 패널토론)

2) 시험하기, 달라붙기, 닮은 점 찾기

입양사실을 알게 되었을 때의 놀라움과 '충격'이 가시고 나면, 이제 입양아동은 자신이 입양가족의 구성원이라는 것을 인정받고자 한다. 인정받기 위한 방법은 '시험하기', '달라붙기', '닮은 점 찾기' 등 다양한 형태로 나타난다.

먼저, 입양아동들은 입양부모가 친생부모처럼 자신을 다시 버리지 않을 것이라는 확신을 얻기 위해 입양부모들을 시험하게 된다. 이러한 시험 과정이 입양부모들에게는 '문제아'가 되는 과정으로 인식될 수 있다는 점에서 큰 의미를 갖는다.

앞서 언급한, 33세에 입양사실을 알게 된 입양인도 1년여의 기간에 거쳐 입양부모를 시험하였다고 한다. 그는 입양사실을 알게 된 후 2주 동안 내내 울었다고 하는데, 이후 부모의 사랑을 시험하는 다음과 같은 행동을 하기도 하였다.

> 나를 정말 사랑했을까 이런 생각들을 괜히 하게 되더라구요. (중략) 예를 들어, 만원짜리 닭을 먹고 싶어 사달라고 하면, 엄마가 '야, 혼자 먹기 너무 많지 않냐' 그러면 '엄마, 나 입양해서 안 사주는 거야?' 그러는 거죠.
>
> ○ (입양인, 서울경기지역모임 중 사례발표)

이 사례는 비교적 가벼운 형태의 시험이라고 할 수 있겠는데, 시험의 경중은 그리 중요하지 않은 것 같다. 중요한 것은 입양아동이 부모의 사랑을 확인하고 싶어한다는 것이다.

시험과 같이 적극적인 대안을 취하지 않는 입양아동들은 입양부모에게 지나치게 집착하는 행동을 하기도 한다.

저는 아이가 산만하고 아직 좀 자제되지 못한 부분이 많아서 걱정은
많아요. 재원이는 가족간에 그런 게 있었어요. 입양됐다는 걸 알기 전
에는 그런 표현이 전혀 방향이 된 부모라고 생각을 잘··· 사실은 입양
사실을 인정하고 나서 일부러 더 가까운 척 하려고 그래요.

⊙ (입양모 C, 입양가족캠프 중 패널토론)

제가 제 탓이라고 생각을 하지만··· 아이가 하나니까 맨날 끌어안고
재우다시피 하니까 혼자 독립을 전혀 못해요··· 근데 입양사실을 알리
고 나서 아이가 더 안 떨어지려고 해요. 키도 저만한 놈이 아주 저녁
마다 저랑만 자려고 해요. 정말로··· 제가 정말 잘못한 게··· 아이가 하
나 있으신 분은 아이한테 아가라는 소리는 정말 안하셨으면 해요. 지
금도 저도 아가라는 소리가 입에 붙었거든요. 정신적인 독립을 전혀
못해요. 덩치만 커다랗죠. 너무 사랑스러워도 아가라고는 절대 하지말
것··· 지금도 안아주지 않으면 절대 잠을 못자거든요··· 그래야지 안정
감을 느끼고 사는 것 같아요.

⊙ (입양모 C, 입양가족캠프 중 패널토론)

입양아동 B의 경우, 입양사실을 알게 된 후 1년 동안 입양모와 떨
어지지 않으려고 했으며, C의 경우에는 지금까지 밀착된 관계를 보
이고 있다. 입양일기를 통해 초등학교 5학년인 입양아동 C가 지금도
입양모와 같은 방에서 잠을 자며, 위에서 표현한 것처럼 끌어안고 자
고 있음을 확인할 수 있었다.

기존 가족이론이나 관점에 근거하여 볼 때, 이러한 모습들은 가족
구조에 있어서 '정상적인' 것은 아닐 것이다. 그러나 이 입양가족이
놓여있는 사회적 맥락과 입양가족의 상황을 살펴볼 때, 이러한 반응
또한 '자연스러운' 것으로 볼 수 있다. 위 사례의 입양모들은 모두
불임으로 오랜 불임치료기간을 겪어오다가 입양을 했다. 불임부부들
이 입양을 했을 경우, 입양아동에 대한 남다른 애착을 가지게 되는
경향이 있다는 것과 이들에게 다른 낳은 자녀가 없고, 또 다른 자녀

가 생길 가능성이 없음을 고려하면 입양부모가 입양아동에게 가지고 있는 지나친 애착도 이해할 수 있다. 또한 이러한 애착이 입양아동의 사회적 관계를 해치고 있지 않다는 사실을 근거로 할 때, 이 가족의 상호작용을 역기능적인 것으로 판단하기는 어렵다. 이것을 판단하기 위해서는 더욱 장기적인 관찰이 필요할 것으로 보인다.

Walsh(1998)는 생활맥락에서 볼 때 높은 응집력이 필수적이고 기능적인 경우에도 무조건 병리적으로 밀착된 가족이라고 짐작해 버리는 것은 잘못이라고 하였다. 이 경우 가족은 위기를 극복하기 위해 반드시 함께 있어야 하기 때문이다. 이러한 관점에서 볼 때, 입양모와 입양아동간의 관계는 지나친 밀착관계가 아닌 높은 응집력이나 강한 연대감으로 해석할 수 있다. 그리고 이러한 관계는 공개입양가족의 '친가족'임을 강화하는 요인으로 작용할 수 있다.

마지막으로, 입양아동들은 자신이 입양가족의 일원임을 확인하기 위해서 입양부모와 자신의 닮은 점을 찾아 확인하려고 한다.

> 엄마는 뚱뚱해서 안 닮았는데 나는 롱다리고 날씬한 게 아빠 닮았데요.[12] 어거지로 식구가 되고 싶어 하는 걸 제가 느껴요. 입양됐다는 걸 좀 슬퍼하는 게 보여요. 그래서 가슴이 아프고…….
>
> ◐ (입양모 C, 입양가족캠프 중 패널토론)

> 큰애가 오면서… 그런 거에 대해 굉장히 좋아했어요. 아빠 닮았다는 거에 대해서… 하루는 밥 먹으면서… 쟤가 사실 안 닮았거든요. 닮았겠지 그랬죠… 그랬더니 준희는 좋아하더라구요.
> (그런데 준희가) '엄마 엄마 오빠가 욕했다'고… '미친 새끼 아냐? 닮긴 뭐가 닮았어? 우리가… 입양했는데….'(라고)
>
> ◐ (입양모 B, 입양가족캠프 중 패널토론)

---

12) 입양아동의 진술. 자신의 신체가 입양모와는 닮은 곳이 없지만 입양부와는 닮은 곳이 있다는 것을 강조하려는 것이다.

위에서 언급한 다양한 상황들을 마주치게 되었을 때, 입양부모들과 가족 외부의 사람들은 이것을 '문제'라고 인식하게 된다. 특히, 외부인들에게 있어서 이러한 문제들은 '이미 예상했던' 일들이다. 그들은 이제 이러한 문제로 인해 입양아동이 '잘못되거나' 오랫동안 어려움을 경험할 것으로 기대할 것이다.

그러나 엠펙의 공개입양가족들은 그렇게 생각하지 않는다. 그들은 이런 현상이 매우 '자연스러운' 것이라고 생각한다. 입양아동이 입양부모를 시험하고, 달라붙으며, 지나치게 닮은 점을 찾으려 애쓰는 이러한 모든 행동들은 당연한 것이다. 입양아동들은 '가족'의 구성원이 되고 싶어하는 것이다. 그러므로 이제 중요한 것은 입양아동들에게 그들이 여전히 가족의 구성원임을 확인시켜 주는 일이다.

이를 위해 구체적으로 활용될 수 있는 방법들은 다음과 같다. 먼저, 입양부모에게는 위에서 언급된 입양아동의 행동들을 문제로 보지 않고 문제를 해결하려는 입양아동의 대처능력으로 보는 시각이 도움이 될 수 있다. 둘째, 가족 구조와 기능을 안정적으로 유지하면서도 입양아동의 행동에 반응하여 유연성 있게 변화시키는 것이 도움이 된다. 입양아동이 공개 이후 이전보다 밀착된 관계를 가지려고 할 때 이에 저항하기보다는 적절하게 수용하여 안정감을 주고 서서히 원래의 상태로 되돌아갈 수 있도록 유도할 수 있다. 이는 준기의 입양부모가 활용한 방법이다. 셋째, 입양아동과의 개방적 의사소통을 유지함으로써 입양아동의 인지, 정서적인 측면을 다룰 수 있다. 준기와 재원이의 입양부모들은 공개 이후 이러한 개방적 의사소통을 유지함으로써 입양아동의 행동에 잘 대처할 수 있었다.

3) 망설임 없이 양육하기, 자녀로부터 부모 자격 인정받기

부모가 된다는 것은 자녀에 대한 애정을 기초로 보호와 함께 양육 기능을 하는 것이다. 입양 이후 적응과정을 거치고 나면 입양부모와 입양아동은 애착을 갖게 되고 이를 기반으로 부모-자녀관계를 형성할 수 있다. 그러나 입양사실의 '공개'는 이 관계에 의문을 제기할 수 있으며, 입양부모들의 양육태도에 영향을 줄 수 있다. 예를 들어, 입양아동에게 벌을 주려고 할 때 공개 전에 비해 망설이게 되거나, 벌에 대한 입양아동의 이해를 걱정하게 되는 것이다.

> 내가 준희 때릴 때 처음에 때릴 때 얼마나 내가 가슴을 졸였는데… 내가 이거 별 생각 다했지. 조그만 새끼를 하나 놓고 때릴까, 어떡하나 때릴까, 얘가 나중에 커가지고 내 엄마가 아니니까 때렸구나 생각하면 어떡하지. 그러다가 버릇 좀 가르쳐 줘야지 안 되는데 이러다가, 내가 이걸 넘어서야지… 그냥 맘먹고 때리는 거야. 한번 때리니까 쉽더라고…….
>
> ○ (입양모 B, 포커스 그룹)

입양했다는 사실 때문에 입양부모가 아동을 훈육하지 못한다면, 그리고 입양아동 또한 입양부모의 훈육을 입양과 관련지어 생각한다면 이는 공개입양가족이 '가족'으로서 기능하는 것을 방해할 수 있다. 엠펙의 입양부모들도 이러한 경험을 공유하고 있지만, 현재는 대부분이 위 사례와 같이 '정상적인' 양육행동을 보이고 있다. 또한 입양아동들도 입양부모의 양육행동을 '자연스럽게' 받아들이고 있다.

사실, 입양아동들이 입양부모의 양육행동을 입양과 관련지어 생각할 가능성은 충분히 있다. 그러므로 체벌과 같은 양육행동들은 일상생활에서 자주 경험하게 되는 위기 상황에 대한 입양부모들의 적극적인 도전방법이다. 이것은 일종의 용기다. 그리고 그것은 다른 입양부모들에 의해 격려됨으로써 유지될 수 있다.

한편, 입양부모들은 입양아동으로부터 자신의 부모자격을 인정받고 싶어한다. 그것은 입양아동이 지금보다 좋은 환경에서 자랄 수 있었음에도 불구하고 자신들이 입양아동을 선택함으로 인해 더 좋지 않은 환경에서 자라게 했다는 미안함과 관련된다.

> 또 제가 며칠 전에도 입양을 하려는 분을 만났었는데 그런 자리에 재원이를 자꾸 데리고 가려고 해요. 왜냐하면 그 분이 보고 입양결정을 하시라고. 갔는데 정말 그 집은 다 갖춰놓고 사는데 아이만 없는 집이에요. 다행히 입양 결정도 하셨는데, 나오면서… 재원이한테는 항상 저는 미안해요. 왜냐하면 문화혜택도 못 누리는 시골에서 지금은 또 형편도 안좋아져서 아이한테 마음껏 못해주는 것 때문에 항상 미안한데… 엘리베이터 타고 내려오면서 애한테 그랬어요. 재원아 이 집에 입양모는 애는 좋겠지? 왜냐고 해요. 해달라는 거 다 해주게 생겼잖아 그래서 엄마는 너한테 참 미안해. 그런 얘기할 때 아들 키우는 보람을 느껴요. 무슨 얘기야? 가난해도 우리 집이 좋아 내가 만약에 엄마 아빠한테 안 왔으면 고아원 같은 데 갔으면 어떡할 뻔했어? 솔직하게 얘기해요. 그래서 너무 감사해요.
>
> ◯ (입양모 C, 면접)

위의 진술에서는 오히려 입양아동의 긍정적 시각을 볼 수 있으며, 이것이 개방성의 맥락에서 가능하다는 것을 확인할 수 있다. 이러한 긍정적 시각이 입양아동 스스로에 의해서만 구성되었다고 보기는 어려울 것이다. 입양부모와의 애착관계 속에서 입양에 대한 긍정적인 이미지를 형성함으로써 이러한 진술이 가능하다.

4) 형제관계 형성하기

아래 글은 입양가족 중 친생자가 동생인 입양아동에 대해 진술한 것이다. 입양아동의 친생자녀 형제들이 느끼는 감정과 그 변화과정을 잘 보여준다.

솔직히 전 저의 개인적인 심정을 남기고자 합니다.

전… 저희 가정이 입양을 할 것이라고는 꿈에도 생각지 못했습니다. 원래 아이들을 사랑하는 면이 있었지만, 전혀 관심도 없고, 관계도 없다고 생각했습니다. 2000년도에 입학한 대학을 재미있게 다니고 있던 차… 갑자기 집에 이상한 문제가 붉어져 나왔습니다.

바로 입양……

그때 전 저에 대한 관심과 사랑이 그 아이들로 인해 뺏길까 두려웠나 봅니다. 그리고 저희 집안의 향후 경제적, 그리고 부모님의 건강문제가 걱정되어 도시락 싸들고 말릴 정도였습니다. 솔직히 부모님의 건강과 경제적인 문제는 저의 이기적인 생각이었습니다. 은주가 성인이 되었을 경우(아버지 66세, 어머니 63세)를 상상해보니 모든 짐(?)을 제가 짊어지어야 할 것만 같았습니다. (이제는 그 짐이 저의 궁극적인 성공의 목표가 되었지만…)

몇날 몇일… 몇주… 몇달을 입양문제로 다투게 되는 지경까지 일어났고, 어머니께서 입양 얘기만 꺼내도 화를 내는 행동까지도 일삼았습니다. 그런데 언제부터인가 반대파였던 아버지와 제 동생까지도 어머니편에 합류하고 서포터스(?)이 떠나감에 덩그라니 혼자 있던 전 차차 마음이 누그러졌습니다. 지금 돌이켜 보면 결말은 뻔한데 저 혼자 불효를 한 것 같아 마음 한켠이 무겁습니다. 가족 중의 반대파였던 저의 동의까지 얻으신 어머니는 세상을 다 가진 양 좋아하셨습니다. 건강검진도 받고 각종 서류와 아이를 입힐 옷가지까지 준비를 해놓고, ○○○○○(입양기관)에서 몇 번의 상담까지 마친 뒤 아이를 데리러 갔습니다. 사무실의 소파에 앉아있는데 문을 열고 누군가 들어왔습니다. ○○○○○관계자분께서 아이를 안고 오시는데… 글로써 형용이 안 됩니다. 처음 그 아이를 봤을 때 느꼈던 그 애매모호한 심정… 많은 생각들이 뇌리를 스쳐지나갔습니다.

집에 데려와 아이를 눕히고 탐구(?)를 하니 조금 신기하기도 하고, 걱정도 되었습니다. 그날이었던가? 아이 이름을 생각하다 보니 제가 전부터 제 딸(?)의 이름으로 찜해두었던 '은주'란 이름이 떠올라 저의 의견을 제시하였습니다. 만장일치로 그 순간부터 은주가 완전히 저희 가족의 일원이 되었습니다. 은주가 2~3개월이 될 때까지 은주와 함께 한 시간이 별로 없었습니다. 학교 다니고, 친구와 만나고, 평상시의 저의 생활대로 행동을 하다 보니 은주를 볼 틈이 없었던 어느 날··· 발라당 누워 거실에서 티브이를 보고 있는데, 은주가 어머니 등에 업혀 저를 빤히 쳐다보고 있는 겁니다. 살짝 한번 웃어주었더니 지도 덩달아 웃길래 참 묘했습니다. 그렇게 첫 스타트를 끊은 뒤, 은주의 이쁜 짓들이 하나 둘씩 눈에 들어오기 시작했습니다. 참 사랑스러웠습니다. 저란 사람한테 있는 모든 사랑의 감정을 은주에게 주었습니다. 은주가 점점 커가고 자신의 행동으로 의사표현을 하는 시기가 오자 정말 사랑받을 행동만 골라 하는데··· 참··· 제가 그때 당시 가장 좋았던 땐··· 아침에 무언가의 움직임으로 비몽사몽 눈을 떠보면 은주가 제 방문을 열고 들어와 저의 배 위에서 엎드려 잘 때··· 정말 행복을 느꼈습니다. 아··· 아이가 믿고 따르는 게 이런 기분이구나 하고··· 그러다 보니 은주를 생각하는 배려가 생겼나 봅니다.

2003년 1월 입양가족캠프에서 아동들에 대한 프로그램을 기획할 때 연구자와 다른 스탭들(아동복지학 석·박사과정 대학원생과 사회복지학 학부생들로 구성된 자원봉사자들)은 입양아동과 친생자 아동들을 위한 프로그램을 따로 구성하고자 하였다. 이는 입양아동이 경험하는 문제와 입양하지 않은 다른 형제들이 경험하는 문제들이 상이할 것이라는 가정에서 비롯된 것이었다. 그러나 엠펙의 임원진을 구성하는 입양부모들은 입양아동과 비입양아동들이 함께 참여하는 프로그램을 진행해 줄 것을 요청하였고, 스탭들은 이러한 요청에 따를 수밖에 없었다. 그런데 아동들을 대상으로 한 프로그램을 진행하는 과정에서 연구자는 자신의 가정이 잘못된 것임을 발견하게 되었다. 적어도 그 캠프에 참여한 비입양아동들(입양아동의 형제들)은 아무런 문제도 보이지 않았다. 오히려 비입양아동들은 입양아동들과 잘 어울려 지냈을 뿐 아니라 자신의 형제인 입양아동들에 대해서는 적극적인 보호자로 서의 역할을 수행하기도 하였다.

일반인들은 친생자녀(입양부모가 낳은 자녀)가 있을 경우 아동을 입양하게 되면 입양부모가 이 두 형태의 자녀들을 차별하게 되거나, 친생자녀가 입양한 자녀를 입양했다는 이유로 무시하거나 괴롭힐 것이라는 가정을 갖고 있는 것 같다. 그러나 이러한 가정은, 적어도 엠펙의 입양가족들에 대해서는 사실이 아니다. 오히려 엠펙의 입양가족들은 친생자녀가 있음으로써 입양아동을 더욱 잘 양육할 수 있다고 진술하였다. 친생자녀와 입양자녀간의 관계에 있어서도 입양으로 인한 '문제'는 발견할 수 없었다. 친생자녀와 입양자녀 사이에 발생하는 갈등의 대부분은 일반적인 형제간 관계에서 발생하는 갈등과 같은 것이었다.

얼마 전에 영욱이가 은지하고 토닥토닥하다가, "은지, 너 그럴려면 고아원으로 가." 그러더라구. 순간, 엄마 은지 왜 입양했어 그러면 할 말이 많아. 그 순간에 한방 딱 먹은 느낌. 그래서 은지를 끌어안고 울면서 불쌍한 생각이 들더라구요. 니가 감히 그런 말 할 수 있냐. (은지 반응은 어때?) 모르지. 은지는 그런게 있어. 내가 오빠하고 다르다는 걸 느끼는 것 같애. 솔직히 아직 은지한테 마음이 오픈이 다 안 되니까, 약간 다른 거 그런 게 있는 것 같애요. 은지는 아직 다섯 살인데 좀 늦돼요. 사고가 늦돼서… 영욱이도… 그런 말하니까… 자기는 뭔가 충격적인 말 한마디 던져야지. 그런 거였더라구요. 울면서 회장님한테 전화했더니… 우습게 넘어가라. 영욱이는 심각한 게 아니었어요. 그 당시 이야기가. 나만 심각했어요. 아이가 안정이 됐을 때, 기본적으로 좋은 상태에서… 엄마 아빠가 있는데 왜 고아원으로 가야돼? 이야기를 하고… 애한테, 그런 얘기를 하면 기분 좋지 않을 것 같애. 기분좋게 얘기해 줘라. 만약에 내가 비밀입양을 했다면, 어디선가 영욱이가 그런 얘기를 들을 거예요. 영욱이는 말 할 수가 없어. 혹시 말을 꺼냈다가 내가 닥달을 하니까, 아니면 숨겨서, 다시는 꺼내서도 안 되는 말이다 그런 생각이 들면 영욱이한테도 응어리가 되는 거고… 좀더 크면 은지도 '아, 나는 조금 부정한 아이야' 그런 느낌을 받을 것 같아요. 느낌상… 아 다행이구나. 어차피 숨기기는 어렵잖아요. 친자가 있으니까… 그랬을 때, 어렸을 때 경험하니까 내 경험이… 다른 분들한테 분명히 그런 일을 겪을 수 있잖아요. 공개입양이 힘든 과정이 없는 건 아니에요. 힘든 과정이 없는 건 아니라고 생각을 해요… 더 많은 순간순간을 겪지만, 자아정체감이나 가정을 위해서… 건전한 가정이 될 것 같아요.

○ (입양모 G. 집단 면접)

입양하지 않은 형제의 존재는 공개입양을 불가피한 것으로 만들기도 하지만, 입양가족에게 더욱 많은 도전을 제공하기도 한다. 일반인들이 생각하는 부정적인 가정이 현실이 될 수도 있다. 비입양자녀들은 입양아동을 무시할 수도 있고 괴롭힐 수도 있다. 그러나 공개입양가족들은 이러한 어려움들을 해결해 갈 수 있는 능력을 가지고 있다.

4. 뿌리 찾기

입양아동의 뿌리 찾기, 즉 자신을 낳아준 부모와 그 부모를 둘러싼 생태체계를 확인하고 싶은 욕구는 이제 일반적으로도 잘 알려진 이슈가 되었다. 미국의 입양인들을 중심으로 뿌리 찾기를 가능케 하기 위한 제도적 장치의 마련이 상당부분 진척되었으며, 많은 연구들에서 이러한 뿌리 찾기 욕구를 일반적인 것으로 파악하고 있다. Brodzinsky 등(1992)은 어느 정도 비율의 입양아들이 친생부모를 찾아 나서는가라는 질문에 대해 '100%'라고 단정적으로 말하였다. 물론 이러한 뿌리 찾기의 범위와 정도, 시기, 구체적인 탐색방법은 입양아동에 따라 상당히 많은 차이가 있다. 중요한 것은, 모든 입양아동들이 자신의 뿌리를 찾으려 한다는 것을 항상 염두에 두고 있어야 한다는 것이다. 그리고 그것은 입양사실을 알게 된 직후에 이루어질 수도 있고, 한참 지난 후에야 진행될 수도 있다. 따라서 입양부모는 이러한 가능성에 대비해 입양아동이 질문을 하거나 찾아 나서려고 할 때 대처할 수 있는 방법을 준비하고 있어야 한다.

연구자가 만난 공개입양가족들도 예외는 아니었다.

> 입양을 공개했을 때를 얘기하는 거죠? (예) 우리 애는… 둘째 애는 학교 들어가기 전에 공개가 됐거든요. 큰 애는 학교 다닐 때고… 학교에 바로 들어가기 전인데 그때는 잘 몰랐어요. 입양됐다는 거에 대해서… 반응을 뭐 그렇게 심각하게 안했는데… 그냥 엄마가 보고 싶다 그렇게… 일주일 있더니 나 아줌마 안보고 싶어 그러더라구요. 생모가 아줌마가 된 거죠. 그 다음에 학교에 들어간 다음에는 전혀 변화가… 큰 애는 한참 진도를… 심각하지 않았어요.
> ◑ (입양모 B, 입양가족캠프 중 패널토론)

> 큰 애는 처음에 얘기했을 때 자기 엄마를 찾겠다고 그랬거든요. 첫 번째 반응이… 그 다음에 엄마를 안 찾겠다고 그러더라구요. 입양에 대해 별로 말을 안했어요. 제가 입양에 대해 슬슬 얘기하는데… 지금 현재 상태는…? 그 과정에서 받아들이는 애들마다 성격에 따라 다른 것 같아요. 바람직하게… 저희 아이는 내성적이에요. 자기 속 얘기를 안 해요. 제가 더 불안해요. 재원이는 쉬울 것 같아요. 전혀… 방관자로… 한마디 하면은 안 그런 척 하면서 씩 웃어요. 속된 말로 환장하겠어요. (웃음) 관찰을… 머리가 뱅글뱅글 돌아… 친엄마에 대해서 얘기했어요. 얘기하고 처음에 얘기했을 때 형제가 있었어? 형이 있지 않았냐고… 재원이는…? 전혀… 컴퓨터를 치면서 입양을 치니까… 저번엔 엄마 또 입양이야? 진짜… 입양이야? 어떠냐? 엠펙은 다 입양된 애들이야… 뭘 그래 챙피한 거 있어? 조금 뭔가… 눈치만…….
> ◑ (입양모 B, 입양가족캠프 중 패널토론)

입양아동의 뿌리 찾기가 진행되는 동안 입양부모가 경험하게 되는 것은 아이를 빼앗기지 않을까 하는 두려움이다. 물론 이러한 두려움이 현실화될 가능성은 거의 없음에도 불구하고, 입양부모들은 그 기간에 이러한 감정을 유지하게 된다. 한편, 입양아동의 뿌리 찾기 행동은 친생부모를 찾지 못하더라도 입양아동을 잃을지 모른다는 두려움을 일으키게 된다. 그리고 그러한 두려움은 배신감으로 경험되는 경우도 많다.

이처럼 뿌리 찾기가 일반화된 것임에도 불구하고, 한국의 현실에서 실제로 친생부모를 만날 가능성은 거의 없다. 물론 이것은 법적으로 비밀유지를 하도록 되어 있기 때문인데, 이로 인해 또 다른 이슈가 발생한다. 그것이 바로 친생부모 또는 원가족에 대한 '환상 만들기'이다.

이처럼 공개입양가족들은 뿌리 찾기와 관련해서도 다양한 도전들을 경험할 수 있다. 먼저, 위에서 제시한 두려움과 배신감을 경험할 수 있다. 그런데 한국의 입양실무는 이러한 두려움을 다소 왜곡시킨다. 즉, 모든 정보를 비밀로 유지함으로써 두려움을 완화시킬 수는 있지만 그러한 두려움을 완전히 제거할 수는 없다. 입양부모들은 여러 가지 경로를 통해 정보가 노출될 가능성이 있다고 믿기 때문이다. 그리고 정보의 비밀유지는 배신감을 경험할 가능성을 낮춰준다. 입양아동도 친생부모를 찾을 가능성이 거의 없다는 것을 알고 있기 때문에 처음부터 뿌리 찾기를 포기할 가능성이 높기 때문이다.

이러한 상황에서 엠펙의 공개입양부모들은 일부러 뿌리 찾기에 도전하였다. 그들은 엠펙 홈페이지를 통해 자신과 입양아동들의 사진을 공개하고 있다. 이것은 친생부모가 입양아동을 확인하고 찾으러 올 수 있는 가능성을 높여준다. 기존 연구에서 확인한 것처럼 이는 입양부모들에게 큰 두려움을 줄 수 있는데, 엠펙의 입양부모들은 이러한 두려움에 적극적으로 도전하고 있는 것이다.

한편, 연구를 진행하면서 연구자는 뿌리 찾기와 관련하여 새로운 점을 발견하였다. 그것은 입양부모들도 나름대로 입양아동의 뿌리를 찾으려는 노력을 하고, 그것이 좌절되었을 때 환상을 만들어 낸다는 것이다. 지금까지 제시한 입양아동의 뿌리 찾기나 환상 만들기는 이론이나 실무에 있어서도 일반적으로 알려진 것이었는데, 이러한 입양부모의 뿌리 찾기는 그동안 간과되었던 측면이다.

입양모 A는 입양아동의 뿌리 찾기를 진행하면서 그리고 그 이후에도 친생부모를 탐색하고 있다고 진술하였다. 이를테면, 길을 가다가 입양아동과 비슷한 외모를 가진 사람을 발견하면 가까이 다가가 얼굴을 확인해 보는 것이다. 그리고 그러한 과정에서 입양모도 친생부모에 대한 환상을 만들어 간다.

친생부모에 대한 정보를 공개할 것인가, 말 것인가 그리고 공개한다면 어느 정도 할 것인가에 대한 이슈는 서구에서는 어느 정도 논의가 이루어진 상태이고, 미국의 대부분의 주에서는 정보 공개를 합법화하고 있다. 그런데 이는 주로 입양인의 뿌리 찾기와 관련한 알 권리를 존중한다는 차원에서 이루어지는 것이다.

본 연구에서는 이보다 입양부모에게 친생부모에 대한 정보를 어느 정도 공개할 것인가에 대한 이슈를 논의하고자 한다. 한국의 입양실무에서는 입양인 뿐만 아니라 입양부모들에게도 친생부모에 대한 정보를 공개하지 않도록 하고 있다. 따라서 입양기관을 통해 공식적으로 입양을 한 대부분의 입양부모들은 친생부모에 대해 많은 정보를 갖고 있지 않다.

중요한 것은, 위에서 살펴본 것처럼, 많은 입양부모들이 친생부모에 대한 환상을 가지고 있는데, 이러한 환상이 대체로 부정적인 것으로 채워져 있을 가능성이 높다는 점이다. 왜냐하면 한국의 상황에서

친생부모의 대부분은 미혼모들이기 때문이다. 미혼모들에 대한 일반
적인 사회적 인식과 낙인을 고려하면 이는 쉽게 예상할 수 있는 일
이다.

이 때문에 입양아동을 양육하는 과정에서 문제행동이 나타나게 되
면 이를 친생부모가 가지고 있던 유전적 요인('나쁜 피')의 영향으로
귀인할 가능성이 높고, 이는 양육태도와 행동에 다시 부정적 영향을
미칠 수 있다. 이러한 상황에서 입양부모들에게 친생부모에 대한 정
보를 공개하는 것이 바람직한가의 여부는 논쟁의 여지가 많다. 이는
대부분의 입양기관들이 비공개를 원칙으로 하지만, 특정 기관에서는,
비록 제한된 것이기는 하지만, 친생부모에 대한 정보를 제공하고 있
기 때문에 더욱 논쟁적이다. 다음은 어느 스터디 모임에서 입양모들
끼리 나눈 대화 내용이다.

> D(입양모): 다른 엄마들하고 지희 입양한 데를 방문하기로 했어요 ○○○
> ○(입양기관)처럼 딱 서류로 주지 않는 이상은 데리고 오는 날 난 그
> 나마 물어봤어. 생모에 대해 알고 있어야 한다는 걸 엠펙에서 알고
> 있었기 때문에… 경황이 없는 중에 기자들 와서 찍고 난리를 치는
> 그 중에서도 지희에 대해 알려달라고 그랬는데, 성격, 아버지 성격,
> 대충 배경을 들었는데, 시간이 가면 갈수록 잊어먹는 거야. 잊어먹
> 고 생각나는 게 기본적인 것만 알려주셨지 하는 생각이 들더라구요.
> 그런데 내 마음 깊은 곳에 입양부모 마음에 공통되지 않을까 하는
> 생각이 드는데, 내가 사랑하면 할수록 내가 알 수 있는 모든 배경,
> 법이 알려주는 걸 허락지 않으니까 요구 못하지만 할 수 있다면 애
> 에 대한 모든 배경, 할 수 있다면 그것까지 안고 사랑하고 싶은 마
> 음이 본능처럼… 그게 숙제더라니까. (그게 연인관계처럼 똑같은 거
> 잖아요) 그렇지. 어떤 것도… 성폭행을 당했든, 원조교제를 했든…
> 어떤 심각한 관계 속에서 애가 태어났건 모든 걸 다 알고 싶다. 심
> 지어 신상까지도 다 알고 싶다 하는 생각이 들더라니까. 나 만나보
> 고 싶어. 지희 엄마도 만나보고 싶고. 얼굴까지 닮으면 너무 감격스

러울 것 같애. 지희와 똑같이 생긴 사람이 이 세상에 존재하는 것만으로도… 그런 심리 속에서 어떻게 비밀로 견뎌낼 수 있을까… 사랑하는 아이 얘 이전에 나와 만나기 이전에 이전의 것들을 묻어두고 어떻게 얘만을 사랑할 수 있을까? 난 그것이……

B(입양모): 과거를 아는 건 참 중요한 게… 우리 애가 그랬을 때, 우리 남편한테 애가 어떻게 성격이 저럴 수 있어? 그랬는데, 그러다가 생각이… 쟤 애비 닮았나봐. 지 애비가 지 엄마가 쟤 임신했을 때 못된 놈이었으니까 그 생각이 딱 들고, ㅇㅇㅇ에서는 엄마가 그렇게 착하다 그러는데, 눈물이 많고 여린 건 엄마 닮고, 그러니까 인제, 걔 과거에 대해 난 항상 그런 생각을 가지고 있는 거예요. 가지고 있고 뭔 일이 있을 때는 추측해 보고, 환경은 내가 너무 잘 줬다 이거야. 근데 이런 애가 나올 수 없다 이거야. 유전인자 밖에 없다 이런 거라고. 알고 싶어 하는 건 알아야 되고…….

D(입양모): 그것 때문에 그 전까지는… 윤희 엄마가 그러는데, 원장 수녀님이 그 얘기를 하더래. 하도 닦달하면서 우리 못 믿냐고 얘기를 하는데, 사실은 입양부모가 준비가 안 되었을 경우에 아이를 바라봤을 때에 편견을 가지고 바라볼 수 있다는 거지. 그건 애한테 짐이 될 수 있다는 거야. 어떻게 보면 입양부모들이 사실은 그렇지 않을지 모르지만 그것 때문에 그렇게 여겨질 수 있어. 예를 들면, 준희가 이런 것 때문에, 그것 때문이 아닐 수도 있지만 우리가 그걸 알고 있으면 연결시킬 수 있지. 내가 그래서 나는 알고 싶은데 안 알려주는 이유는 알겠어. 그런데 그럼 ㅇㅇㅇα(입양기관)는 무슨 의미에서 모든 사실을 서류로 해서 줄까? 굉장히 대단한데…….

B(입양모): 그런데 알아가지고 편견을 갖는 그런 효과도 있지만 그 반대 급부가, 그 뿌리를 알면 누구든지 그런 게 다 있잖아. 내가 걔에 대해서 어떻게 조심하고 길러가는가 그런 방침을 세울 수 있는 거지. 그런 걸 피해가면서… 그런 걸 할 수 있기 때문에 편견으로 가질 수 있는 반대급부가 있고… 그 한쪽으로는 대처할 수 있는 그런 게 또 있는 거야.

D(입양모): 그런데 그게 엄마의 인격에 달려있는 거야. 그런데 나 같은 경우에 장담할 수 없지만 그래도 그나마 그거를 가지고 부정적으로 끌어가면서 힘들게 하지는 않을 거다 그런 생각이 있지. 그런데 준비가 되지 않은 사람들··· 낳아준 애비가 그 꼴이다. 사춘기 때, 입양부모들이 제일 두려워하는 게, 입양하고자 하는 사람들에게 솔직히 물어봤더니, 여자애들은 성적으로 문란해질까봐 두렵다, 남자애 같은 경우는 폭행할까봐 두렵다. 그래서 입양이 두렵다 얘기를 하더라구. 나, 참 깊이 있게 생각하다 그랬어. 그 두려움 때문인데, 사춘기 때 애가 너무 밝힌다 싶으면 생모 생각이 덜컥 날 수도 있다는 거지. (실제 그런 예는 없죠?) 그게 교육이 중요한 게 아이들은, 예를 들어, 성적으로 끌리는 성격을 갖고 태어났냐, 무감각한 성격을 갖고 태어났냐 그런 것보다는 여러 가지 요인들이 자라 가는 환경을 통해서 이런 쪽으로도 발전이 될 수 있고, 저런 쪽으로··· 그런 성격도 좋은 환경들을 만나 가지고 성이 아닌 다른 예술이나 다른 걸 개발하는 쪽으로 이렇게 될 수도 있고, 그런 것들을 배우고 사후서비스를 해주고··· 엄마 혼자 지지고 볶고 생모 때문에 이런 게 아닌가 이러고··· 온갖 스쳐가는 생각들을 열어놓고··· 그럴 수도 있지만 아닐 수도 있는 자녀 양육에만 쓸 수 있는 공감대가 굉장히 필요하면서··· 나한테는 설득력이 있지만, 입양부모들한테 ○○○○(입양기관)처럼 주민등록번호, 이름, 연고지 이런 것 빼놓고 모든 걸 알려주는 것들을 정말 최선이다. 그런 부분들에 대해서 정확하게 엄마들에게 얘기하고 요구할 수 있는 부분들을 명확하게 구체화해야 되겠다. 나는 그걸 원하는데, 다른 엄마들도 다 해줘야 한다. 그러면 조금은 신경이 쓰이는 거야.

B(입양모): 그럼요. 알아야 된다구. 준희도 내가 아빠의 성품을 알면 내가 그걸 짐작해가지고··· 쟤가 그러니까, 그렇게 포악해지지 않을 정도로··· 그런데 그게 없으니까··· 내 방식대로 해야 된다. 저놈 새끼, 안 된다. 내가 막아야 된다. 나는 끌고 나간다고··· 애 성격도 알면은 할 수 있어.

친생부모에 대한 정보가 입양아동을 양육하는 과정에서 편견으로 작용할 것인가, 아니면 입양아동을 이해하고 대처하기 위한 자료로 활용될 것인가는 입양부모와 입양아동, 친생부모의 특성에 따라 달라질 것이다. 따라서 일반화된 결론을 내릴 수는 없다. 다만, 법적으로 입양아동의 배경에 대한 아무런 정보도 제공되지 않는 현재의 상황에서, 입양부모들이 입양아동을 이해하는 데 어려움을 겪고 있는 것만은 분명하다.

이처럼 뿌리 찾기 이슈와 관련된 모든 상황들이 '총체적인 불확실성'의 맥락에 놓여있기 때문에 공개입양가족들은 일상적인 '도전' 상황에 처해 있다. 그럼에도 불구하고, 공개입양가족들은 이러한 도전 상황을 '일부러' 만들기도 하고 적극적으로 대처해가고 있다. 이는 공개입양가족들이 지향하는 개방성과 그것에 대한 신념, 긍정적 시각, 자조모임의 지지로 인해 가능하며, 이러한 역량들을 통해 더욱 강화된다. 즉, 개방성에 대한 신념과 자조모임의 지지는 어떠한 어려움에 대해서도 대처할 수 있다는 자신감을 갖게 해주며, 실제로 그러한 상황에 처하게 되었을 때 문제해결을 도와주고, 입양아동의 욕구와 친생부모에 대한 긍정적 시각은 적극적인 문제해결 노력을 가능하도록 한다.

뿌리 찾기와 관련된 이슈는 Brodzinsky(1990)의 스트레스 대처 모델에서 대처전략과 관련된다. 문제중심 대처전략을 통해 입양아동들은 친생부모에 대한 정보를 찾아 나섬으로써 스트레스에 대처해나가려고 한다. 그러나 친생부모에 대한 정보가 제한되어 있는 한국의 현실에서 이 모델은 한계를 가지고 있다.

5. 가족으로서 자연스러운 관계 이루어가기

지금까지는 공개입양가족이 입양아동에게 입양사실을 공개하는 가족 내 공개과정에서의 경험들을 다루었는데, 이러한 과정에서 공개입양가족들이 경험하는 적응의 의미도 발견할 수 있었다. 즉, 가족 내 공개과정에서 공개입양가족들이 경험하는 적응의 의미는 '가족으로서 자연스러운 관계 이루어가기'였으며, 이는 '편안한 관계', '자연스러운 관계', '서로를 이해하고 인정함', '새로운 관계 형성' 등의 개념들을 포함한다. 또한 '편안한 관계'는 '긴장하지 않음', '거리감이 느껴지지 않음', '편한 관계', '불편하지 않음', '눈치를 보지 않음', '겉돌지 않음' 등의 개념을 포함하며, '자연스러운 관계'는 '의사소통이 자유롭게 될 수 있음', '자연스러움' 등을 포함하고, '서로를 이해하고 인정함'은 '서로의 입장에서 진실을 이해함', '다르다는 것을 인정함'을 포함하며, '새로운 관계 형성'은 '새로운 관계를 만들어감'을 포함한다.

이러한 개념들은 모두 입양아동이 입양사실을 알게 된 상태에서 입양가족 구성원들간에 가족으로서의 관계를 형성하는 것과 관련된다. 결국 공개입양가족의 적응의 의미에서 중요한 한 차원은, 공개입양을 통해 형성된 새로운 가족의 구성원들간에 가족으로서 자연스러운 관계를 만들어가는 과정임을 알 수 있으며, 이는 '가족을 이루어가는' 과정의 일부이다.

서로 긴장하지 않는 상태라고, 간단하게 말하면, 서로 긴장하거나 거리감이 느껴지지 않는 상태, 그거라고 표현하면 좋을 것 같아요. 서로 의사소통이 자유롭게 될 수 있는 상태…….

그러니까 뭐 일곱 살, 여덟 살, 아홉 살 때 왔을 때 아이들은 서로

의사소통 하는 것도 힘들고 기대치도 다르고 또 적응하는 게 상당히 힘들죠. 그러니까 아이도 아이대로 자연스럽지 못하고 부모도 자연스럽지 못하고, 계속 알게 모르게 긴장감이 감도는 상태, 음… 불편하다고 그래야겠죠. 표현하자면… 걔도 불편하고 나도 불편한 상태…….

　신생아 같은 경우는 새롭게 변화된 환경에 서로 익숙해지는 것, 우유를 탄다든지, 아이를 옆에 돌봐야 된다든지, 우리 애들 둘 다 6개월 때 왔는데 아이들이 갑자기 바뀐 환경 때문에 뭐, 걔가 듣던 소리도 다 달라진 거고 냄새도 달라진 거고 사람들도 다 달라진 거니까, 몇 달 동안은 두리번거리고, 불안정한 상태를 보이는 것 같애요. 그게 한 육개월 정도 그러면 아이도 이제 어떤 반응을 보이고 눈도 맞추고 이야기도 하게 되고 옹알이도 하고 적극적으로 웃기도 하고 아, 애가 인제 통하는구나 그런 느낌이 오죠. 애기는 굉장히 쉬운데, 큰 아이들은 눈이 마주쳐도 불편한… 그게 좀 다르죠.
　이제 보통 어린 아이들이나 그런 거는 배고프다거나 먹고 싶은 욕구가 있을 때, 자연스럽게 뭐 해줘요 이렇게 얘기를 하고… 싫다 그러면 조정과정이… 걔네가 더 강력하게… 지금 먹고 싶다고… 쟁취하기 위해서 요구하는 반면에… 그렇게 불편한 상황에서는 주춤주춤 계속 말을 할까말까 계속 그렇게 하면서 견제하는 거죠. 상대방 기분이 지금 말해도 괜찮은가 계속 그런 거를, 기본적인 상황에서도 계속 머뭇거리는 거죠. 그러면 걔가 달라고 하는 게 뭔지 알면서도 편치 않은, 속상한 거죠. 부모자녀 관계는 저게 아닌데 뭐든 상관없이 요구해야 되는 상황인데, 쟤가 눈치를 보고 있구나 그러면 싫고, 또 한가지는 계속 겉도는 거죠.

　식탁에 앉아서 식사예절 같은 것도 밥 먹을 때는 즐겁게 이야기하면서 먹는 거다 그러는데, 항상 긴장돼서… 뭔 반찬이 먹고 싶어도 요구하지 못하고 자기 앞에 있는 거만 먹는다든지… 혹은 거기서 뭐 다소 의견이 충돌이 돼서 큰 소리가 나오면 애들이 얼어 가지고 더 이상 아무 표현도 안한다든지… 정민이 같은 경우는 틱장애가 있었어요. 외식을 하러가서 앉아서 뭐한다 그러면… 애가 너무 긴장하는 거야. 애도 이 그룹에서 잘 지내고 싶은데 혹시라도 실수할까봐 계속 긴장을 하니까 눈을 깜박거린다든지 잔기침을 계속 한다든지… 그래서 결국은 개가 지나치게 긴장해서 망쳐버리는 거지. 분위기를… 그럴 거 없어. 편안하게 있어도 돼. 근데도 계속 긴장돼서 몸이 뺏뺏한 거, 내가 마치 선생님한테 불려나갔을 때, 경직상태로 되어 있는 거… 몇 번 부드럽게 주의를 주다가 애가 긴장이 됐구나 풀어줘야지 이렇게 접근을 하다가… 두 번 세 번 해도 교정이 안 되면 화가 나가지고… 처음 시도했던 좋은 분위기는 다 깨져버리고 집으로 오게 되는 거죠. 그러니까 나는 나대로 속상하고 애는 애대로 내가 분위기를 망쳤다 그런 느낌이 드니까… 그 다음에는 항상 어딘가 가려고 할 때, 초반에 긴장을 하는 거죠. 언제 긴장상태로 돌입할지 모르니까 항상 긴장상태가 집안에 계속 감도는 거… 그게 참 기분 나쁘고 화가 나는 거지. 잘 해보려고 하는데 잘 안 되니까… 그리고 이제 지나치게 존대말을 써서 거리감을 갖게 한다든지 그런 것도 부자연스럽고…….

적응이라 함은 우선 서로가 편한 관계를 가지고 있는 상태라고 생각하고 싶다. 아이와 부모 사이의 적응을 말하자면 서로의 입장의 진실을 이해하게 하고 서로 다르다는 것을 인정하는 것으로부터 시작하여 모든 것을 현실로 받아들여 그로부터 바람직한 새로운 관계를 만들어 가는 것이라 생각한다. 공개하는 입장인 어른의 경우에는 많은 준비를 할 수 있다. 그러나 공개 당하는 아이의 입장에서는 어느 경우든 어른만큼 준비되어 있지 않다. 그러므로 공개한 시점부터는 어른의 주도하에 면밀한 계획이 필요하고 그에 따르는 자기 절제와 인내가 절대적으로 필요하다. 이 시점에서는 맹목적인 사랑만 갖고는 충분하지 않다고 생각한다. 여러 가지 아동의 발달 상태와 교우관계 그리고 아동의 성격에 의해 부모가 대하는 태도와 반응이 달라져야 한다.

"엄마는 엄마가 아니잖아 아줌마잖아!"[13]

안녕하세요?

처음 사준 빨간 운동화를 신고, 생전 처음 흙을 밟아보던 수인이의 신기해하던 모습이 아직도 선한데, 이젠 현관에 들어서면 커다란 흙덩이가 묻은 채로 여기저기 흩어져 있는 신발을 볼 때면 그간의 세월의 흐름을 느낍니다.

태어난 지 10일 만에 제 품에 안긴 수인이가 이제는 9살이 되어 동생 수영이를 업어주는 뒷모습을 보고 있으면 전 항상 가슴이 뭉클합니다. 유난히도 동생 업어주기를 좋아해서, 수영이가 제게 혼이라도 나면 동생을 업고서 동네 한 바퀴를 돌고 들어온답니다. 그 모습을 보고 있으면 화가 났던 마음은 금세 사라지고 입가에 흐뭇한 미소만이 남곤 합니다.

수인이는 저희 부부가 불임임을 알게 되면서 (그때 당시에는 '공개입양'이라는 개념보다 당연히 '비밀입양'을 우선했고 지금처럼 정보도 없었기 때문에) 약 일 년이라는 가임 기간을 거치며 품에 안은 사랑하는 아이입니다.

주변 친척들에게까지도 비밀로 했었기 때문에 굳이 수인이에 대한 공개는 저희 부부도 처음엔 크게 원하지 않았습니다. 하지만 시간이 흐르면서 둘째인 수영이를 수인이가 7살 되던 해에 입양을 하게 되면서, 동생에 대한 입양 사실을 알게 된 수인이에게 본인의 입양사실을 언제까지 숨길 수만은 없었습니다.

동생에 대한 입양과정을 긍정적으로 받아들였던 터라, 만일 계

---

13) 이 글은 한국입양홍보회 제4차 전국입양가족대회 자료집에 실린 글이다. 입양아동에 대한 공개 과정을 매우 구체적으로 기술하고 있어 여기에 옮겨 싣는다.

속해서 본인의 입양사실을 말해주지 못할 경우에 언젠가는 알게
될 일에 부정적인 면이 생길 것 같다는 판단 하에 수인이에게 사
실을 말해주기로 했었습니다.

수인이가 1학년인 8살 여름, 마주 앉은 수인이에게 동생 수영이
가 입양된 과정과 본인의 생각을 먼저 물어 보았고 부정적인 면이
전혀 없음을 알고 수인이에게도 사실을 말했습니다.

"수인아! 수영이가 하느님께서 우리 가족에게 주신 선물이듯이
우리 수인이도 하나님이 엄마 아빠에게 주신 선물이란다."

이렇게 말을 하자 수인이는
"엄마! 그게 무슨 말인데?"
"수인아, 엄마가 하느님께서 수영이를 우리 가족에게 보내 주시
면서 아빠가 되게 해 주셨고 엄마가 되게 해 주셨다고 했잖아. 또
수인이는 누나가 되게 해 주셨고, 우리 수인이도 하느님께서 엄마,
아빠가 될 수 있도록 보내 주신 거야."
"그럼, 엄마! 나도 입양했다는 말이야?"
"음……."

이 대답을 할 때 제 가슴은 뭔가를 꽉 조여 매는 듯한 느낌 속
에 눈물이 앞을 가렸습니다. 수인이는 저의 대답이 끝나자마자 막
울기 시작했고, 그 아픔을 제가 어루만지기엔 너무나도 커 차마
수인이에게 울지 말라는 말조차 꺼낼 수가 없었습니다. 아주 큰
소리로 울며 얼굴을 파묻었던 수인이가 처음 한 말은

"엄마 나중에 말해주지, 왜 지금 말해 주는 거야?"

이 말이었습니다. 저는 수인이가 본인의 입양된 사실에 대해 강

하게 부정을 하는 듯한 말을 들으며 목이 메였지만 눈물을 참아가
며 설명을 했습니다.

"수인아! 엄마도 정말 너에게 말하고 싶지 않았어. 하지만 엄마
는 이 이야기를 세상 어느 누구보다도 엄마가 네게 가장 먼저 말
을 해줘야 한다고 생각했거든. 우리 수인이가 앞으로 자라면서 혹
시 다른 사람을 통해 알게 되면 엄마에게 들을 때보다 더 가슴 아
플까봐, 그래서 엄마가 말해 주는 거야. 엄마는 수인이가 어느 누
구보다도 당당하고 자신 있게 자라기를 바래."

이렇게 말을 하고 있는 동안 끊임없이 눈물을 흘리고 있는 수인
이를 바라보며 저 역시 제 자신을 추스리기가 힘이 들었습니다.

동생의 입양 사실을 말을 해 주었을 때와는 너무나 틀린 아이의
모습에 당황도 되었고, 작은 가슴에 너무나 큰 아픔을 알게 했다
는 미안함에 뭐라고 할 말이 없었습니다.

한참을 울던 수인이는
"엄마, 그럼 나 원래 이름이 뭐야?"
하고 물어왔습니다.

처음부터 입양기관에서 아이의 이름을 알려 주지 않았었고 아
이가 크면서 입양기관에 재차 문의를 했을 때도 생모나 생부가 지
은 이름이 아니고 기관에서 지은 이름이기 때문에 의미가 없다고
해, 저 역시 수인이의 입양 전 이름은 알지 못했습니다. 전 수인
이에게 원래 이름과 지금의 이름이 같다고 하자 수인이는 아니라
며 심하게 부정을 하며 더 큰소리로 울면서 방으로 들어가 침대에
엎드려 엉엉 울었습니다.
전 수인이의 마음을 제 자신이 같은 상황이 되지 않고서는 그

아픔에 손을 댈 수가 없어, 수인이가 지쳐 잠이 들고 두 시간 가량 이 지나 방 밖으로 나올 때까지 꼼짝도 하지 않고 많은 생각 속에 서 자고 나오는 아이를 맞이했습니다.

수인이가 나오면 전 과연 뭐라고 말을 해 줘야 하는지 고민 고 민을 하고 있었는데, 수인이의 행동은 모든 것이 뜻밖이었습니다. 자고 일어난 수인이는 아무 일도 없었다는 듯이 제게 허락을 받고 는 나가 놀았습니다.

수인이가 어떤 말을 할 지 온갖 궁리에 머리를 짜고 있는 제게 아무 일도 없었던 것처럼 나갈 수 있게 허락을 받고는 총총 걸어 가는 아이를 보고 있자니 허탈하기도 하고 대견하기도 했습니다.

하지만 다음날 아침 학교를 가야 하는 수인이를 아침에 깨워야 할 때, 저도 모르게 멈칫거리는 자신을 바라보며 '혹시나 전처럼 제가 소리라도 버럭 질러 깨우면 아이 마음에 상처가 되진 않을 까?' 생각하며 어떻게 해야 하나 갈팡질팡하고 있다보니 등교시간 을 훌쩍 넘겨버렸습니다. 결국은 살짝 옆으로 가 조그마한 소리로

"수인아! 학교 가야 하는데 일어나"
"으으응 알았어요……. 엄마 몇 시야? 더 자면 안 될까?"

그렇게 잠을 자고도 벌써 학교 갈 시간도 다 지나갔는데 더 잔 다고 하니 소리를 버럭 지르고 싶었지만 꾹 참고,

"수인아, 지금 9시가 넘었어. 친구들은 학교 다 간 것 같애. 그 만 일어나자, 응?"
"엄마! 몇 시라고? 뭐야! 일찍 깨워야지, 준비물도 아직 못 샀단 말예요 참……."

어제 일로 인해 한마디도 조심스러워 쩔쩔 맨 엄마의 심정은 아 랑곳도 없이 평소와 똑같이 투정을 부리며, 늦었다며 밥도 먹지

않고 나가는 수인이의 뒷모습을 보고 있자니 대견하기도 하고 그야말로 뻥적었다고나 할까……

수인이가 학교로 가고 나자 한숨을 돌리면서 엠펙 사무실에 전화를 걸었습니다. 회장님께 어제 일과 오늘 일어났던 일들을 말씀드리며 수인이한테 어떻게 대해야 하는지 난감하다고 말씀을 드렸습니다. 회장님께서는 '대부분의 아이들이 다 처음에만 그렇지, 금새 잊어버리고 원래 생활대로 한다'고 말씀을 해주시며, '오히려 부모 입장에서는 아이에게 상처가 되지 않을까 하지만, 일주일 정도면 모든 생활이 예전처럼 돌아가니까 걱정하지 말라'고 하셨습니다.

정말 생각하니 수인이보다도, 공개한 부모인 나 자신이 더 당황스러워 했지, 아이는 순간 순간을 평소와 크게 다르지 않게 해나가고 있었던 것 같았습니다.

이 일이 있은 후, 수인이는 모든 것이 평범했지만 입양에 대해 이야기를 할 때는 좀 거부반응을 보이는 것 같았습니다. 입양모임이 있다는 사실을 알려주며 혼자만이 아니라는 것을 알려주고 싶었지만 수인이는 모임자체에 나가기를 꺼려했으며, 아무리 말을 해 주어도, 심지어는 동생인 수영이가 입양된 것을 알고 있으면서도 세상에는 자기 혼자만 입양된 것 같다고 알기도 전에 입양모임 자체를 거부했습니다.

전 과천에 있는 엠펙에서 주말에 모임이 있다는 것을 듣고는 수인이에게 다시 한번 설명을 하며, 가자고 설득을 했었지만 도무지 들으려고도 하지 않았습니다.

"수인아 세상에 얼마나 많은 입양된 사람들이 있는지 알고 있니?"

"몰라! 나만 혼자인 것 같단 말야"

"무슨 소리니? 너희 학교에도 있고, 모임에 나가보면 얼마나 많이 있는데 그리고 수영이도 입양했잖아?"

"몰라! 그래도 나 혼자 뿐인 것 같애!"

설명을 하려 해도 설명조차 거부를 하니 더 이상 대화가 되지 않았습니다. 전 더 이상은 수인이를 설득하며 모임에 데리고 갈 수가 없을 것 같아서 아무 말 없이 모임에 무조건 데리고 갔습니다. 어디에 가는 지 몇 번이나 확인하려는 수인이에게 가보면 알 거라고 얼버무리며 모임에 조금은 늦게 도착을 했습니다.

첫 번 모임에 다행히도 또래 아이도 꽤 있었고 어린 동생들에 오빠들도 있었기 때문에, 저는 그 중에 같은 초등학교에 다니고 있는 오빠인 ○○이에게 수인이를 소개시켰고, ○○이는 같은 학교에 다녀서인지 수인이를 잘 데리고 다녀주었고 식사도 챙겨 주었습니다. 워낙에 붙임성이 좋은 수인이는 금방 친하게 되었고 워낙 여러 아이들이 있어서인지 아주 즐겁게 보내는 것 같았습니다.

집으로 돌아온 후 수인이와 이야기를 나누던 중 수인이는 무엇인지 심통스런 표정으로

"엄마! 아까 그 오빠도 나랑 똑같애?"
"아, ○○이 오빠?"
"응! 그 오빠도 입양한 거야?"

사실 위탁으로 회장님 댁에 있는 ○○이에 대해 '입양'이 아니고 '위탁'이란 말을 하려니 입양조차도 설명하기 벅차 있는데, 위탁까지 설명을 하려고 가슴이 답답했습니다.

"수인아, 오빠는 조금 틀려. 엄마 아빠가 계신데 사정이 있어서 잠깐 △△네(회장님댁)서 생활을 하는 거야."
"그럼 나랑 틀리단 말이네…… 거 봐 다 입양한 건 아니잖아!"
"그런데 수인아! 입양을 한 것이 뭐가 그렇게 차이가 있다고 생각하니? 엄마는 수인이가 엄마가 낳지 않았다고 해서 틀린 점이 하나도 없는데, 넌 입양을 했다고 해서 달라진 것이 있다고 생각하니?"

"아니, 없어!"

통명스럽게 말을 하는 수인이에게 한 마디 한 마디 던지는 것이 왜 그리도 살얼음판을 걷는 기분이었던지…….

"수인아, 입양을 했다고 해서 엄마가 엄마가 아닐 수는 없는 거야. 엄마는 엄마이고 수인이는 영원히 엄마 딸인 거야"

"아냐! 엄마!! 엄마는 엄마가 아니잖아 아줌마잖아!"

날카롭게 지르는 아줌마란 소리에 가슴이 쿵 내려앉는 기분이 었지만, 순간 수인이의 본심이 아닌 엄마의 마음을 확인하고 싶어 한다는 생각이 스쳐 지나가며 수인이가 말한 그대로를 가슴에 새 기면 안 된다는 생각에

"수인아! 엄마가 아줌마면 넌 할머니냐?"

하면서 웅크리고 인상을 쓰고 있는 수인이에게 다가가 간지럼 을 피우고 '할머니'라고 하면서 장난을 걸어주었습니다.

수인이는 금세 예전의 수인이로 변해 간지럽다면서

"알았어요. 호호호……엄마! 간지러워. 그만해. 나 할머니 아니 란 말야…… 호호호."
"너 그럼 엄마한테 아줌마라고 할 거야? 안 할 거야?"
"알았다니까…… 호호호…… 안할게…… 미안해요……. 호호."

이렇게 한참을 장난을 하다 멈춘 수인이는 금세 허락을 받고는 컴퓨터에 매달리고 있었고, 그 모습을 보고 있자니 엄마의 마음을

확인하고 싶어 한 수인이의 마음을 읽고, 가슴에 새겨질 수도 있었던 일을 웃음으로 해결할 수 있게 되어 너무나 감사함을 느꼈습니다. 그 일 이후로는 특별한 문제는 없었지만 뭔지 모를 미묘한 감정은 밑바닥에 깔려 있는 느낌이 있었는데, 몇 개월이 흐르면서 수인이는 엠펙에서 주최하는 입양캠프에 2박 3일 동안 참석하게 되었습니다.

전 아이들에 맞게 프로그램이 짜여져서 심리테스트와 놀이를 통한 심리극 등을 한다는 일정에 수인이와 수영이를 데리고 같이 참석하게 되었고, 이번 캠프에도 큰 흥미를 보이지 않았던 수인이를 데리고 가면서 '행여나 떼나 쓰지 않을까', '짜증만 부리면 어떻게 하지?' 등등 온갖 고민을 하며 두 아이를 데리고 갔습니다. 나이별로 프로그램이 있었고, 부모교육까지 병행을 했기 때문에 잠자는 시간과 식사하는 시간 외에는 서로 프로그램으로 어떤 일들이 진행되고 있는지 모르고 있던 터라, 마지막 날 아이들이 입양을 주제로 한 연극을 보면서도 반신반의 하였는데 수인이의 달라진 모습은 너무나도 컸습니다.

캠프에 다녀오고 치과치료를 해야 했었던 수인이를 데리고 병원에 가는 도중에 수인이는 조용히 제게 물어오기 시작했습니다.

"엄마! 그럼 엄마랑 아빠랑 누가 불임이에요?"

전 제 아이 입에서 '불임'이란 단어를 듣다니, 이것을 어떻게 말을 해줘야 하는지 순간 너무 당황하고 있었는데, 제가 대답도 하기 전에

"엄마! 그럼 엄마가 불임이에요? 엄마가 아기를 못 낳아서 우리 입양한 거예요?"

말을 할 틈도 주지 않고 말을 이어가는 수인이 물음에 그저 당

황만 하고 있는데, 이미 엄마가 불임으로 아이에게 인식이 되어있다는 점에 전 웃음이 나올 수밖에 없었습니다.

"그래 엄마가 불임이야. 그래서 입양도 했고…… 그런데 불임이 뭔지 어떻게 알았어?"

"응! 캠프에서 다 배웠어. 불임이 되면 아이를 낳지 못하고, 그래서 입양을 한대."

"아~ 그랬구나! 엄마는 몰랐네……."

"엄마! 그런데 궁금한 것이 있어요."

"뭔데?"

"그럼, 나 고아원에서 데리고 왔어요?"

"아니, 고아원이 아니라 입양원에서 하느님이 보내 주신 거야. 고아원은 엄마가 알기엔 입양원에서 입양이 되지 않은 아기들이 좀더 크게 되면 그때 고아원으로 가게 되는 거야."

"아, 그렇구나. 그럼 엄마! 거기 입양원에 아직도 아기들이 있어요?"

"그럼, 세상에는 엄마 아빠가 되어 줄 수 있는 사람보다 되어 줄 수 없는 사람이 더 많기 때문에 아직 아기들이 그곳에 많이 있어."

"아, 그렇구나……."

"그래, 엄마는 수인이가 커서 그런 아기들을 위해서 도움을 많이 주었으면 좋겠어…… 알겠지?"

"그래서 엄마가 저보고 공부 열심히 하라고 하시는 거예요?"

"맞아. 공부를 열심히 해서 훌륭한 사람이 되면, 그곳에 있는 아기들을 치료해 줄 수도 있고 음악을 들려줄 수도 있고 그림공부도 시켜줄 수 있잖아?"

"엄마! 그럼 저도 열심히 해서 나중에 크면 그런 아기들 마음을 치료해주는 사람이 될래요."

정말 어쩌면 이렇게 모든 것이 한꺼번에 해결이 되는지, 어른스럽게 모든 것을 받아들이는 수인이를 보면서 너무나 기뻤습니다.

"엄마, 저요, 하고 싶은 것이 있어요. 고아원이나 입양원에 아직 있는 동생들이나 언니 오빠한테 가서 놀아도 주고 선물도 사주고 싶어요."

"정말? 그래 우리 아빠랑 다 같이 선물도 사가지고 가서 도와주고, 친구도 되어주고 그렇게 하자! 정말 우리 수인이 대단한데……."

"엄마! 그런데 절 낳아준 사람은…… 음…… 아줌마라고 해야 하나? 하여튼 엄마, 엄마는 봤어요? 어떻게 생겼어요?"

아직은 좀더 있다가 물어올 줄 알았는데 수인이의 궁금증은 너무나도 빨리 모든 것이 다가오고 있었습니다.

"음…… 보진 않았지만 서류는 봤거든. 너무 예쁘고 마음씨가 착하고 키도 크고 수인이처럼 다리도 길데…… 그리고 지금은 열심히 공부하고 있다고 하던데……."

"예, 그렇구나……."

"수인아! 그런데 아줌마가 아니고 엄마야. 수인이에게는 다른 사람보다 엄마 아빠가 한 명씩 더 있는 거야. 낳아준 엄마도 엄마야. 그러니까 항상 가슴 속에 너를 낳아준 엄마를 잊으면 안 되는 거야. 알겠지?"

"알았어요……."

정말 수인이도, 저도, 즐거운 마음으로 공개 이후로 이렇게 시원한 기분은 처음이었습니다. 아직은 어리기만 하다고 생각했던 수인이가 제게 건네는 말들은 너무나 대견스런 말들이었고 그 생각 속에 입양되지 못한 동생이나 언니 오빠들을 생각하는 마음이 자연스럽게 자리잡고 있는 것을 보면서, 저는 아이와 이번 캠프를 이끌어 준 모든 분들에게 감사함을 어떻게 전해야 할 지 설레임을 감출 수가 없었습니다.

다음날 회장님께 수인이와 있었던 일들을 말씀드릴 때 너무나 기뻐해 주시는 모습을 보며 입양되어 자라고 있는 모든 아이들을 내 아이처럼 생각해 주시는 모습에 너무나 고마웠습니다. 그리고 수인이와 대화 내용 도중에 나왔던 생모에 대한 부분은 저도 알지 못하기 때문에 긍정적으로만 이야기를 해 주었는데, 점점 시간이 지나면서 아이가 물어 올 때 사실적으로 말을 해 줄 필요가 있다는 말씀을 회장님께서 하셨습니다. 만날 수 있을 수도 있고 만나지 못할 경우도 있기 때문에 무조건 긍정적으로만 말을 계속 하다가 또 다른 가슴에 상처가 생길 수도 있다는 말씀을 듣고, 정말 그럴 수도 있다는 생각에 언젠가 수인이가 또 다시 물어오면 그때는 좀더 자세히 말을 해 줘야겠다고 생각했습니다.

그러던 중 지난 봄 수인이는 제게 "엄마, 나를 낳아준 엄마를 언제 만날 수 있어요?" 하며 엄마인 제게 생모를 처음으로 '엄마'라 부르며 물어왔습니다.

조용히 TV를 보고 있던 제게 수인이가 던진 말은 너무나 놀라웠습니다. 공개 이후 아직까지 생모를 한번도 엄마라고 부르지 않았었는데, 수인이는 '그 사람'에서 '아줌마'로 이제는 '엄마'로, 엄마인 제 앞에서 자신을 낳아준 생모를 엄마로 표현하며 제게 물어왔기 때문에 그 고마움은 말로 표현을 할 수가 없었습니다. 일단 지금의 부모인 저희 부부에게 수인이는 입양과 모든 것을 긍정적으로 잘 받아들이고 있다는 생각에 너무나 고마웠습니다.

"수인아, 있잖아…… 수인이가 보고 싶으면 엄마 아빠는 수인이를 낳아준 엄마를 같이 찾아보도록 노력할 거야. 하지만 수인이가 어느 정도 크면 그때 엄마를 찾았으면 좋겠어."

"왜요? 지금 찾으면 안돼요? 그냥 보고 싶은데······."

"있잖아······ 엄마가 물어 보니까(수인이 7살 때 ○○○○복지회에서 담당자가 한 말) 수인이가 18살이 되기 전에는 엄마를 찾을 수가 없다고 하네. 아마 수인이도 어리고 수인이를 낳아준 엄마도 아직 공부도 하고 해서 시간이 좀 필요한가 봐"

"그럼, 엄마! 18살은 대학생이에요?"

너무나 멀게만 느껴지는지 수인이의 표정은 실망스러워 보였습니다.

"아니, 고등학교 정도, 아니 그때가 되면 좀더 빨라질 수도 있을 수 있으니까 기다려 보자. 그리고 수인아! 지금은 수인이 보고 엄마가 용돈을 주면서 할머니네 다녀오라고 하면 혼자서 갔다가 올 수 있어?"

"아니 못 가는데······."

"거 봐. 그러니까 좀더 커야 혼자서 다닐 수 있는 거야. 그래서 아마 18살 정도는 돼야 한다고 했나봐. 우리 그때까지 엄마를 위해 기도도 해 주고 열심히 공부도 하고 그러자. 응?"

"아, 알겠어요."

수인이는 밝은 웃음을 지으며 제 품에 안기었습니다. 이제 제법 덩치가 커 버린 수인이가 품속으로 안기니, 처음 수인이를 안을 때 너무나 작아서 두 손도 남았던 기억이 났습니다. 어느새 부쩍 커 버린 수인이를 안고 있자니 너무나 금세 커버린 아쉬움이 남았습니다. 그리고 전 공개 이후 매번 수인이와 입양에 대해 대화를 나눌 때면 낳아준 부모님에 대해 항상 고마움을 잊으면 안 된다고 강조합니다. 왜냐하면 지금의 수인이가 있게 해 주셨고 엄마 아빠에게 가장 귀한 선물인 수인이를 만날 수 있게 해 주신 분이기 때문에 항상 낳아준 부모님과 지금의 엄마 아빠가 있다는 것을 상기

시키곤 합니다. 캠프를 다녀온 후로 수인이는 가끔 친한 친구에게 는 자신의 이야기를 공개해 주변을 놀라게도 했었지만, '입양'이라 는 것에 놀라움을 금치 못하는 친구나 언니들이 오히려 이해가 되 지 않는 표정을 지을 때도 있었습니다.

어느 날 저희 집에 놀러온 수인이의 이웃언니가 제게 던진 말은 수 인이 가슴에도 약간의 상처로 남아 있을 것 같던 일이 있었습니다.
평소에 제게 이모라 부르는 아이는

"이모, 저는요, 입양한 사람은 사람이 아닌 것 같아요."
"아니, 그게 무슨 소리야. 입양한 사람이 왜 사람이 아니라고 생 각하니? 누가 그래?"
"우리 할머니가 그랬어요. 입양한 사람은 사람이 아니래요."

순간 수인이의 표정은 굳어졌고, 저 또한 수인이 마음에 너무나 상처가 될 것 같아 어떻게 해야 할지 난감했고, 이미 수영이를 입 양한 것을 알고 있었던 그 아이 엄마도 옆에서 어찌해야 할지 쩔 쩔 매는 모습이었습니다. 순간 저도 모르게 나오는 말은

"너, 책도 안 읽어 봤구나! 너 빨간머리 앤 알지?"
"그럼요. 얼마나 많이 읽었는데요."
"그럼, 키다리 아저씨도 알아?"
"그럼요. 그것도 모를까봐요? 다 읽었어요."
"야, 너 그럼 거기 나오는 주인공들이 입양된 것도 모르면서 무 슨 책을 다 읽었다고 그래⋯⋯. 앤도 입양되었는데 얼마나 공부도 잘하고, 예쁘고, 결혼해서 얼마나 행복하게 사는데, 그것도 모르면 서 어떻게 책을 읽었다고 하니?"
저도 모르게 튀어나온 말을 하고 있을 때, 굳어져만 있었던 수 인이는 심통스런 표정으로 바뀌더니 자기 방으로 쿵쾅거리며 들어

가 불쑥 나오더니 책 한 권을 그 아이 앞으로 던져버렸습니다.

"언니, 다시 읽어봐! 읽어보지도 않고서……."

순간 당황한 그 아이는 어쩔 줄을 몰라 했고, 상황은 반전되어 수인이는 너무나도 의기양양하게 동생들을 데리고 나가 버렸습니다. 이후 몇 차례 자신을 공개했던 수인이는 입양과정부터 엄마의 불임까지도 상세히 설명하며 언젠가 크면 낳아준 엄마도 엄마 아빠와 같이 찾을 거라는 말을 잊지 않습니다.

수인이와 이런 저런 일을 지내면서 2학년 여름방학을 맞이했고, 엠펙에서 이번에는 아이들만을 위한 캠프가 있다는 소식을 듣고 수인이에게 전해주었습니다. 수인이는 이전과는 다르게 너무나 기다리는 눈치였고, 하루하루 캠프에서 지낼 일로 부풀어 있었습니다.

아이의 아빠도 그동안 수인이의 달라져가는 모습을 보면서 공개에 대한 자신이 생겼는지, 수인이와 같이 모임에 참석하는 것을 탐탁하게 생각하지 않았었는데, 본인이 먼저 캠프 중 바베큐 파티 때 가겠다며 다른 일을 좀 미루면서도 참석도 해주고, 금세 집으로 갈 줄 알았는데 너무나도 즐겁게 다른 분들과 편안하게 대화를 주고받으며 밤이 깊어가고 있었습니다. 바베큐 파티를 하며 몇몇 아버님들과 고기를 굽고 고구마를 구웠는데 집에 와서 하는 말이

"와, 바베큐 구울 때는 굽는 사람이 최고던데? 다음에 또 하면 또 고기 구워야지."

"후후……. 왜요?"

"고기 굽고 고구마도 내가 굽고 하니까 우리 수인이 수영이에게 한 개라도 더 줄 수 있더라고……. 그러니까 그게 최고지. 다음에도 또 해야지!!"

세상에! 수인 아빠에게 저런 모습이 있었다니…… 웃음도 나오고 조금은 모임을 배척했었던 터라 바뀐 수인 아빠의 말은 너무나

흐뭇했습니다. 또 바베큐 파티를 마치며 숙소로 이동을 할 때 수인이는 옆에 타고 있던 ○○이 언니의 고민을 말해 주기도 했습니다.

"엄마, 있잖아…… 언니가 고민이 있는데 엄마가 해결해 주시면 안 되요?"
"응? 고민! 뭔데?"
"언니, 우리 엄마한테 말하면 우리 엄마가 다 해결할 수 있거든 그러니까 말해도 되지?"
"진짜?"

무슨 말인지 ○○이가 망설이고 있는 듯 했습니다.

"엄마! 언니가 친한 언니한테 입양한 것을 말을 했는데, 그 언니가요, '그럼 너 고아원에서 왔어?' 했대요. 그래서 언니가 마음이 아프데요."

세상에……. 수인이가 크면서 느끼는 것이지만, 참 아직은 부족한 엄마를 너무나 황당하게 하는 적이 많은 것 같았습니다.

"아줌마, 있잖아요……. 그런데 그 아이는요. 버릇도 없고요…… 맨날 선생님한테 혼만 나요. 얼마나 버릇이 없는대요."

○○이와 수인이는 누가 먼저라고도 할 것 없이 누구인지는 모를 그 아이를 한 편이 되어 몰아붙이고 있었고, 엄마도 같이 동감해 주었으면 하는 눈치였습니다. 저는 지난 온누리교회 세미나에 참석했을 때 어느 목사님께서 성경 속에 나오는 구절로 말씀하신 내용을 들어 아이들의 마음을 이해시키기로 하고 ○○이와 수인이에게 말을 건넸습니다.

"○○아, 수인아! 그 아이 문제로 고민하거나 마음 상해할 필요가 없다고 생각해... 왜냐하면 우리는 하느님을 믿잖아. 그런데 하느님 앞에서는 예수님만 친자이고 이 세상 모든 사람은 다 입양한 양자라고 하시더라... 그러니까 ○○이 엄마, 아빠, 할머니, 할아버지, 그 아이의 엄마, 아빠, 그 아이도 모두가 하느님 앞에서는 입양한 사람인 거야. 그런데 입양을 한 것 가지고 ○○이를 놀린다면 그 아이는 자기 자신도 하느님 앞에서 입양되었다는 것도 모르는 아이인가 보다……. 아줌마 생각에는 그 정도도 모른다면, 야 그것 가지고 그 아이 때문에 우리 ○○이와 수인이가 마음 아파할 이유가 하나도 없다는 생각이 든다. 어때 아줌마 말이?"

"맞아요"

"거봐, 언니! 우리 엄마한테 말하면 다 해결할 수 있다고 했잖아. 내 말이 맞지?"

목사님께 들은 말씀이지만 아이들에게 이해를 시키려니 여간 힘이 드는 것이 아니었다. 잘한 것인지 못한 것인지……. 하지만 ○○이의 밝아지는 모습과 점점 커지는 목소리에 한숨을 돌렸습니다. 수인이의 '엄마에 대한 신뢰'가 얼마나 크게 자리 잡고 있는지도 알게 되었고, 한편으론 계속되는 당황스런 질문들에 수인이가 부쩍부쩍 자라나는 것을 느끼며 대견함도 느끼게 되었습니다.

캠프를 마치고 돌아온 수인이는 며칠이 지나 제게 말을 건넸습니다.

"엄마! 나 나중에 결혼하면 나도 입양할래요."

전 이 한마디에 아이에게 너무나 고마웠습니다.
"그래, 수인이가 입양을 하게 되면 엄마랑 아빠도 많이 도와줄께. 그리고 수인이가 그런 생각을 하니까 너무 좋다."
정말 수인이가 캠프를 다녀 올 적마다 한 번씩 던지는 말들은 이제

는 기대까지 하게 만들었습니다. 하지만 그 후 며칠이 지나 수인이는

"엄마! 난 입양 안할래. 내가 입양을 하면, 입양된 아기가 내가 낳은 아이를 너무 부러워 할 것 같아서 입양한 아기가 너무 불쌍할 것 같아 싫어요."

전 이 소리를 듣는 순간 가슴에 커다란 돌덩이가 내려앉는 기분이 들었습니다.
전에 수인이가 가끔씩

"엄마! 난 엄마가 진짜로 나를 낳았었으면 좋겠어."

했던 말들이 떠올라 아직 어린 저 가슴에 이미 친자와 양자의 개념이 평행선처럼 달리고 있다는 생각에 마음이 아팠지만, 지금은 얼마 전 외삼촌이 셋째 아이를 입양하는 모습을 보면서 이제 자신이 주체가 되어 누군가에게 위안이 되어 주어야 한다는 생각에 조금은 뿌듯함을 느끼고 있는 것 같습니다.

"외삼촌네 ㅇㅇ 있잖아. ㅇㅇ가 크면, 내가 'ㅇㅇ야 너는 하느님이 주신 선물이야. 그래서 외삼촌이 아빠가 되고 외숙모가 엄마가 된 거야'라고 말해주고, 자신 있게 살아야 한다고 내가 꼭 말해 줄 거야……. 알겠지?"

ㅇㅇ가 오기 전부터 백화점에 가거나 아기 물건을 보기라도 하면, 외삼촌네에 올 아기에게 사주고 싶어 하던 수인이는 이제 조금은 어른스러운 아이로 커 나가고 있습니다. 구성원으로 기여할 수 있을 것이라 확신합니다. 공개 후 일 년이란 시간을 보내면서 되돌아보면 우리 가족 모두에게 가장 어려웠던 시간이면서도 가장 소중한 시간들이었습니다.

투병생활을 하고 있었던 수인 아빠는 건강이 악화되어 결국 올 봄에 신장이식수술을 주변 모든 분들의 기도 속에서 성공적으로 할 수 있었고 수인 아빠의 건강악화로 결혼생활에 가장 위기순간을 맞았던 지난해에도 많은 분들께서 위안과 충고를 아끼지 않으셨고 같이 기도해주며 저와 저희 가정에 평안을 찾을 수 있도록 도와 주셨지만 수인이와 수영이 역시 저희 부부를 이어주는 끈이 되어 어렵고 힘들었던 순간순간을 지탱하며 오늘이 오기까지 가장 큰 힘이 되어 주었습니다.

얼마 전 저희 부부가 가톨릭에서 진행하고 있는 ME주말부부교육을 다녀오며 가장 먼저 느낄 수 있었던 것은 저희 부부가 지금까지 있을 수 있었던 것은 수인이와 수영이가 저희 부부의 품에 안겨 예쁘고 사랑스런 아들딸이 되어 주었기 때문에 엄마 아빠로서 존재할 수 있었음을 느끼면서 부부간의 강한 신뢰와 사랑과 믿음만이 아이들도 사랑과 신뢰 속에서 사회의 한 구성원으로 올바르게 자라나 맡겨진 역할을 잘 감당하리라는 믿음입니다.

저희 부부는 입양을 하고 공개과정을 거치면서 수인이에게 솔직하고 진심이 담긴 엄마 아빠의 마음을 전하려 노력했고 아이가 너무나 마음이 아파 울음을 터트릴 때는 그 아픔이 사그러질 때까지 기다려 주었고 엄마 아빠의 마음속에 돌을 던지고 싶어하는 아이의 마음을 볼 때면 던질 수 있도록 마음을 열어 주었습니다.

저희 부부가 낳은 친자가 아니고 입양을 공개했기 때문이 아니라 수인이는 저희 부부가 가슴으로 낳은 가장 소중하고 사랑하는 제 아이이기 때문입니다.

제3절 가족 외 공개 과정

현재 공개입양을 지향하는 입양가족들은 '공개'를 입양아동에게 입양사실을 알려주는 차원으로 받아들이고 있다. 이는 물론 입양아동에 대한 공개가 가장 중요한 이슈이기 때문이다. 하지만, 본 연구자는 사회적 관계망 내의 구성원들에게 입양사실을 공개하는 것 또한 중요한 차원이라고 본다. 왜냐하면 그것이 입양가족의 적응에 영향을 미칠 수 있기 때문이다.

이러한 가족 외 공개 과정에서 나타나는 문화적 주제는 '가족 외부의 비밀입양 전통에 대한 도전을 통해 가족을 이루어가기'이다. 이는 공개입양가족 외부의 사회 구성원들간에 공유되는 비밀입양 전통에 도전하는 과정을 통해 가족을 이루어가는 과정을 의미한다. 한국 사회의 구성원들은 비밀입양 전통을 유지하며 공개입양을 방해한다. 확대가족, 다른 사회적 관계망의 구성원들, 입양기관, 언론은 공개입양가족들이 공개입양을 진행하지 못하도록 한다. 입양사실을 공개했을 때, 사회적 관계망을 포함한 환경 내의 구성원들은 공개입양가족들이 '가족'이라는 것을 의심한다. 공개입양가족은 이러한 의심에 도전하여 자신이 '가족'임을 인정받는 과정을 거쳐야 한다. 구체적인 가족 외 공개 과정들을 살펴보면 다음과 같다.

엠펙의 구성원들에게 있어서 일차적인 공개는 대부분 엠펙에 대한 공개와 엠펙을 통한 공개로 이루어진다. 엠펙에 대한 공개는 대부분의 공개입양 자체가 엠펙을 매개로 하여 이루어졌기 때문에 자연스러운 것이라 할 수 있다. 엠펙을 통한 공개는 홈페이지에 실린 '입양일기'나 그 밖의 게시물들을 통해 이루어진다. 입양일기가 있다는 것 자체가 상당한 정도의 공개성을 드러내는 것이지만, 그 안에서도 약간의 차이가 있다. 즉, 상당수의 입양가족들은 자신의 사진까지 게시함으로써 완전한 공개를 지향하고 있지만, 일부 가족들은 사진을 올리는 것을 꺼려하며, 실명을 올리는 것도 망설이는 경우가 있다. 이는 여전히 공개 이후의 상황에 대한 두려움이 존재한다는 것을 잘 보여주는 것이다. 우선, 이렇게 공개했을 때 주위 사람들의 반응이 어떨지 알 수 없어 두려워하며, 혹시 친생부모가 사진을 보고 찾아올지도 모른다는 두려움을 가지고 있는 경우도 있다.

확대가족에 대한 공개는 입양하기까지의 과정에 따라 달라진다. 확대가족에게까지 입양사실을 비밀로 했던 입양가족들은 이제 확대가족에 대한 공개를 앞두고 또 다른 두려움을 갖게 된다. 반면에, 확대가족이 입양사실을 알고 있는 경우에는 외부적인 공개에 대한 찬성과 반대 정도에 따라 또 다른 지지 또는 갈등을 경험하게 된다.

확대가족을 넘어서게 되면 이제 더욱 다양한 상황에서 다양한 선택을 하게 된다. 입양부모들은 자신의 친구나 이웃, 직장동료, 입양아동이 다니게 되는 보육시설과 학교의 교사와 학부모, 다른 아동 등 지속적인 관계를 갖고 있는 관계망의 구성원들을 만날 때마다 공개 여부를 결정해야 한다. 입양아동 또한 입양사실을 알게 된 이후 자신의 학교 친구들과 교사, 이웃의 또래친구들에게 공개할지 여부를 결정해야 한다. 입양부모에게는 이러한 공개 여부를 결정할 때 입양아동과 상의해야 하는 또 다른 과제가 남아있다.

이처럼 지속적인 관계를 가지는 사람들에 대한 공개는 대체로 일회적으로 끝나기 마련이어서 공개 이후의 상황에 대해서는 예측이 가능하며 그에 따라 대처할 수 있는 반면에, 일회적·단기적으로 만나는 사람들이나 어쩌다 우연히 만나게 되는 사람들에 대한 공개는 예측이 불가능하고 따라서 대처하기 어렵다. 물론 이런 사람들에게는 일부러 입양사실을 밝힐 필요가 없어 대부분 공개하지 않고 넘어가는 것이 대부분이지만, 불가피하게 밝혀야 할 때가 있으며 그럴 때 그들이 보이는 반응에 의해서 입양부모들은 어려움을 경험할 수 있다.

사회적 관계망 내에 있는 각 체계들은 공개입양가족에게 상이한 영향을 미친다. 본 연구에 참여한 공개입양가족에게 있어서 가장 중요한 사회적 지지원은 이들의 자조모임인 엠펙이었다. 엠펙은 경우에 따라 유일한 지지원이 되기도 하며, 그렇지는 않더라도 공개입양의 전과정에서 가장 많은 영향을 미치는 지지원이었다. 한편, 공개입양을 하는 이상 확대가족에게 입양사실을 알리는 것은 자연스러운 것이고, 따라서 확대가족과의 관계에서 중요한 것은 확대가족이 입양 자체를 얼마나 지지하는가, 그리고 공개입양을 얼마나 지지하는가 하는 것이다. 확대가족을 넘어서 친구나 이웃, 입양아동이 다니는 보육시설, 학교, 종교단체 등과의 관계에서는 먼저, 입양 사실을 어느 정도 범위까지 공개할 것인가가 중요한 이슈가 된다.

1. 가족 공동체 이루기

엠펙은 소속된 공개입양가족들에게 일차적으로 자조모임으로서의 기능을 하고 있으며 외부적으로도 그렇게 알려지고 있지만, 실제적인 의미는 자조모임을 넘어서는 것이다. 엠펙은 개별 가족들에게 '가족'의 의미를 가지고 있다. 아래에서는 먼저 엠펙이 수행하는 자조모임으로서의 기능을 살펴보고, 이후 가족으로서의 의미를 파악하였다.

사회적 지지는 다양한 형태로 분류되지만, 사회복지 분야의 연구들에서 주로 적용되는 분류는 박지원(1985)이 제안한 분류형태이다. 박지원은 물질적, 정보적, 정서적, 평가적 지지로 사회적 지지를 분류하였다. 본 연구에서도 사회적 지지를 이해하기 위해 이러한 분류체계를 적용하였다.

엠펙은 입양가족들에게 정서적, 정보적, 물질적, 평가적 지지 등 다양한 형태의 사회적 지지를 제공하고 있다.

가장 일반적이며 빈번하게 제공되는 지지의 형태는 정보적 지지라고 할 수 있다. 공개입양 가족들에게 있어서 엠펙은 거의 유일한 정보적 지지원이 되는 경우가 많다. 특히, 공개입양 이후 적응해 가는 과정에 대한 정보는 다른 입양기관들에서도 제공하지 못하고 있기 때문에 더욱 그러하다. 또한 이러한 정보는 주요 정보제공자들이 이미 가지고 있는 지식에 자신의 경험을 덧입힌 형태로 제공되고 있어 처음 입양을 했거나 입양한 지 얼마 안 되는, 그리고 공개를 앞둔 입양부모들에게는 실질적인 도움을 주고 있다. 이러한 정보적 지지의 전달 경로는 일대일의 대면적 만남과 각종 모임, 공식적인 교육 프로그램, 홈페이지 등이다.

제공되는 정보의 유형과 내용 또한 매우 다양한데, 공식적인 것만 언급하자면, 번역모임의 산출물인 입양관련 도서 번역자료와 스터디 모임에서 공유되는 학술자료, 전국입양부모대회나 지역모임 등에서 배포되는 교육자료 등이 있다. 입양부모들이 가장 필요로 하는 정보는 일반적인 영유아기 양육에 필요한 지식과 입양아동에게 고유한 양육 지식, 그리고 공개입양과 관련된 지식 등으로 구분할 수 있는데, 이들 정보의 대부분을 엠펙이 제공하고 있는 셈이다. 엠펙은 또한 잠재적인 입양부모들에게 입양절차와 방법, 입양에 필요한 정보 등을 제공하고 있으며, 현재의 입양부모들에게도 이러한 정보들을 제공하고 있다.

정보적 지지와 관련하여 연구자가 지적하고 싶은 것은, 입양부모들은 이러한 정보들을 대부분 엠펙을 통해서만 얻고 있다는 사실이다. 엠펙의 구성원들은 대부분 공개입양 부모들이므로 자료수집 과정에서 입양사실이 드러나는 것에 대해 두려움을 갖고 있지 않고 따라서 자유롭게 자료를 수집하러 다닐 수 있는데, 그럼에도 불구하고 이러한 자료들이 공식적인 입양기관을 통해 제공되지 않고, 입양부모들의 자조집단을 통해서만 제공되고 있다는 것은 그만큼 입양기관의 정보제공 역할이 부족하다는 것을 보여주는 것이다.

한편, 정보적 지지와는 달리 정서적 지지와 평가적 지지 등은 자조모임을 통해 제공되는 것이 더 적절할 수 있을 것이다. 정서적 지지와 평가적 지지는 정보적 지지에 수반되는 경우가 많다. 즉, 입양과정 중 특정한 장면에서 그 상황에 대처하기 위한 정보를 제공하는 한편, 정서적인 지지를 함께 제공하는 것이다.

그런데 정서적 지지와 평가적 지지 역시 일부 입양가족들에게는 엠펙을 통해서만 제공되는 경우가 많다. 아래에 제시될 확대가족, 사회적 관계망, 입양기관들은 지지원이 될 때도 있지만, 많은 경우 부정적 영향을 미치며 갈등을 일으키는 요인이 되기도 한다. 또한 이러한 관계망의 구성원들이 어떤 반응을 보일지 예측할 수 없기 때문에 늘 '도전'을 해야 하는 반면에, 엠펙은 거의 대부분의 입양가족들에게 사회적 지지원으로 작용하며, 이러한 도전의 원동력이 되거나 기반이 된다. 이러한 지지 자원들은 입양부모들간의 개별적인 접촉을 통해서 이루어지는 경우가 많으며, 역시 홈페이지의 게시판을 통해, 또는 각종 모임이나 행사시 개인적, 집단적으로 제공될 수 있다.

> 자기의 생각을 어떻게 표현해도 지지 받을 수 있다. 그런 점에서 가장 큰 힘을 얻는 것 같아요. 내가 뭐 또 입양을 하고 싶다. 만약에 그렇게 애기를 했다면, 엠펙말고는 다른 사람이 들으면 '아, 이제 됐어. 그만 해' 그렇게 해서 꿈조차를 좌절시키게 할 거라는 거죠. 아이가 너무 예쁘다 이렇게 표현하든지, 아니면 낯설다 이렇게 표현하든지 어떻게 표현해도 우리 지지 집단 안에서는 '맞아 나도 공감해' 이렇게 얘기를

하는데, 다른 집단에 가서 얘기를 하면 '아, 진짜 오버하고 있군' 그렇게 얘기를 하고, 그리고 무슨 문제를 일으켰다 얘기하면 '그거 봐. 그럴 줄 알았어' 하면서 전혀 공감대를 형성해 주지 못한다는 거죠. 구체적인 정보교환도 필요하지만 실제로는 정서적인 부분에서 이해 받을 수 있는 사람들이 어딘가에 있다. 우리 아이에 대해서 같은 경험을 한 사람들이 어딘가에 있다. 그런 면에서 가장 큰 안도감을 갖게 하죠.

　　　　　　　　　　　　　　　　　　　　　　　　⊙ (입양모 A, 면접)

　이 밖에도 엠펙은 소속 가족들에게 역할 모델 또는 멘토로서의 역할을 수행하고 있으며, 이것 역시 각 가족들에게 지지를 제공하는 것으로 볼 수 있다. 입양에 대한 정보와 정서적 지지가 제공되더라도 공개입양가족들이 가지고 있는 불확실한 미래에 대한 두려움은 여전히 유지될 수 있다. 이러한 상황에서 필요한 것은 미리 그러한 어려움들을 경험하였거나 경험하고 있는 가족들의 사례를 보는 것이다.

　엠펙에 소속된 입양가족 대부분이 학령기 이전의 아동들을 양육하고 있으나, 초등학교에 다니고 있는 입양아동도 여러 명이 있고, 연장아 입양이기는 했지만 대학생이 된 입양인도 있다. 이들과 그 가족들은 아직 어린 입양아동을 둔 입양부모들에게 역할 모델이 됨으로써 구체적인 정보를 제공해 주고 있고, 직접적인 의사소통을 통해 이미 겪은 어려움들과 해결방법들을 공유하고 있다. 물론 학령기 이전의 아동들을 둔 부모들간에도 연령에 따라 역할 모델을 수행하고 있다.

　또한 특정 입양부모들은 엠펙 모임 내에서 멘토로서의 역할을 수행한다. 본 연구의 핵심 정보제공자들이 대표적인 멘토들이라고 할 수 있는데, 이들은 정기적, 비정기적인 만남을 통해, 그리고 온라인/오프라인을 통해 상호작용하며 '어린' 입양가족들(입양한 지 얼마 안 되는 입양가족들)을 돌본다.

　한편, 입양부모들은 입양아동들 간에도 이러한 멘토 관계가 이루어질 것을 기대하고 있다. 입양가족캠프에서 그 가능성이 구체화되었는데, 입양아동들은 캠프 이전에 별다른 상호작용이 없었음에도 불구하고 캠프 과정동안 활발한 상호작용을 하였으며 친밀감을 표현하였다. 이는 캠프가 끝난 후 엠펙 홈페이지에서 아동들간에 주고받은 상호작용에서 다시 확인할 수 있었다.

앞서의 연구결과에서 엠펙 모임이 입양아동들에게 입양의 일반화에 대한 인식을 증가시켜 준다는 사실을 제시하였다. 엠펙 모임은 입양아동들에게 입양이 특별한 것이 아니라 일반적이라는 점을 인식시켜 주며, 이는 입양을 부끄러운 것으로 인식하지 않도록 해준다. 이뿐만 아니라 엠펙은 입양아동들간의 지지 관계를 형성하여 줌으로써 이후 발달과정에서 지속적으로 긍정적인 영향을 줄 수 있도록 해준다. 한편, 아직 입양아동들에 대한 멘토는 이루어지지 않고 있는데, 이는 엠펙의 역사가 길지 않기 때문이기도 하고, 입양아동들이 아직 어리기 때문이기도 하다.

입양뿐만 아니라 위기에 처한 모든 대상자들에 대한 기존 연구들에서 사회적 지지의 중요성은 매우 강조되어 왔다. 그러나 대부분 스트레스 대처 과정에서의 한 가지 자원으로 이해되거나 위에서 살펴본 정보적, 정서적, 평가적, 물질적 지지의 차원들로 측정되었다. 엠펙은 여기에 더하여 역할모델과 멘토로서의 역할을 수행하고 있는데, 이러한 역할들은 Walsh(1998)의 사회경제적 자원 개념에 해당하는 것이다.

한편, 엠펙은 공개입양가족들에게 있어서 '가족'의 의미를 가지고 있다. 일반적인 의미에서 '가족'은 무슨 얘기를 해도, 어떤 행동을 해도, 어떤 잘못을 저질러도 이해 받고 수용될 수 있는 가장 기본적이고 최종적인 지지체계라고 할 수 있겠는데, 위에서 인용된 입양모의 진술처럼 엠펙은 소속 가족들에게 가장, 또는 유일하게 안전한 지지망을 제공하고 있는 것이다.

> 그날 다 모여서 얘기를 하는데, 어쩌면 다 그렇게 비슷한 생각을 했을
> 까 라는 생각이 들면서 안도감···. 그리고 그 어떤 집단보다 훨씬 더
> 빨리 '한 가족 같은 느낌'···. 이 사회에서 받아들여지지 않던 어떤 부
> 분이 서로 통한다는 것만으로 형제지간 같은 그런 친밀감을 느끼게
> 되었어요. 유대감을 갖게 된 거죠, 금방···. 그러면서 안도감도 들
> 고······.
>
> ○ (입양모 A, 면접)

2. 가족의 일원으로 인정받기

확대가족 구성원들의 사회적 지지와 갈등은 매우 복잡한 양상을
나타낸다. 대체로 입양모의 친정 식구들은 입양 자체와 공개입양에
대해서도 지지하는 입장을 보이며, 입양 이전에는 반대했더라도 입양
이후에는 지지하게 되는 경우가 많다. 반면에, 입양모의 시댁 식구들
에게서는 입양 이전부터 입양 후 상당 기간이 지날 때까지 반대의
입장을 많이 찾아볼 수 있었다. 또한 입양 자체에 대해 반대할 경우,
공개입양에 대해서는 더 반대할 가능성이 높았다. 다음은 스터디 모
임 참석자들을 대상으로 한 집단 면접에서 입양모들이 나눈 대화의
일부이다.

> 친정 어머니는 찬성을 하셨거든요. 잘했다고···. 친정어머니는 나 고생
> 하신다고 생각하시니까, 잘했다고 말씀하시고 형제들은 본인들이 직
> 접 키울 거 아니니까 우려하면서도 반대도 아니고······.
>
> ○ (입양모 G)

우리 애들은 참 그때 행운이야. 굉장히 다 좋아했으니까. 우리 친정

어머니한테는 첫 번째 손자야. 내 동생들도 너무 예뻐했고, 그래서 우리 애들은 사랑 하나는 여기저기서…. 시댁 친척들은 싫어했지만…, 다 좋아했어.

○ (입양모 H)

하기 전에 반대해도, 입양하고 나면은 예뻐해야 우리 딸이 행복한 거잖아요.

○ (입양모 G)

일부러라도 친정은 안아주고 그래. 시댁은 형님이고 도련님이고 안아주는 건 고사하고 눈 맞추는 것도 못해. 그렇게 이질감이 드나봐. 안아주는 게 힘든지…….

○ (입양모 D)

한편, 사회적 갈등 반응의 양상을 살펴보면 다음과 같다.

포화상태가 돼서 나중에 내가 노골적으로 그랬어요. 남편한테…. 예은이 엄마가 저기 오시는 거 싫어하니까 오지 말라고 그런 말까지 줬는데도 왔어요. 왜 왔는지 알아? 넓은 집에 산다고 8천에 산다고…. (웃음) 미치겠어요. 우리 시어머니는 자기 잘잘 방 따로 없고 그러면 안 와요. 그 정도로 유치한데 내가 예은이 가서 무슨 구경거리 시킬 일이 있어요? (그런 집도 많을 거야) 미치겠어 그것 때문에 그 고민을…….

○ (입양모 E, 번역모임)

교육을 시켜라 그러는데…. 과연 참석할까 싶기도 하고 우리의 어떤 또 다른 숙제 같아요. 한국 문화에선…. TV에 많이 나오니까 어찌 되었든…. 이제 한번 만나면 TV에 뭐가 나오더라. 그 집은 뭐 애 셋 입양한집 나오더라. 보기 좋더라. 뭐 이런 것 때문에 많이 달라지기는 했는데…. 어떻게 해야 더 달라질 수 있을지…. (머리 터져요)

○ (입양모 A, 번역모임)

입양모 D의 확대가족은 입양아동을 집에 데리고 왔을 때 상당히 많은 구성원들이 한꺼번에 몰려왔다고 한다. 이러한 반응에 대해 D는 아이를 '구경'하기 위해 왔다고 표현하였다. 즉, '신기한 일'을 보기 위해 온 것이다. 또한 D의 시댁은 시골에 있는데 확대가족 구성원들이 대부분 모여 살고 있어 하나의 씨족 공동체를 형성하고 있다고 한다. 따라서 가족 내에 어떤 일이 있으면 금세 전체 확대가족으로 그 소식이 전해진다. D는 입양아동을 그곳으로 데려가기 싫다고 하며, 실제로도 최근 몇 년 동안 내려가지 않았는데, 그 이유는 입양아동을 데려갔을 경우 또 아이를 구경하기 위해 몰려들 것이기 때문이라고 한다. 또한 그들만이 그 소식을 전해 듣는 데 그치지 않고 마을 전체에 알릴 것이라고 하는데, 이는 '우리는 이런 것도 한다'라고 자랑하며 과시하기 위한 것이라고 하였다. 이러한 반응은 뚜렷한 반대의 태도를 보이지는 않지만 입양부모, 특히 입양모에게는 분명히 부정적인 영향을 미치는 것이다.

입양모 A의 확대가족은 친가의 경우 처음부터 상당히 지지적인 반응을 보이고 있지만, 시댁의 경우에는 입양 이전부터 강하게 반대하다가 최근에 와서는 수용적인 태도를 보이고 있다고 한다. 그러나 이것이 곧 지지적으로 되었다는 것은 아니며 관심을 적게 가지는 편이라고 할 수 있다. A는 그 예로, 친생자인 큰아들이 대학에 입학했을 때는 시아버님이 입학금과 등록금을 내주겠다고 할 정도로 적극적이었으나, 입양자녀인 둘째 아들이 최근 대학에 입학한 것에 대해서는 큰 관심을 보이지 않았으며, 오히려 4년제가 아닌 전문대학에 입학한 것에 대해 안도하는 듯한 반응을 보였다고 한다. 이를테면, '왜 자꾸 낳지도 않은 아이에게 그 많은 돈을 들이느냐'하는 식의 반응인 것이다. 위에 언급된 진술들은 최근 그나마 관심을 보여주고 있다는 점을 말하고 있는 것인데, 그럼에도 불구하고 A에게 큰 영향을 미치고 있는 것은 아니다.

이러한 반응은 A, D 가족에서만 찾을 수 있는 것이 아니다. 다른 입양모들도 유사한 경험을 하고 있다. 다음은 집단 면접에서 입양모들이 나눈 대화의 일부분이다.

실질적으로 작은 아버지는 지금도 싫어하셔. 뭐냐 하면은…. 자기 친척 중에 애들, 조카들 등록금도 좀 대주고…. 늙어서 니네들 은혜를 갚을 텐데…. 남의 새끼 뭐 하러 키우냐 이거야. 쓸데없는 짓 한다고… 말도 안하지 뭐. 그런 사람들하고는……

입양 때문에 가족간에 마음에 벌어지는 거…. 예를 들면, 친정어머니도 걱정을 하셨지만 참 섭섭하더라고…. 주형이는 선물 많이 받았어요. 친정어머니, 남동생, 여동생이 주은이를 챙겨. 시댁은 시어머니야 가끔 옷 같은 걸 사주시지만, 우리 형님 같은 경우는 주형이는 챙겨주고 그랬는데, 주은이는 오는 날 조그만 기저귀 하나고, 지금까지 끝이야. 내가 입장을 바꿔놓고 생각하면, 입양된 조카가 있으면 차별적으로 잘해줄 것 같아. 딴 조카한테는 안해줘도… 걔한테는 꿔서라도 해줄 것 같아. 애기 때 기저귀 하나 하고 땡이야. 섭섭한데, 제일 반대는 또 해. 사람이 싫어지면서, 커서 안보고 살지 이런 극단적인 미운 마음이 생긴다니까 시댁한테…. 그런 감정의 기복을 겪기가 두려운 것 같아. 어떻게 보면. 치사하게 해준 것도 없으면서 왜 반대해…. 여지껏 힘들게 살았으면서도 뭐 보태준게 있어. 이런 극단적인 감정이 올라오면서, 그럼에도 불구하고 누르면서 타협해 가야 하는 생각하니까 싫은 거야. (주형이는 친생자녀, 주은이는 입양자녀)

친정은 그래도 넘어가기 쉬웠는데, 시댁은 참 힘들어 갖고… 부모님 반대하지. 형제들은 안본다고……

셋째는 2년 후에 (입양할 계획인데) 작정기도감이야. 시부모님, 형님… 너무 큰 벽이야. 너무 두려워. 부딪치는 자체가 그 문제를 가지고 부딪친다는 게 너무 힘이 들어. 이미 결정 다 섰는데, 결정은 하는데, 그 과정을 넘어가는 그 시기랑 부딪치는 게…….

한편, 입양부부의 불임 여부에 따라 입양 자체에 대한 지지와 갈등은 더욱 복잡한 양상을 보인다. 입양부부가 불임일 경우 대체로 오랜 불임치료기간을 거치게 되므로, 입양모의 친정 식구들은 입양모와 입양에 대해 지지적인 반응을 보이는 반면에, 시댁 식구들은 여전히 미온적인, 또는 갈등적인 반응을 보이는 경우가 더 많고, 불임사실을 모를 경우 더욱 그러하다.

우리 시어머니는 좋아하셨어. 우리는 이제 불임, 애가 없으니까 친정어머니는 굉장히 좋아하시고. 불임이라 다른 것 같애. 둘이서만 살면 어쩌나, 굉장히 걱정하셔.

친자하고 불임인 경우는 틀리더라구요. 불임인 경우는 내리사랑이 아니라고, 쏙 빠지더라구요. 불임은 아이가 정말 축복받으면서, 눈에 넣어도 안아플 정도로 사랑하고……

불임 얘기하고 차별이 너무 커. 축복을 조금…. 처음 주은이 왔을 때, 처음 태어날 때 축복받지 못했기 때문에, 두 번째 부모를 만날 때는 몇 배 축복을 주고 싶었는데…. 몇 배 축복이 아니라 오히려…. 첫 번째 받지 못했던 몇 배로 축복해 주고 싶은데, 능력이 없어서 엄마, 아빠 밖에 없다. 애한테 너무 미안하구…. 우리 집안에서는 친정 쪽에서는 자랑스러워하고, 마음은 있어도…. 그렇게 얘기해 주고. 친정 식구는 딸이 고생하니까, 친정이 반대하는 거는 문제가 안 돼. (일단 입양하면 친정은 반대 안 해) 시댁 앙금이 조금 서운하고 섭섭한 게 남지…….

엠펙을 제외하고, 확대가족은 공개입양가족들에게 가장 중요한 사회적 지지의 원천이 될 수 있다. 그런데 확대가족이 사회적 갈등의 원천일 수도 있음을 고려해야 한다. 즉, 입양에 반대하는 확대가족은 공개입양가족이 '가족'을 이루어 가는 과정을 방해할 수 있다. 확대 가족이 이처럼 새로운 갈등, 위기, 장애의 원천이 될 때, 공개입양가 족은 이에 도전하기 위한 다른 자원들을 동원해야 한다. 이처럼 공개 입양가족이 확대가족과 갈등상태에 있을 때, 확대가족의 지지를 상실 하게 되었다는 점과 새로운 도전을 하게 되었다는 점이 입양가족의 적응에 부정적인 영향을 미치게 된다는 시각을 가질 수 있지만, 반대 로 이로 인해 다른 긍정적 요인들이 더욱 적극적으로 활용될 수 있 게 되었다는 시각이 필요할 것이다.

실제로 입양가족에게 확대가족은 다른 사회적 관계망의 구성원들 보다 매우 중요하기 때문에, 확대가족이 주는 어려움에 대처하기 위 해 입양가족은 긍정적인 시각을 확장하거나 가족 구성원간의 연결성 을 강화하고 더욱 활발한 문제해결노력을 수행함으로써 더욱 건강한 가족을 만들어 갈 수 있다.

3. 가족으로 인정받기

1) 친구, 이웃, 학교, 종교단체에 공개하기

입양부모의 친구나 입양아동의 친구, 이웃, 학교나 종교단체 등 사 회적 관계망 속에 포함된 사람들의 반응도 입양가족에게 영향을 미 치게 된다. 입양사실을 알게 되었을 때 이들이 보이는 반응은 매우 다양한데, 각각의 반응이 입양가족에게 미치는 영향도 다양하다. 어 느 지역모임에서 질문지를 통해 주위 사람들이 보이는 반응을 적도 록 하였는데, 한 입양부모는 다음과 같이 여러 가지 반응과 그러한 반응에 대한 자신의 감정을 표현하였다.

애들이 복 있다 → 그러면 기분 별로 안좋다
좋은 일 한다 → 그 소리도 별로 기분 안좋다
욕심도 많다 → 그 소리는 그런대로 괜찮다
재미 보네 → 그렇게 말한 사람이 고맙다

위의 두 가지 반응을 부정적으로 인식하는 것은 일반적인 관점에서는 이해하기 어렵겠지만, 입양부모들이 자신을 입양아동의 '친부모'로 인식한다는 점, 그렇기 때문에 입양아동을 양육하는 것은 자신의 자녀를 양육하는 것일 뿐이라고 생각한다는 점(또는 그렇게 생각하고 싶어 한다는 점)에서 볼 때는 이해가 되는 것이다. 누구도 출산한 자녀를 양육하는 부모에게 '좋은 일 한다'는 말은 하지 않기 때문이다. 한편, '욕심도 많다', '재미보네'와 같은 표현들은 '자녀에 대한 욕심이 많다', '아이 때문에 행복하겠다'라는 의미를 가진 표현으로 인식하기 때문에 판단이 들어가지 않은, 또는 긍정적인 평가로 받아들이는 것이다.

이러한 다양한 반응들도 몇 가지로 분류할 수 있겠는데, 대체로 극단적인 칭찬 또는 부정적인 조언의 경우가 많다. 다행스럽게도 이전에는 부정적인 조언을 하는 경우가 많았는데, 최근에는 극단적인 칭찬을 하는 경우가 많아지고 있다고 한다.

부정적인 조언이라는 것은 자신이 그동안 직·간접적으로 경험해 온 입양에 관한 이야기들 중에서 주로 부정적인 경험에 대해 이야기해 주는 것을 말한다. 즉, 애가 커서 사고를 친다든가, 나중에 상처를 받기 쉽다든가 하는 말들이다.

거의 같은 반응이에요. 저는 연장아니까, 가족들이 받아들일 충격을 생각해서, 위탁이라는 말을 써가지고 그랬는데, 그때는 다들 좋은 일이라구 그래요. 좋은 일 하시네요. 그런데 입양을 했어요 그러니까, 애가 커서… 그런 말들이 쏟아지기 시작하더라구요. 각오는 했었지만, 그런 말을 들을 때마다 의지가 약하면… 숨어버리고 싶고 비밀입양 쪽으로 가고 싶고…. 그런 마음이 많이 들게끔…. 그런 생각은 많이 했었죠.

◐ (입양모 H, 집단 면접)

그 전에는 죄 들은 얘기가 집 나갔다는 얘기, 부모한테 대들었다는 얘기. 진짜 어쩜 책에 써있는 그런 말만 해요. 그런 일들이 어디서 그렇게 사람마다 얼마나 풍부한지 입양했다는 얘기만 하면 누가 집나갔다, 누구 아빠 바람나서 애 생겼다. 안좋은 쪽으로만…. 그러면서 이렇게 힘든 일을 했냐는 식으로 얘기를 하면서, 하지만 사춘기 때 힘들거니까 불쌍하다는 듯이 뭘 모르니까 입양을 했다. 그 힘든 거를…. 검은 머리는 거두는 게 아니라는 옛말이 있음에도 불구하고 아직 어려서 순수해서 모르면서 했지만…. 안됐다 불쌍하다 쯧쯧쯧 하는 그런 시선이 많았어. 어른들은… 대부분이 그랬어. 대부분이 그러고… 정말 큰일 하네. 대단하네. 뭐 그런 얘기들….

◐ (입양모 D, 집단면접)

극단적인 칭찬은 부정적 조언보다는 나은 편이라고 할 수 있겠지만, 입양부모들에게는 칭찬으로 들리지 않는다는 것이 문제이다. 질문지를 통해 수집된 반응들과 그에 대한 입양부모들의 대처반응을 살펴보면 다음과 같다.

착한 일(훌륭한 일) 한다고 많이 이야기함 → 착한 일이 아니라 당연한 일을 하는 것이라 이야기함

"훌륭하십니다. 대단하십니다." 마음에 부담을 주는 칭찬을 한다. 가까운 이들이면 사는 모습을 통해 '출산'과 별 다르지 않음을 보여주며, 자주 만날 기회가 없는 이들이면 그냥 지나친다. 매우 놀랍다면서도 대단한 일을 한 것처럼.

대단하다. 좋은 일 한다. 축복받을거다. → 그러나 우리는 하나님이 주신 은혜로 감사할 뿐이다.

좋은 일 한다는 반응을 보입니다. → 키워보니 우리가 오히려 복을 받은 것 같다. 누구나 할 수 있는 자녀 키우는 일이다라고 말을 합니다.

대단하다. 존경스럽다. → 존경스럽다고 하면 부담스러워서 그냥 아이가 좋아해서 같이 사는 가족에 불과하다고 말한다.

놀라는 사람도 있고, 왜 자기 자식이 둘이나 있는데 쓸데없는 고생을 하느냐고 묻는 사람도 있으며 격려해 주는 사람도 있다. 아직은 입양을 기다리고 있는 상태이기 때문에 좀 걱정스러울 때도 있다.
입양했다고 말하면 미안해하고 그러는데, 많이 좋고 괜찮다고 말합니다.

놀라며 장하시다고 할 때 → 하나님께서 하신 일이라 내가 칭찬받을 일이 아니다.
애는 복 받았다고 할 때 → 복 받은 건 오히려 납니다. 내가 만들어도 이렇게 못 만들었을 거라고.

이러한 사회적 관계망의 부정적 반응은 입양부모들에게만 이루어지는 것은 아니다. 입양사실의 공개는 입양아동에게도 즉각적인 영향을 미치게 된다. 그리고 그것은 입양아동 자신뿐만 아니라 입양부모들에게도 다시 도전을 준다. 이러한 도전은 공개입양의 범위를 좁히게 되는 결과를 낳게 되기도 한다.

한번은 교회에서 애들이, 어른들은 그게 없는데, 애들이 초등학교 1학년짜리 요런 애들이, 3학년짜리 여자애한테 집에 놀러 왔길래 애기를 해줬는데 그 밑에 동생들한테는 쇼킹한 거야. 3학년짜리는 다 알아들으니까. 주일학교 애들이 다 알았어. 그러더니 내가 너무 충격받은 게, 남자애가, "주현이, 쟤 주워 온 애래." 초등학교 6학년짜리가 데려온 앤지 주워 온 앤지 내가 듣기엔 너무 황당한 소리가 들린 거야. 내 생각에 부모들이 그런 표현을 안썼을 거야. 지들이 그렇게 애기를 하는 거야. 그래서 내가 어머, 공개하기 싫어. 그 순간에 그런 생각이 드는 거야. 어른이 두려운 게 아니라 애들 사이에서… 주현이가 모르기 망정이지. 진짜 황당하더라구. (그래서 어떻게?) 불렀지 다. 하나씩 불러서 안 줏었어, 안 줏었어. 속에서는 너무 미운데 말은 곱게 이렇게 했지. 안 줏었어…. 이런 이런 방법들도…. 주현이를 내가 너무 사랑하는데 그렇게 말하면 내가 너무 마음이 아파…. 눈물이 날 것 같애. 내가 얼마나 사랑하는데…. 이렇게 애기를 하고 넘어갔지만, 그 충격이라는 거는, 그때 처음으로 아, 공개 안하고 싶어. 그래서 내가 바뀐 게 특별한 경우 아니면 공개에 대해서 알아도 그만, 몰라도 되는 사람들한테는 애기를 안 해. 예를 들어, 사실은 놀이방에는 지금 애기를 안 하려고 했는데, 이전에는 안했다가 마지막에 애기를 했더니, 선생님이, 이해가 된다. 처음에 주현이를 보니까 애가 공격적인 데다가 애정결핍이 보인다. 그래서 엄마가 맨날 기도한다고 애를 여기저기 너무 맡겨서 그러는가 보다 오해를 했다. 그런데 이해가 된다. 주현이가 굉장히 밝은 성격인데도 9개월의 분리과정이 있었는데…. 그 분리과정이 그 위탁모에서 곱게 큰 게 아니라 ㅇㅇㅇ(미혼모 시설)에서 계속 자원봉사자가 바뀌는 상태에서 물리치료 다녔지 주사 맞았지…. (질문) 애가 불안 공포가 있어 갖고는 본능적으로 낯설면 두려움이 오는 것 같애 내가 볼 때. 그것이 내가 많이 좋아져서 놀이방에 보냈음에도 불구하고 처음 보는 사람은 주현이가 이상한 거야, 애가. 나는 그렇게 생각할 줄 몰랐는데, 원장 선생님이 그러는데…. 그 다음서부터 그만뒀으니 망정이지. 원장 선생님이 이래저래 편견 섞인 우려의 말씀으로 이렇게 키워야 된다 저래야 된다 그러는데…. 계속 들을 생각을 하니 갑갑하더라구. 그만뒀으니 망정이지. 그래서 내가 옮기면 애기는 하지 말아야

겠다 그랬는데. 옮기는 과정에서 원장 선생님을 너무 잘 만났어. 선생
님은 특별한 편견을 안갖고 애들을 대하실 것 같아서 말씀을 드리는
데, 이래저래 이런 특성이 있었다. 지금은 많이 좋아지는데…. 그렇게
얘기했지만, 애가 학교 가는데 굳이 담임선생님까지 찾아가서, 애가
입양한 애구요. 어쩌구요. 애가 커갈수록 이제는 포커스는 입양이라는
걸 애가 잘 받아들이는 쪽으로 교육이지, 그렇게 해야 되겠다는 생각
이고, 남편이 지금까지도 애가 아직 어리니까 주현이의 인격이나 주현
이의 반응보다는 입양 홍보라는 것, 입양 교육이라는 것 때문에…. 왜
냐하면 애 경우가 공개입양 가족을 보고 입양을 결정한 거기 때문
에…. 텔레비에 나가는 거 소용없다. 내가 알고 있는 사람이 입양을
했을 때, 그게 더 실질적으로 가슴에 와 닿을 거다. 그래서 아주 적극
적인 공개를 하고 있어. 지금 현재는…, 전에 텔레비전에까지 나갔더
니 교인들이 이제 와서 텔레비에서 봤다 그러고… 그래서 내가 순간
순간 우려되는 부분이 뭐냐 하면…, 얘도 알고 교인도 다 알고 공개도
대대적인 공개니까, 어른들이 찾아와서 시어머니가 하는 말씀처럼 너,
니네 엄마한테 잘해야 된다. 그런 소리 할까봐…. 너가 입양된 거 알
고 컸기 때문에 그리고 너는 오빠도 있는데 니네 엄마가 입양을 했으
니 너, 니네 엄마한테 잘해야 된다, 고마워해야 된다. 이 소리를 할까
봐 신경이 쓰이는 거야. 행여라도 어른들이 애 붙잡고 그런 소리 할까
봐…. 그래서 이런저런 이유로 우리 주현이 같은 경우는 이제 공개도
만천하에 알려지는 공개……

◎ (입양모 D, 집단 면접: 입양아동은 5세)

위에서 본 것처럼 영유아기 입양아동에게 있어서 자신의 입양사실
을 공개하는 것은 아직 그리 큰 이슈가 되지 못하지만, 학령기에 들
어서면 상황이 달라지게 된다. 입양아동들은 자신의 입양사실이 밝혀
지면, 놀림을 받거나 다른 부정적인 결과가 발생할 수 있다고 가정한
다. 입양아동들과는 입양가족캠프 중 활동을 통해서, 그리고 전화 면
접과 E-mail을 통한 면접을 통해서 이러한 부분들을 확인하였는데,

초등학교 고학년 아동 2명이 모두 가장 친한 친구 1명을 제외하고는 다른 친구들에게 입양사실을 말하지 않고 있다고 하였으며, '놀릴까 봐' 그렇다고 하였다. 한편, 이들의 입양사실을 알고 있는 친한 친구들은 처음에 믿지 않거나 많이 놀랐으나, 지금은 아무렇지 않게 대하고 있다고 하였다.

실제 자발적으로든, 비자발적으로든 입양사실이 입양아동 주위의 다른 친구들이나 사람들에게 알려졌을 때 어떤 결과가 발생할지는 알 수 없으나, 현재의 상황에서 입양사실이 친구들과의 관계를 제한하는 요인이 될 수 있다는 점이 중요하다. 사실, 이들에게 입양사실을 이야기할 필요가 없더라도 입양아동이 입양사실의 공개를 꺼려한다면, 입양아동은 일상생활에서 입양사실이 밝혀지지 않도록 노력하게 된다. 이는 입양아동들에게도 입양사실 자체가 일상생활에서의 스트레스원이 될 수 있음을 말해주는 것이다.

위의 두 입양아동의 경우, 입양사실의 공개와 그 결과는 예측에 불과하였으나, 이제 대학생이 된 입양인, 정민이에게는 현실로 다가왔다.

다행히, 정민이에게는 놀림이나 따돌림은 없었다. 그러나 그것이 모든 상황, 모든 아동에게 일반화될 수 있으리라는 보장은 없다. 이런 점에서, 사회적 관계망 속에서의 공개는 입양아동에게 늘 도전이 된다.

모르고 있었는데 6학년 때쯤에 친구들 2명이 방에 왔다가 바로 나갔는데, 너무나 기분 나쁜 표정으로 있더라구요. 무슨 일이냐 그랬더니 방문을 차면서 "기분 나쁘게 말야. 애들이 너 입양됐다고 그러는데 그게 사실이냐"고 물어보러 왔었다. 그래서 뭐라고 대답했냐 그랬더니, 사실이라구 그랬더니 애들이 미안하다 그러면서 갔대요. 그 동네에서 애들이 아는 상태가 아니니까, 그런 소문이 떠돌아 다녔었고, ○○(지역명)에서···. 그걸 애들이 진위를 확인하려고 집에 물어보러 왔었고, 대답하는 과정에서 기분이 상했었나 봐요. 근데 중학교 2학년이 딱 되니까, 담임선생님한테 내가 입양됐노라고 학기초에 면담시간에 이야기를 했더라구요. 친구들한테. 어느 정도 얘기를 했냐면 친한 친구들한테 얘기를 했다. 그것 때문에 따돌림을 받거나 놀림을 받은 적은 한번도 없었다고 그러더라구요. 여태까지···. 지금도 친구가 오면, 얼마 전에도 친구가 왔었는데, "엄마가 한번 뵙재요." 그래서 "왜, 입양하신대?" 농담을 하니까 "형편이 되시면 할텐데, 저라도 해야죠." 이렇게 농담을 하면서, "야, 이놈들아 자리잡아 가지고 빨리빨리 입양해라." 이렇게 농담을 하고 그러는데······.

○ (입양모 A, 입양가족캠프)

입양사실의 공개는 입양부모와 입양아동 모두에게 도전이다. 입양부모에게 있어서 이러한 도전은 '당신의 가족이 '진짜' 가족인가?'라고 묻는 것과 같다. 입양부모의 사회적 관계망 내에 속해있는 사람들은 입양가족의 '가족임'을 의심한다. 이러한 반응에 직면하면서 일부 입양가족들은 비밀입양으로 전환하기도 하고, 비밀도 아니고 공개도 아닌 어정쩡한 자세를 취하기도 한다. 이들은 사람들을 만나면서 입양사실을 공개해야 할지 말아야 할지 고민한다. 또 어떤 가족들은, 뒤에서 살펴볼 언론을 통한 공개와 같이, 모든 상황에서 적극적으로 입양사실을 공개함으로써 '일부러' 도전을 하기도 한다.

2) 언론과 낯선 사람들에게 공개하기

최근, 입양이 언론의 관심을 끌게 되면서, 엠펙에 소속된 입양부모들이 언론에 공개되는 경우가 잦아졌다. 엠펙은 일차적이고 가장 중요한 사명이 공개입양을 홍보하는 것이기 때문에 언론의 협조요청에 대해 적극적으로 받아들이는 편이다. 연구자가 현장연구를 진행하는 동안에도 많은 입양가족들이 언론에 공개되었으며, 연구자가 엠펙 사무실에 방문했을 때도 수차례 언론사에서 취재를 위해 찾아오곤 했다.

엠펙의 언론을 통한 홍보활동이 실제로 어느 정도의 범위로 어떤 영향을 미쳤는지 정확히 분석하기는 어렵다. 그러나 일부 입양기관을 통해, 그리고 입양부모들에게 주어지는 피드백 등을 통해 미루어 볼 때, 입양 자체를 익숙한 이슈로 인식되도록 하고, 공개입양에 대한 긍정적인 인식을 준 것만은 틀림없는 것 같다.

실제로 모 입양기관에서 새로운 입양부모들에게 공개입양 여부를 물었을 때, 70% 이상이 공개입양을 하겠다고 응답하였으며, '요즘은 공개입양하는 추세 아닌가요?'라고 되물었다고 한다. 이처럼 엠펙의 활동은 사회 전체에 일정한 영향을 미쳤다.

그러나 이러한 언론활동에 참여한 공개입양부모들은 앞서 사회적 관계망의 구성원들에게 받은 것과 비슷한 차원의 피드백을 받았다. 즉, 극단적인 칭찬과 함께 부정적인 조언들을 듣게 되는 경우가 많았다. 당연히 이러한 피드백은 입양부모들에게 부정적인 영향을 미칠 수 있다. 어쨌거나 이러한 피드백들은, 이들 공개입양가족들의 활동 때문이든 아니든 간에, 점차 부정적인 조언에서 긍정적인 칭찬의 형태로 바뀌어 가고 있다.

> 지금이야, 처음에는 너무 부정적인 얘기만 들으니까. 그런데 지금은 애고 어른이고 TV에서 봤다고. 너무 좋다. 인식이… 처음 얘기했을 때, 부정적인 것에서 한 마디만 해도 상처받고…, 상처 많이 받았어. 일년 동안 상처받는 게 일이었어. 요새는 상처가 아니라 존경받고 인정받으려면 입양하라고 해야 되겠다. 그래도 결말은 사실 안 맺어져. 그렇게 해서 쉽게 너도나도 입양하면 좋겠는데…. 그렇지만 그렇게 상처받을 정도의 부정적인 얘기를 최근에 들어본 적이 없어요. 그런데

그 3년 동안에 진짜 많이 나갔어. 그 몇 명이 참 많이 나갔어. 나갈 데 안 나갈 데 (방송국과 프로그램 나열) 3년을 그렇게 나가니까···. 근데, 거기다가 더 따가운 건 뭐냐 하면, 얼마나 사람을 유치하게 하는지 몰라. 은근히 자기의 선행을 자랑한다는···. (그 말이 제일 잔인한 말이지) 입양했다고 그러면 큰 일 하셨네요 그러는데, 나는 성격도 적극적인 사람이니까, 그렇게 자꾸 얘기하면 부담스러워 해. 왜냐하면 저렇게 자기 선행을 은근히 부각시킨다는 이미지야. 뭐냐 하면, 나에게 주는 메시지가 애한테도 못할 짓하고 자기 자식의 인격은 생각도 안 하고 저렇게 입양 얘기만 한다. 애 듣는 데서는 얘기하지 말라고 뭐 좋은 얘기라고 하냐고···. 아니 뭐가 나쁜 얘기야. 뭐가··· 애 듣지 않는 데서 얘기해라. 용감한 사람이 얘기하는 거고, 나머지는 자신의 선행을 은근히 내비친다. 그리고 아이한테 못할 짓 한다. 그러면, 대놓고 말이라도 하면 할 말이라도 있지. 분위기를 주면 가시방석도 그런 가시방석이 없어. 얼마나 사람이 유치해. 내 자식 내가 이렇게 자랑하면서 선행했다고 자랑하고 싶은 부모가 어디 있냐는 말이야. 그런데 사람을 그렇게 끌어가요.

○ (입양모 D, 집단 면접)

입양모 A도 공개입양을 홍보하는 과정에서 우연히 "그렇게 입양을 떠벌리고 다녀도 돼?"라는 말을 듣고 한동안 자신의 활동에 대한 회의를 갖게 되었으며, 지금도 잘 극복하지 못하고 있다고 진술하였다.

한편, 이러한 엠팩의 언론 홍보활동 외에도, 그동안 언론과 수많은 매체들을 통해 입양에 관한 수많은 '이야기'들이 일반인들에게 전해졌다. 물론 이러한 이야기들에는 긍정적인 측면을 다룬 것들과 부정적인 측면을 다룬 것들이 함께 있다.

그런데 그게 매스컴의 영향이 커요 무슨 사고가 생겼을 때 끝까지 입양아가 있으면 비밀입양이라고 해도 끝까지 파헤치잖아요. 지난번 ○○대 총장님 딸 그 사건이 있을 때도 정말 마음이 아프더라고. 공부 못해서 과외했다고 했을 때, 파헤쳐 가지고 내보내잖아요. 안 좋은 일 있을 때는 꼭 입양이라는 걸 집어넣어서….

◉ (입양모 D, 집단 면접)

한편, 입양가족의 사회적 관계망 속에 포함되어 있지 않은 사람들도 우연한 기회에(주로, 언론에 공개된 입양가족을 보고) 입양사실을 알게 되는 경우가 있는데, 이때 이들이 보이는 반응도 입양가족에게 영향을 미치게 된다. 물론, 그러한 만남과 반응이 일시적인 것이기는 하지만, 이러한 과정을 반복적으로 경험하게 되면, 입양가족들이 관계를 형성하는 데 장애요소가 될 수 있다는 점에서 중요한 의미를 갖고 있다고 할 수 있다.

그러다가 매스컴에서 본격적으로 공개가 되면서는 재가 굉장히 심각해지기 시작했는데, 그때는 아무 문제가 없다고 생각했는데 중학교 2학년 때 담임선생님한테 애가 내가 입양되었다고 학기초에 이야기를 했어요. 그래서 저는 적응이 되었다고 생각을 했어요. 자기가 친한 친구들한테도 얘기를 했고, 자기 입으로…. 그때는 적응이 되었다고 생각을 했어요. 그래서 중3때 공개적으로 입양이 알려지게 되었는데…. 문제는 많은 학교의 아이들이 갑자기 알게 되었다는 거예요. 입양 사실을…. 애가 제한적으로 알게 했다면, 이번에는 무작위로 알게 되었다는 거죠. 애가 지나가면 애들이 수군수군 대면서 애가 어떻다며 이렇게 뒷통수에서 얘기를 들으면서 굉장히 불쾌하다 너무나 화가 난다. 다시는 협조를 해주지 않겠다. 그때는 인터뷰 같은 거 할 때 아주 자연스럽게 했었는데, 나는 빼라 반발을 하게 되었죠.

◉ (입양모 A, 개별면접)

언론을 통한 공개는 가장 적극적인 '가족 외 공개'의 형태라고 할 수 있다. 언론을 통해 입양가족이 소개되면 그동안 모르고 있던 사회적 관계망 내의 구성원들도 입양사실을 알게 되고, 낯선 사람들까지도 알게 된다. 이는 달리 말해 '도전'의 범위가 더욱 확대되는 결과를 발생시킨다. 결국, 언론을 통해 입양사실을 공개하는 가족들은 이러한 도전을 주도적으로 실행하는 것으로 볼 수 있다. 이런 관점에서, 언론을 통해 입양사실을 공개하는 가족들은 다른 공개입양가족들보다 더욱 강한 가족으로 볼 수 있을 것이다. 사실, 이들 가족들에게 아무런 문제가 없는 것은 아니다. 면접을 통해 연구자는 이들 가족들이 수많은 어려움을 경험하였으며, '가족'이 해체될 위기를 경험하기도 했고 지금도 그런 위기들을 경험하고 있음을 알게 되었다. 그러나 이 가족들은 이러한 어려움에 대처하며 적극적으로 도전하는 과정을 통해 더욱 강한 가족이 된 것이다.

> 사람들이 얘기할 때마다 상처를 받고, ○○○ 목사님 이야기에 투사가 되더라니까. 상처를 받으니까···. 그런 말들 안에 상처를 주니까 더 입양에 대해 공부하게 되고 움츠러드는 게 아니라 적극적이 되는 계기가 있었지.
>
> ◎ (입양모 D, 집단면접)

4. 제도의 비밀입양 전통에 도전하기

입양에 있어서 입양기관의 역할은 핵심적인 것이라 할 수 있다. 흔히, 입양의 세 당사자를 입양아동과 입양부모, 친생부모로 제한하지만, 많은 문헌들에서는 입양기관을 또 다른 이해당사자로 포함시키고 있다. 사실, 사적 입양이 아닌 공식적인 절차를 통해 입양하는 경우에 입양기관의 존재를 빼놓고는 입양의 성립 자체를 생각할 수 없으며, 위 세 당사자와 직접적인 상호작용을 하며 영향을 미칠 수 있다는 점에서 입양기관의 존재와 역할은 매우 중요한 것이다.

그러나 현실적인 맥락에서 이들 입양기관들의 역할은 매우 제한적으로 이루어지고 있다. 지금까지 입양기관들은 입양부모와 친생부모 사이에서 중재하는 기능만을 수행하였다고 볼 수 있다. 물론, 이러한 기능이 가장 기본적이고 중요한 것임은 분명하지만, 세 당사자들의 복지를 향상시키는 데에는 매우 부족했음을 인정해야 할 것이다. 이를테면, 현재 이루어지고 있는 입양 사후서비스도 입양이 결정된 후 6개월 이내에 가정방문하여 가족의 적응상태를 파악하도록 되어 있는데, 실제 적응의 이슈는 그 6개월 이후에 발생하기 쉬운 반면, 6개월 이후에는 현실적으로 가정방문이나 사후서비스를 할 수 없는 상태에 있는 것이다. 따라서, 입양기관의 역할은 입양을 알선하는 정도로 제한되는 것이다.

물론, 이러한 한계를 이해할만한 이유도 많이 있다. 우선, 정부의 지원이 부족하였으며, 법적, 제도적으로, 그리고 전통적으로 비밀입양이 중심이 되어왔기 때문에 각 당사자들에게 별다른 영향을 미칠 수 없었던 것이다. 그럼에도 불구하고, 입양제도 개선에 대한 제안과 논의가 10년 이상 이루어져 왔음에도 불구하고 별다른 진전을 보이지 않고 있다는 점에서 입양기관과 실무자들의 소극적인 태도를 비판하지 않을 수 없다.

여기에서는 공개입양과 관련하여 현재 입양기관의 태도를 살펴보고 입양기관에 대한 입양부모들의 욕구를 살펴보고자 한다.

입양부모들이 입양을 결심했을 때, 일차적으로 의존하게 되는 곳, 그리고 의존해야 하는 곳이 바로 입양기관이다. 국내에서 공식적인 입양은 주로 '4대 입양기관'을 통해 이루어지고 이 밖에 지방의 개별 기관들에서만 이루어지기 때문에 입양과 관련하여 입양기관의 위치는 절대적이라 할 수 있다. 그럼에도 불구하고, 입양부모들은 입양기관에게서 별다른 도움을 얻지 못한다.

연구자가 만난 입양부모들 중에서 입양기관으로부터 공개입양을 권유받은 경험이 있는 사람은 소수에 불과했다. 공개입양에 대해 언급할 때도 입양을 준비할 때, 공개로 할 것인가 비밀로 할 것인가만을 묻는다고 하였다. 그동안 여러 입양기관에서 나온 자료들에 공개입양을 권하는 내용들이 포함되어 있음을 고려하면 이는 이해할 수 없는 일이다. 공개입양이 바람직하다고 생각하면서도, 실제 입양부모들에게 직접 소개하거나 권하지는 않는 것이다.

오히려, 일부 입양기관에서는 엠펙의 활동에 대한 비판적인 시각을 비치기도 한다. 이를테면, 입양아동의 사례가 언론 등을 통해 공개되었을 때, 그것이 입양아동에게 미칠 영향을 염려한다는 것이다. 엠펙의 구성원들은 이러한 시각에 일부 동의하면서도 엠펙의 사명—입양 홍보와 공개입양의 활성화—을 생각할 때 불가피한 것으로 인식하고 있다. 문제는 입양기관들이 입양에 대한 적극적인 홍보나 공개입양을 확대하기 위한 노력을 하지 않으면서, 이러한 관점을 유지하고 있다는 것이다.

> 공개입양을 할 건지(물어보더라구요). 제가 오히려 어떤 게 좋으냐 물어보는 경우가 많아요 답답하니까. ○○(입양기관)에서 했는데요. 제가 엠펙 홈페이지에 많이 들어가서 본다. 그러니까 거기는 너무 공개적으로, TV에, 아이들의 정서에 어떤 영향을 줄 건지에 대해서 본인은 미지수라구…. (그런 우려를 하더라구요) 오히려 저는 그런 것 때문에 동기부여를 받았기 때문에…….
>
> ● (입양모 I, 집단면접)

입양기관에 대한 부정적인 시각이 존재함에도 불구하고, 엠펙의 공개입양가족들은 입양기관의 역할을 중요시하며 기관과의 파트너십을 강조한다. 이들이 가지고 있는 불만은 불만 자체로 보기보다 욕구로 보는 것이 더 정확하다. 입양가족들은 자신들이 직면하는 위기와 어려움들을 해결하기 위해 입양기관의 더 적극적인 활동을 기대하며, 협력적인 활동을 통해 긍정적인 변화를 유도해 가고자 한다. 다행히, 일부 입양기관들은 엠펙의 활동에 공감하며 지원하고 있다. 전국대회와 지역모임이 있을 때마다 일부 입양기관의 직원들이 모임에 참석하여 기관을 홍보하고 협력을 약속하며 엠펙의 입양가족들로부터 배우려는 노력을 하고 있다. 이러한 노력들은 입양가족들에게 점차 사회경제적 자원으로 활용될 수 있을 뿐만 아니라 상호협력적인 문제해결을 가능케 할 것이다. 또한 엠펙의 신념체계를 강화시켜 줄 수 있다.

5. 가족 외부의 사람들과 자연스러운 관계 이루어가기

지금까지 살펴본 가족 외 공개과정에서도 공개입양가족들이 경험하는 적응의 의미를 발견할 수 있었는데, 그것은 '가족 외부의 사람들과 자연스러운 관계 이루어가기'였다. 이는 가족 외부의 사람들에게 입양사실을 공개하는 과정에서 그들과 자연스러운 관계를 맺는 것을 말한다. 여기에는 '자연스러운 관계', '편안한 관계' 등의 개념이 포함된다. 또한 '자연스러운 관계'는 '자유롭게 됨', '일상적인 일로 받아들이게 됨' 등의 개념을 포함하며, '편안한 관계'는 '불안하지 않음', '안심함'을 포함한다.

이러한 개념들은 모두 가족 외부의 사람들에게 입양사실을 공개하는 맥락과 관련된다. 가족 외부의 사람들에게 입양사실을 공개하는 것은 입양아동과 입양부모 모두에게 두려움을 주는 일이며, 실제로 그들과 관계를 형성하는 데 있어서 어려움을 경험하기도 한다. 이는 입양에 대한 사회 일반의 편견 때문이라고 할 수 있으며, 이러한 상황에서 '적응'한다는 것은 사회의 편견과 자신이 가진 두려움을 극복하여 외부인들과 자연스러운 관계를 형성하는 것으로 볼 수 있다.

처음 정민이가 그 동네에서는 다 알고 있었으니까 불편함이 없었어요.
오히려… 그걸 물어보는 예도 없었고…. 우리가 ○○으로 이사와서는
모르는 상태였어요. 다…. 그러니까 언급될 이유도 없고 부딪칠 이유
도 없었는데, 그런데 우연찮게 친구가 간접적으로 입양되었다는 사실
을 알게 되면서 확인하러 왔을 때, 정민이가 굉장히 불쾌한 표정을 하
면서도 수긍을 했어요. 입양했다. 그렇게 얘기를 했었는데… 그러다가
매스컴에서 본격적으로 공개가 되면서는 쟤가 굉장히 심각해지기 시
작했는데, 그때는 아무 문제가 없다고 생각했는데 중학교 2학년 때 담
임선생님한테 얘가 내가 입양되었다고 학기초에 이야기를 했어요. 그
래서 저는 적응이 되었다고 생각을 했어요. 자기가 친한 친구들한테도
얘기를 했고, 자기 입으로…. 그때는 적응이 되었다고 생각을 했어요.
그래서 중3 때 공개적으로 입양이 알려지게 되었는데… 문제는 많은
학교의 아이들이 갑자기 알게 되었다는 거예요. 입양 사실을…. 얘가
제한적으로 알게 했다면, 이번에는 무작위로 알게 되었다는 거죠. 얘
가 지나가면 애들이 수군수군 대면서 얘가 어떻다며 이렇게 뒤통수에
서 얘기를 들으면서 굉장히 불쾌하다 너무나 화가 난다. 다시는 협조
를 해주지 않겠다. 그때는 인터뷰 같은 거 할 때 아주 자연스럽게 했
었는데, 나는 빼라 반발을 하게 되었죠. 고등학교 들어가서도 걔의 의
견이 받아들여지기보다 계속 나온 거죠. 근데 고등학교 1학년 때 ○○○○
(TV 프로그램명)을 찍으면서 아이들이 긍정적인 평가를 하게 되었어
요. 그러니까 일부가 나갈 때는 걔의 단면, 입양되었다, 걔가 어떤 상
태다 그것만 나갔는데 ○○○○에서 나갈 때는 다큐멘터리고 시간이
많으니까 정민이의 멋진 상태가 나가게 된 거예요. 태권도를 한다든
가. 외면적으로 봐도 괜찮은 애다. 좋은 점이 있다. 그렇게 나가면서
긍정적인 반응들을 보게 됐어요. 친구들도. 그 드라마를 보느라고 늦
게 오기도 하고 선생님들도 긍정적인 반응을 일으키면서 얘가 자유로
움을 느끼는 것 같았어요. 더 이상 수군수군하는 게 없어져 버린 거
죠. 너무나 잘 알려져서 자유롭게 되버린 거죠. 그래서 지금은 일상화

되었다. 그러니까 적응되었다라고 만약에 표현을 한다면…, 일상적인 일로 받아들이게 되었다라고 한다면 적응이라고 볼 수 있지 않을까… 입양이라는 게…. 가끔 뭐 살다가 생각이 나면 물어볼 수도 있고 그렇다면 적응되었을 텐데…. 그것 때문에 위축되거나 알까봐 불안한 그런 상태라면 아직은 적응이 덜 된 상태가 아닐까. 그 부분은 어떻게 보면 혼자 뚫고 나가기 힘든 거 같애요. 부모가 주도적으로 계속 방향을 제시해 주고 그렇게 해야 얘가 오히려 더 벗어날 수 있을 거다 그런 생각이 들어요. 범위를 넓혀 가는 건 아이 중심으로 되어야 걔가 수용할 수 있는 범위 내로 넓히는 것도 타당성이 있기는 하지만 그거는 굉장히 위축될 수 있다는 생각이 들거든요. 왜냐하면 계속 이 사람은 알까 모를까, 말해도 될까 아닐까 그런 갈등을 겪을 수도 있다라는 거, 저는 너무나 다 알려져서 그런 갈등은 할 필요가 없고…. 만약에 입양과 관련된 대화를 하고 싶다면 쉽게 꺼낼 수 있도록 배워야 되지 않을까 그런 생각이에요.

사회적인 적응에 있어서 특히 친척이나 이웃, 학교 친구들간의 적응이 있는데, 우선 미리 친척들에게 공개하는 시점을 알려 주고 아이가 적응하는 데 도움을 요청한다. 그리하여 주위로부터 서먹하지 않는 자연스러운 분위기를 아이가 감지하고 안심할 수 있도록 돕는다. 이웃이나 학교 친구들은 아이가 원하지 않는 한 떠벌리지 않는다. 세월이 가면서 사회적인 입양의 인식도 달라지고 우리 아이도 커가면서 그 나름대로 자긍심을 갖게 되면 스스로가 사회에 잘 적응해 나가리라 생각한다. 이 세상 사람들 모두가 똑 같지 않듯이 누구나 한두 가지 남이 알거나 모르는 결함이나 차이점을 갖고 있다. 그러한 사람들이 모여 사는 사회에서 입양아라는 것이 그렇게 특별한 것은 아니라고 생각한다. 장애인이 되어서 휠체어를 타고 다니며 물리적인 시선을 끄는 것도 아닌 입양아로써의 사회 생활은 그들 나름의 철학이나 생활 방식, 인간성에 따라 풍요한 삶을 살 수도 있고 정반대일 수도 있다고 생각한다. 그래서 나는 입양아의 자긍심에 특히 신경을 쓰며 누구도 입양아를 비하시키지 않도록 사회교육이 필요하다고 생각한다. 가정에서는 아이의 정체성과 자긍심을 갖도록 교육하고 사회는 입양아를 편견

없이 보는 보통의 눈을 갖는 것이 필요하다. 공개입양의 적응은 입양
아와 그의 입양부모의 부단한 노력이 필수적이고 그 주위에 있게 되
는 근거리, 원거리의 사회일원들의 편견없는 시선이 필요하다.

제4절 소 결

본 연구의 연구문제에 따라, 5장에서는 공개입양가족들이 경험하
는 적응과정을 이해하고자 하였으며, 또한 이러한 적응과정에서 경험
하는 적응의 의미를 이해하고자 하였다. 연구 현장에서 이루어진 참
여관찰과 연구참여자들과의 면접 등을 통해 수집된 자료들을 분석한
결과, [표 5-2]에서 보는 바와 같이, 다양한 개념과 범주들이 나타
났다. 또한 이러한 개념과 범주들에 대해 반성적으로 고찰한 결과,
공개입양가족들의 적응과정에서 나타나는 문화적 주제는 전통적인
문화에 대한 '도전을 통해 하나의 가족을 이루어가기'인 것으로 나타
났다.

이러한 주제를 구성하는 '도전'과 '가족을 이루어가기'는 공개입양
가족의 적응과정에서 반복적으로 나타나는 개념들이었다. 먼저 '도
전'은 입양 과정과 가족 내 공개 과정, 가족 외 공개 과정에서 공개
입양가족들의 직접적인 진술의 형태로 나타났을 뿐 아니라 연구자의
해석과도 일치하는 것이었다. 도전이라는 개념이 가장 분명하게 나타
나는 곳은 엠펙의 홈페이지였다.

MPAK이 해결해야 할 난제들(challenges)

오랜 세월 한국 문화정서에 깊숙이 뿌리박힌 통념을 깨고 입양을 아름답고 숭고한 개념으로 한국인들이 받아들이게 하며 또한 그들이 비공개입양보다는 공개입양을 하도록 격려하는 일입니다. 비공개 입양을 하는 이유는 입양아와 입양하는 가정에 대한 사회의 부정적 시각을 우려하기 때문입니다. 이것이 바로 한국에서 입양이 보편화되지 못하는 이유입니다. 한국인들에게 입양의 매력을 이해시키고 그들로 하여금 용기를 가지고 입양에 대한 두려움을 극복하여 입양을 보다 긍정적으로 받아들일 수 있게 하는 것이 저희들의 임무입니다. 이렇게 되면 보다 많은 가정이 필요한 아이들이 가정을 가지게 될 것입니다. 이런 일이 하루아침에 이루어질 수 있는 것은 물론 아닙니다. 한국인들도 서양인들과 같이 입양에 대해서 열린 마음을 가질 때까지 저희는 꾸준히 입양을 홍보 장려할 것입니다. 이것이 MPAK의 핵심 챌린지입니다.

이처럼 엠팩의 공개입양가족들은 한국의 전통적인 가족문화에 도전하여 입양을 확대시키고 그 중에서도 공개입양을 촉진하려는 사명의식을 가지고 있는 것이다.

'가족을 이루어가기'는 이러한 '도전'을 진행하는 과정에서 자연스럽게 나타나는 개념이었다. 가족을 이루는 다른 방법인 결혼이나 출산과는 달리, 입양은 '도전'이라고 표현해야 할 만큼 커다란 벽을 넘어서야 가족을 이룰 수 있다. 이러한 '벽'에는 공개입양가족이 속해 있는 확대가족의 전통과 법률적인 입양 과정, 공개입양가족들 스스로가 가지고 있는 두려움, 그리고 입양 가족을 가족으로 인정하지 않으려 하는 가족 외부인들의 편견 등이 있었다. 공개입양가족들은 이러한 벽들을 넘어서는 도전의 과정을 거치고 나서야 가족을 이룰 수 있었으며, 이 과정들이 바로 '가족을 이루어가는' 과정이었다. 이처럼 '도전'과 '가족을 이루어가기'라는 개념은 공개입양가족들의 전체적인 적응과정에서 반복적으로 나타나는 가장 중심적인 개념들이었으며, 결국 공개입양가족들의 적응과정에서 나타나는 문화적 주제는 '도전을 통해 하나의 가족을 이루어가기'인 것으로 밝혀졌다.

이러한 주제는 구체적인 적응과정에 따라 다시 하위주제들로 나누어지는데, 먼저 적응과정은 입양 과정과 가족 내 공개 과정, 가족 외 공개 과정으로 구분되었으며, 이러한 과정들에서 나타나는 하위주제는 각각 [혈연중심의 가족문화에 대한 도전을 통해 가족을 이루어가기]와 [내재화된 비밀입양 전통에 대한 도전을 통해 가족을 이루어가기], [가족 외부의 비밀입양 전통에 대한 도전을 통해 가족을 이루어가기]였다. 공개입양가족들의 구체적인 적응과정과 거기에서 나타나는 하위주제들을 살펴보면 다음과 같다.

첫 번째, [혈연중심의 가족문화에 대한 도전을 통해 가족을 이루어가기]는 혈연중심의 가족문화와 그것으로 인해 입양가족을 특별한 것으로 인식하고 가족으로 인정하지 않으려는 배타적 문화에 도전하는 과정을 통해, 법률적인 가족으로서 가족을 이루어가는 과정을 의미한다. 입양가족은 혈연이 아닌 약속에 의해 법률적으로 가족관계를 형성하는 법률상의 가족이다. 입양가족은 이처럼 가족이 되려는 과정에서 불가피하게 전통적인 가족문화에 도전하게 된다. 그리고 이렇게 도전하는 과정에서 많은 어려움들을 경험하게 되는데, 즉 불임의 이슈를 해결해야 하며, 입양을 결정해야 하고, 가족 전통에 도전해야 하며, 공식적인 입양절차에서 겪게 되는 어려움을 해결해야 한다. 또한 법적인 사후관리 과정이 포함되는 상호 적응과정이 필요하다. 이러한 과정들은 공개입양가족들이 가족을 이루는 방법으로서 입양을 선택하고 공식적인 입양절차를 진행함으로 인해 발생하는 '도전'들로 이루어진다.

두 번째, [내재화된 비밀입양 전통에 대한 도전을 통해 가족을 이루어가기]는 입양부모들 스스로가 가지고 있는 비밀입양 전통에 도전하는 과정을 통해 가족을 이루어가는 과정을 의미한다. 공개입양부모들이 원래부터 공개입양을 지향했던 것은 아니다. 엠펙에 소속된 대부분의 공개입양부모들도 입양 이전, 또는 공개입양을 지향하기 이전에는 비밀입양을 당연한 것으로 생각하고 있었다. 그리고 공개입양을 지향하고 진행하는 과정에서도 많은 입양가족들이 비밀입양으로 돌아가고 싶어하기도 한다. 비밀입양 전통은 매우 강력한 것이어서 입양아동에 대한 입양사실의 공개를 준비하고 공개하고 이후 입양사실을 서로 인정하는 모든 과정에서 두려움의 형태로 공개를 방해한다. 이런 의미에서 입양아동에 대한 입양사실의 공개는 공개입양가족 전체에게 가장 중요한 '도전'이다. 입양부모 스스로가 가지고 있는 비밀입양 전통에 도전하여 승리할 때 공개입양가족은 '친가족'을 이루게 된다. 여기에서 가족의 의미는 가족 구성원들간에 정서적 관계를 형성하는 '정서적 가족'이라고 할 수 있다.

세 번째, [가족 외부의 비밀입양 전통에 대한 도전을 통해 가족을 이루어가기]는 공개입양가족 외부의 사회 구성원들간에 공유되는 비밀입양 전통에 도전하는 과정을 통해 가족을 이루어가는 과정을 의미한다. 한국 사회의 구성원들은 비밀입양 전통을 유지하며 공개입양을 방해한다. 확대가족, 다른 사회적 관계망의 구성원들, 입양기관, 언론은 공개입양가족들이 공개입양을 진행하지 못하도록 한다. 입양사실을 공개했을 때, 사회적 관계망을 포함한 환경 내의 구성원들은 공개입양가족들이 가족이라는 것을 의심한다. 공개입양가족은 이러한 의심에 도전하여 자신이 가족임을 인정받는 과정을 거쳐야 한다.

이러한 모든 도전들은 공개입양을 선택하는 것과 연결된다. 이러한 도전들은 출산을 통해 가족을 이루어 가는 과정에서 경험하는 도전들과 다르며, 비밀입양을 선택한 입양가족들이 경험하는 도전들과도 다르다. 중요한 것은 이들이 도전 과정에서 예상되는 위험을 무릅쓰고 공개입양을 선택했다는 것이다.

한편, 앞서 생애사 자료에서도 제시된 것처럼, 공개입양가족들이 입양과정, 가족 내 공개과정, 가족 외 공개과정을 순서대로 경험하는 것은 아니다. 즉, 어떤 가족들은 입양아동이 입양사실을 알고 있는 상태에서 공식적인 입양절차를 거쳐 입양을 한 후 주위의 사람들에게 입양사실을 공개하며, 어떤 가족들은 입양을 한 다음에 주위 사람들에게 입양사실을 공개하고 이후 입양아동에게 공개하기도 하고, 또 다른 가족들은 주위 사람들이 입양사실을 아는 상태에서 공식적인 절차를 거쳐 입양을 하고 나중에 입양아동에게 입양사실을 공개한다.

또한, 입양과정과 가족 내 공개과정 내에서의 구체적인 과정들은 대체로 순서대로 진행되는 반면, 가족 외 공개과정에서 범주로 구분된 구체적인 과정들은 개별 가족들에 따라 순서가 뒤바뀌기 쉽다. 즉 어떤 가족들은 엠펙에 대한 공개를 먼저 한 후 확대가족들에게 공개하는 반면에 또 다른 가족들은 확대가족에 입양사실을 공개한 후 엠펙에 공개한다. 따라서 여기에서 제시된 공개입양가족들의 적응과정이 순서대로 진행되는 것으로 생각할 필요는 없으며, 각각의 구체적인 적응과정 내에서 공개입양가족들의 경험을 이해하는 것이 적절할 것이다.

[표 5-2] 공개입양가족의 적응과정

영역	개 념	범 주	하위주제	주제
입양과정	'병'으로서 불임 치료하기, 불임 이슈에 대처하기	불임과 함께 살아가기	혈연중심 가족문화에 대한 도전을 통해 가족을 이루어 가기	도전을 통해 하나의 가족을 이루어 가기
	가족을 이루려는 열망, 입양을 해야겠다는 부담감	입양을 결정하기		
	다른 가족구성원 설득하기, 확대가족 설득하기	가족 전통에 도전하기		
	수수료 내기, 부모 자격 심사받기, 입적하기	법적인 가족 되기		
	애착관계 형성하기, 허니문, 부모 자격을 시험하기	상호 적응하기		
가족 내 공개과정	공개입양을 '결심'하기, 입양에 익숙해지도록 하기	공개를 준비하기	내재화된 비밀입양 전통에 대한 도전을 통해 가족을 이루어가기	
	두려움에 맞서기, 비밀을 밝히기, 거짓말같은 진실을 받아들이기	공개하기		
	입양 사실을 받아들이기	'친가족' 되기		
	시험하기, 달라붙기, 닮은 점 찾기			
	망설임없이 양육하기, 자녀로부터 부모 자격 인정받기			
	형제관계 형성하기			
	친생부모 찾기	뿌리찾기		
	편안한 관계, 자연스러운 관계, 서로를 이해하고 인정함, 새로운 관계 형성	가족으로서 자연스러운 관계 이루어가기		
가족 외 공개과정	사회적 지지 제공받기, 역할 모델, 멘토 제공받기, 자조집단 형성하기, 가족 같은 느낌	가족 공동체 이루기	가족 외부의 비밀입양 전통에 대한 도전을 통해 가족을 이루어가기	
	확대가족의 지지받기, 확대가족과의 갈등 해결하기	가족의 일원으로 인정받기		
	친구, 이웃, 학교, 종교단체에 공개하기	가족으로 인정받기		
	언론과 낯선 사람들에게 공개하기			
	입양기관·공식적 지지망과 관계맺기	제도의 비밀입양 전통에 도전하기		
	자연스러운 관계, 편안한 관계	가족 외부의 사람들과 자연스러운 관계 이루어가기		

이러한 연구결과와 관련하여 본 연구에서는 개인과 환경간의 관계에 대한 새로운 관점을 제시하고자 한다. 사회복지전문직의 역사가 시작된 이래로 지금까지 사회복지사들은 강점관점을 유지해야 한다고 배워왔고 또 그렇게 하고 있다고 주장해 왔지만 실제로는 여전히 병리적인 관점을 유지해 왔던 것이 사실이다. 클라이언트들은 늘 문제나 증상을 가지고 있는 것으로 가정되었다. 이는 환경의 요구에 대해 개인이 잘 대처하지 못하고 있다는 사회적 기능의 저하 상태로 표현되었다. 이러한 관점에서 지금까지의 접근은 이러한 증상들을 완화하고 문제를 해결하는 방식으로 이루어졌다.

그러나 최근 이러한 병리적 관점을 비판하면서, 사회복지실천에서 강점관점을 강화하려는 움직임이 활발해지고 있다. 가장 대표적인 것이 적응유연성 혹은 탄력성이라고 불리는 레질리언스(resilience)의 개념이다. 이 레질리언스 개념은 처음에는 개인에 초점을 두어 발전되다가 최근에는 가족 적응유연성 개념으로 확대되고 있다.[14] 가족 적응유연성 개념은 손상당한 심각한 위험에 처한 가족이라는 시각으로부터 성장과 재생의 잠재력을 가진 '도전받고 있는' 가족이라는 방향으로 시각을 전환시킨다. 또한 이 접근은 개인이나 가족 모두 갑작스런 위기 혹은 지속적인 역경이 있을 때, 상호협력적인 노력을 통하여 가족강점이 강화될 수 있다고 확신한다. 따라서 가족 적응유연성 접근은 기본적으로 전통적인 결점 중심 접근을 변경시킨다. 즉 가족이 어떻게 실패하였는가에 초점이 있는 것이 아니라 어떻게 성공할 수 있는가에 직접적인 관심을 가지고 있다(Walsh, 1998).

이러한 개념은 분명 강점관점에 기반한 것이라고 할 수 있다. 그런데 연구자는 연구를 진행하는 과정에서 이러한 개념과 잘 맞지 않

---

14) 가족 레질리언스를 개념화하고 이론화하려는 움직임은 McCubbin(1993)과 Walsh (1998)를 중심으로 이루어지고 있다.

는 부분을 발견하게 되었다. 그것은 '도전'이라는 말의 의미에 관한 것이다. 연구결과 중에서 일부 입양모들이 사용하는 '도전' 및 그와 관련된 표현들(예를 들어, '상처를 받으니까 오히려 적극적이 됨', '벽으로 느껴짐')은 Walsh(1998)가 제시한 개념과 일치하는 것이었다. 즉, 공개 입양가족들은 공개입양으로 인해 경험하는 어려움들을 외부로부터 주어지는 '도전'으로 받아들이고, 이러한 도전을 극복하는 과정을 통해 더욱 성장할 수 있으리라는 믿음을 공유하고 있었다.

그런데 이러한 '도전'이라는 용어의 용례는 일반적 의미와는 다른 것이다. 실제로 연구결과를 가지고 다른 입양모들에게 확인하는 과정에서 이러한 의미의 '도전'이라는 말이 낯설게 느껴진다는 사람들이 있었다. 그리고 우리가 일상생활에서 사용하는 '도전'이라는 말의 의미도 가족 적응유연성 개념에서 사용하는 '도전'이라는 말과는 다른 의미를 가지고 있다. 다음은 국어사전에 정의된 '도전'의 의미이다(동아 새국어사전, 2002).

도전(挑戰) 1. 싸움을 걺.
2. (승부의 세계에서) 보다 나은 수준에 승부를 걺.

위에서 제시한 것처럼 '도전'은 주체가 객체를 대상으로 하는 행위로 표현된다. 즉, 도전은 '하는 것'이지 '받는 것'이 아니다.

이러한 의미는 단순히 사전적인 의미 차이만을 내포하는 것은 아니다. '도전'이라는 말을 수동적인 의미에서 사용한다면 개인은 환경으로부터 늘 도전을 받는 위치에 있게 된다. 만약 개인이 환경을 변화시키게 되더라도 그것은 우선 환경의 요구에 의해 변화된 자신의 기능을 향상시키기 위한 노력이 확대된 것이다. 이러한 의미를 살펴보면, 공개입양가족이 처한 상황과 다소 다르다는 것을 알 수 있다.

공개입양가족들은 환경으로부터 스트레스나 위기를 당하는 입장에
있기보다 입양과 공개입양을 통해 환경을 변화시키는 입장에 놓여있
다. 그들이 이런 입양을 하게 된 것이 불임과 같은 어쩔 수 없는 상
황에 부딪혔기 때문이라고 해석하는 것은 과잉일반화이다. 한국의 현
실에서 대부분의 불임부부들은 입양을 선택하지 않는다. 또한 입양부
모들이 공개입양을 하게 된 이유가 비밀입양을 견딜 수 없어서이기
때문이라고 하는 것도 지나친 일반화이다. 대부분의 입양부모들은 그
럼에도 불구하고 비밀입양을 유지한다. 따라서 공개입양가족들은 스
스로 공개입양을 선택했고, 그러한 공개입양을 방해하고 반대하는 한
국의 전통적인 문화에 '도전'하고 있는 것이다. 이러한 의미의 '도전'
은 앞서 살펴본 엠팩 홈페이지에서 제시된 'MPAK이 해결해야 할 난
제들'에도 잘 표현되어 있다.

　논의를 확대해 보면, 가족 적응유연성 개념이 '도전'을 극복하는
과정을 통해 성장하는 것에 초점을 둔다면, 최소한 공개입양가족들이
적응하는 과정은 환경에 끊임없이 '도전'함으로써 환경을 변화시키
며, 그 과정에서 경험하는 어려움을 극복함으로써, 그리고 변화에 대
한 성취를 경험함으로써 성장하는 것에 초점을 두어야 할 것이다. 본
연구의 결과로 제시된 '도전'이라는 개념과 주제는 이러한 능동적 의
미로 사용되었다.

제 6 장 결 론

본 연구의 목적은 국내 공개입양가족들이 경험하는 적응의 의미와 적응과정을 이해하고자 하는 것이다.

입양가족은 법적, 정서적, 사회적인 관계를 형성하고 있어야 하나의 가족으로 기능할 수 있는데, 그동안 한국 사회에서 입양가족들은 이러한 측면들을 모두 갖추기 어려웠다. 이러한 어려움은 입양기관을 통해, 그리고 언론을 통해 조금씩 알려지면서 입양에 대한 사회적 편견으로 굳어져 입양가족들이 자신의 어려움을 해결하는 데 장애가 되어 왔다. 입양이 주위에서 어렵지 않게 경험할 수 있는 현상임에도 불구하고 입양의 당사자들에 대한 실천적, 이론적 관심은 매우 적은 편이었다. 그런데 최근 공개입양부모모임 등을 통해 입양가족들의 모습이 매스컴에 자주 등장하고 보도되면서 사회적인 관심을 끌게 되었고 입양에 대한 사회적 인식도 변화되었으며, 이들을 대상으로 한 연구들도 이루어지고 있다.

이러한 상황에서 본 연구는 이들 공개입양가족들을 대상으로 하여 적응의 의미와 적응과정을 파악하고자 하였다. 그동안 미국을 중심으로 한 서구 사회에서 이루어진 입양가족들의 적응에 대한 연구결과들을 살펴보면 입양가족과 비입양가족들간에 유의미한 차이는 없는 것으로 나타났다. 그러나 한국의 상황에서도 과연 그러한가 하는 것과 현재 국내 공개입양가족들의 적응에 대해 전혀 알고 있지 못하다는 것이 연구자의 문제제기였다. 또한 공개입양을 전후로 하여 경험할 수 있는 스트레스나 어려움을 국내 공개입양가족들이 어떻게 대처하며 적응해 가는가 하는 것도 연구자가 제기한 연구문제였다. 국내에서는 그동안 입양가족을 대상으로 한 연구는 전혀 이루어지지 않다가 최근 공개입양가족들을 대상으로 한 연구들이 이루어졌으나 입양가족의 적응과 적응과정을 이해하는 데는 제한점이 많았다. 따라서 본 연구는 국내 공개입양가족들이 경험하는 적응의 의미와 적응과정을 심층적으로 이해하고자 하였다.

연구 목적을 달성하기 위해 본 연구에서는 '국내 공개입양가족들이 경험하는 적응의 의미와 적응과정은 어떠한가?'라는 연구문제를 설정하였다. 또한 본 연구에서는 연구문제를 해결하기 위해 문화기술지 연구방법을 활용하였다. 연구현장은 공개입양이라는 문화를 공유하는 문화공유집단, 엠펙(한국입양홍보회, MPAK)이었으며, 핵심 정보제공자들과 주요 정보제공자들을 중심으로 한 심층면접과 참여관찰 등을 통해 자료를 수집하고 분석하였다.

본 장에서는 연구 결과를 요약하고, 이러한 연구 결과의 이론적, 실천적, 정책적 함의를 제시하며, 마지막으로 후속연구에 대한 의견을 제시하고자 한다.

제1절 연구결과 요약

본 연구에서는 공개입양가족들이 경험하는 적응의 의미와 적응과정을 이해하고자 하였다. 이를 위해, 먼저 공개입양가족들의 생애사 자료를 수집하여 분석함으로써 공개입양가족들의 삶을 기술하였으며, Spradley(1979, 1980)가 제시한 문화기술지 분석절차를 수행하여 연구문제에 따른 연구결과를 분석하였다.

먼저, 세 공개입양가족들의 생애사를 살펴보았다. 일반적인 가족생활주기에서처럼 중요한 '사건'들을 중심으로 시기들을 분류하고 각 시기 내에서의 양상들을 비교하였다. 분석결과, 각 공개입양가족들은 그들이 가지고 있는 목적 —'공개입양'— 을 이루기 위해 자신이 위치해 있는 맥락과 역동적인 상황에 따라 상이한 방식으로 대처해갔으며, 이러한 대처방식은 각 가족구성원들이 가지고 있는 신념과 가족구성원들간의 관계 및 상호작용, 그리고 사회적 관계망 내에 있는 다른 사람들의 영향을 받는 것으로 나타났다.

본 연구의 연구문제는 '공개입양가족들이 경험하는 적응의 의미와 적응과정은 어떠한가?'였다. 여기에서 적응의 의미는 적응과정을 분석하는 과정에서 통합하여 분석하였다. 분석 결과, 공개입양가족들의 적응과정에서 나타나는 문화적 주제는 전통적인 문화에 대한 '도전을 통해 하나의 가족을 이루어가기'인 것으로 나타났다. 이러한 주제는 구체적인 적응과정에 따라 다시 하위주제들로 나누어진다.

공개입양가족이 적응하는 과정에서 나타나는 하위주제는 입양 과정에서 [혈연중심의 가족문화에 대한 도전을 통해 가족을 이루어가기]와 가족 내 공개과정에서 [내재화된 비밀입양 전통에 대한 도전을 통해 가족을 이루어가기], 가족 외 공개과정에서 [가족 외부의 비밀입양 전통에 대한 도전을 통해 가족을 이루어가기]였다. 공개입양가족들의 구체적인 적응과정과 거기에서 나타나는 하위주제, 범주, 개념들을 살펴보면 다음과 같다.

첫 번째, 입양 과정에서 나타나는 하위주제는 [혈연중심의 가족문화에 대한 도전을 통해 가족을 이루어가기]였다. 이는 혈연중심의 가족문화와 그것으로 인해 입양가족을 특별한 것으로 인식하고 가족으로 인정하지 않으려는 배타적 문화에 도전하는 과정을 통해, 법률적인 가족으로서 가족을 이루어가는 과정을 의미한다. 입양가족은 혈연이 아닌 약속에 의해 법률적으로 가족관계를 형성하는 법률상의 가족이다. 입양가족은 이처럼 가족이 되려는 과정에서 불가피하게 전통적인 가족문화에 도전하게 된다. 그리고 이렇게 도전하는 과정에서 많은 어려움들을 경험하게 되는데, 즉 불임의 이슈를 해결해야 하며, 입양을 결정해야 하고, 가족 전통에 도전해야 하며, 공식적인 입양절차에서 겪게 되는 어려움을 해결해야 한다. 또한 법적인 사후관리 과정이 포함되는 상호 적응과정이 필요하다. 이러한 과정들은 공개입양가족들이 가족을 이루는 방법으로서 입양을 선택하고 공식적인 입양절차를 진행함으로 인해 발생하는 '도전'들로 이루어진다.

입양 과정은 '불임과 함께 살아가기', '입양을 결정하기', '가족 전통에 도전하기', '법적인 가족 되기', '상호 적응하기' 등의 범주들로 구성되었으며, 각 범주들은 또한 다음과 같은 여러 개념들을 포함하였다. 먼저 '불임과 함께 살아가기'는 '병'으로서 불임 치료하기와 불임 이슈에 대처하기를 포함하였으며, '입양을 결정하기'는 가족을 이루려는 열망과 입양을 해야겠다는 부담감, '가족 전통에 도전하기'는 다른 가족구성원 설득하기와 확대가족 설득하기, '법적인 가족 되기'

는 수수료 내기와 부모 자격 심사받기, 입적하기, '상호 적응하기'는 애착관계 형성하기와 허니문, 부모 자격을 시험하기를 포함하였다.

두 번째, 가족 내 공개과정에서 나타나는 하위주제는 [내재화된 비밀입양 전통에 대한 도전을 통해 가족을 이루어가기]였으며, 이는 입양부모들 스스로가 가지고 있는 비밀입양 전통에 도전하는 과정을 통해 가족을 이루어가는 과정을 의미한다. 공개입양부모들이 원래부터 공개입양을 지향했던 것은 아니다. 엠펙에 소속된 대부분의 공개입양부모들도 입양 이전, 또는 공개입양을 지향하기 이전에는 비밀입양을 당연한 것으로 생각하고 있었다. 그리고 공개입양을 지향하고 진행하는 과정에서도 많은 입양가족들이 비밀입양으로 돌아가고 싶어 하기도 한다. 비밀입양 전통은 매우 강력한 것이어서 입양아동에 대한 입양사실의 공개를 준비하고 공개하고 이후 입양사실을 서로 인정하는 모든 과정에서 두려움의 형태로 공개를 방해한다. 이런 의미에서 입양아동에 대한 입양사실의 '공개'는 공개입양가족 전체에게 가장 중요한 '도전'이다. 입양부모 스스로가 가지고 있는 비밀입양 전통에 도전하여 승리할 때 공개입양가족은 '친가족'을 이루게 된다. 여기에서 가족의 의미는 가족 구성원들간에 정서적 관계를 형성하는 '정서적 가족'이라고 할 수 있다.

가족 내 공개입양 과정은 '공개를 준비하기', '공개하기', "'친가족' 되기', '뿌리 찾기' 등의 범주로 구성되었다. 이러한 범주들에 포함된 개념들은 다음과 같다. 먼저, '공개를 준비하기'는 공개입양을 '결심'하기와 입양에 익숙해지도록 하기를 포함하며, '공개하기'는 두려움에 맞서기와 비밀을 밝히기, 거짓말 같은 진실을 받아들이기를 포함하고, "'친가족' 되기"는 입양 사실을 받아들이기, 시험하기, 달라붙기, 닮은 점 찾기, 망설임 없이 양육하기, 자녀로부터 부모 자격 인정받기를 포함하며, '뿌리 찾기'는 친생부모 찾기라는 개념을 포함하였다. 한편, 가족 내 공개과정에서 공개입양가족들이 경험하는 적응의 의미도 발견할 수 있었는데, 그것은 '가족으로서 자연스러운 관계 이루어가기'였으며, 여기에는 편안한 관계, 자연스러운 관계, 서로를 이해하고 인정함, 새로운 관계 형성과 같은 개념들이 포함되었다.

세 번째, 가족 외 공개과정에서 나타난 하위주제는 [가족 외부의 비밀입양 전통에 대한 도전을 통해 가족을 이루어가기]였으며, 이는 공개입양가족 외부의 사회 구성원들간에 공유되는 비밀입양 전통에 도전하는 과정을 통해 가족을 이루어가는 과정을 의미한다. 한국 사회의 구성원들은 비밀입양 전통을 유지하며 공개입양을 방해한다. 확대가족, 다른 사회적 관계망의 구성원들, 입양기관, 언론은 공개입양가족들이 공개입양을 진행하지 못하도록 한다. 입양사실을 공개했을 때, 사회적 관계망을 포함한 환경 내의 구성원들은 공개입양가족들이 '가족'이라는 것을 의심한다. 공개입양가족은 이러한 의심에 도전하여 자신이 '가족'임을 인정받는 과정을 거쳐야 한다.

가족 외 공개과정은 '가족 공동체 이루기', '가족의 일원으로 인정받기', '가족으로 인정받기', '제도의 비밀입양 전통에 도전하기' 등의 범주들로 구성되었으며, 각각의 범주들에 포함된 개념들은 다음과 같다. 먼저 '가족 공동체 이루기'에는 사회적 지지 제공받기와 역할모델, 멘토 제공받기, 자조집단 형성하기, 가족같은 느낌 등이 포함되었으며, '가족의 일원으로 인정받기'에는 확대가족의 지지받기와 확대가족과의 갈등 해결하기가 포함되었고, '가족으로 인정받기'는 친구, 이웃, 학교, 종교단체에 공개하기와 언론과 낯선 사람들에게 공개하기가 포함되었으며, '제도의 비밀입양 전통에 도전하기'는 입양기관-공식적 지지망과 관계맺기를 포함하였다. 가족 외 공개과정에서도 공개입양가족들이 경험하는 적응의 의미가 발견되었는데, 그것은 '가족 외부의 사람들과 자연스러운 관계 이루어가기'였다. 이러한 적응의 의미는 하나의 범주로 처리되었는데, 여기에는 자연스러운 관계와 편안한 관계라는 개념들이 포함되었다.

이러한 모든 도전들은 '공개입양'을 선택하는 것과 연결된다. 이러한 도전들은 출산을 통해 가족을 이루어 가는 과정에서 경험하는 도전들과 다르며, 비밀입양을 선택한 입양가족들이 경험하는 도전들과도 다르다. 중요한 것은 이들이 도전 과정에서 예상되는 위험을 무릅쓰고 공개입양을 선택했다는 것이다.

한편, 공개입양가족들이 입양과정, 가족 내 공개과정, 가족 외 공개과정을 순서대로 경험하는 것은 아니다. 즉, 어떤 가족들은 입양아동이 입양사실을 알고 있는 상태에서 공식적인 입양절차를 거쳐 입양을 한 후 주위의 사람들에게 입양사실을 공개하며, 어떤 가족들은 입양을 한 다음에 주위 사람들에게 입양사실을 공개하고 이후 입양아동에게 공개하기도 하고, 또 다른 가족들은 주위 사람들이 입양사실을 아는 상태에서 공식적인 절차를 거쳐 입양을 하고 나중에 입양아동에게 입양사실을 공개한다.

또한, 입양과정과 가족 내 공개과정 내에서의 구체적인 과정들은 대체로 순서대로 진행되는 반면, 가족 외 공개과정에서 범주로 구분된 구체적인 과정들은 개별 가족들에 따라 순서가 뒤바뀌기 쉽다. 즉 어떤 가족들은 엠펙에 대한 공개를 먼저 한 후 확대가족들에게 공개하는 반면에 또 다른 가족들은 확대가족에 입양사실을 공개한 후 엠펙에 공개한다. 따라서 여기에서 제시된 공개입양가족들의 적응과정이 순서대로 진행되는 것으로 생각할 필요는 없으며, 각각의 구체적인 적응과정 내에서 공개입양가족들의 경험을 이해하는 것이 적절할 것이다.

본 연구의 결과는 한국 사회에서 공개입양에 대한 논의를 더욱 구체화하고 확대시킬 수 있을 것이다. 공개입양이 바람직한가, 또는 공개입양이 최선의 선택인가라는 질문에 대해 엠펙을 중심으로 '그렇다'는 응답이 힘을 얻어가고 있지만 여전히 많은 입양기관의 실무자들은 유보적인 태도를 보이고 있다. 그리고 엠펙의 공개입양가족들도 공개입양만이 정답이라고 말하지는 않는다.

입양실무자들이 이처럼 유보적인 태도를 보이는 것은 한국 사회에서 입양사실이 공개되었을 때 입양가족들이 경험하게 될 낙인과 편견, 그리고 그로 인한 어려움들 때문인 것으로 보인다. 또한 엠펙의 공개입양가족들이 조심스러워하는 이유는 입양아동이 입양사실을 알게 되었을 때 보이게 될 '다양한' 반응들 때문이다. 즉, 현재 알고 있는 사례들에서 별다른 문제가 나타나지 않았더라도 자신의 입양아동이 같은 반응을 보일 거라는 확신을 가질 수는 없으며, 자신 또한 입양아동의 반응에 대해 잘 대처할 자신이 없는 것이다. 이러한 태도들은 모두 이해할만한 것이며, 충분히 조심스러워 할만한 이유가 있다고 본다.

그럼에도 불구하고, 연구자는 본 연구의 결과에 근거하여 공개입양을 더 바람직한 대안으로 제시하고자 한다. 그 이유는 공개입양을 통해 입양가족이 더욱 건강해질 수 있기 때문이다. '건강한 가족'이란 '문제가 없는' 가족이 아니라 '문제를 잘 해결해 가는' 가족이라고 할 수 있다. 사실, 문제가 없는 가족이란 있을 수가 없다. 중요한 것은 문제가 발생했을 때 어떻게 해결해 가는가 하는 것이다. 연구자가 만난 많은 공개입양가족들은 이전에 많은 어려움들을 경험하였으며, 지금도 그만큼의 어려움들을 겪고 있다. 그런데 그들은 그러한 어려움들에 압도되지 않고 잘 대처해 나갔으며, 그 과정을 통해 더 건강해져 갔다. 그들은 어려움이 생겼을 때 다른 가족 구성원들과 털어놓고 이야기를 나누었으며, 엠펙에 소속된 다른 입양가족들로부터 지지와 격려를 구했고, 함께 풀어나갔다. 비밀입양가족들에게 이러한 일은 도무지 불가능한 것이다.

이보다 더 중요한 이유는 공개입양을 통해 입양에 대한 사회적 인식을 더욱 긍정적으로 변화시킬 수 있다는 점이다. 앞서 입양실무자들이 했던 걱정은 많은 공개입양가족들에게 현실로 다가왔다. 그들은 공개입양을 진행하는 과정에서 수많은 사회적 편견과 낙인으로 인해 힘들어했으며 지금도 어려움을 겪고 있다. 그러나 그들이 했던 노력이 쌓여가면서 점차 사회가 변해가고 있다. 한 입양모의 진술처럼, 사람들의 반응은 3년전에 비해 놀라울 정도로 달라졌다. 달라진 반응(지나친 칭찬)도 부담스럽긴 하지만 이전의 부정적인 반응(안됐다는 표정, 부정적인 소문)들보다는 나은 것이다. 이제 입양에 대한 인식도 긍정적으로 변해가고 있으며, 입양을 준비하는 부모들도 점차 공개입양을 당연한 선택으로 여기고 있다. 이러한 변화들은 대부분 엠펙의 가족들을 포함한 공개입양가족들의 덕택이라고 해도 과언이 아닐 것이다. 사실 그들은 '대단한' 사람들인데, 그 이유는 그들이 지금 경험하고 있는 어려움들과 앞으로 예상되는 더 큰 어려움들을 '헤쳐 나가기로' 작정하고 실행에 옮겼기 때문이다. 그들이 가지고 있던 '용기'와 '도전'이 사회를 변화시킨 것이다. 만약 그들이 보다 쉬워보이는 대안인 비밀입양을 선택했다면 지금까지 경험한 어려움들은 겪지 않았을지 모르겠지만 지금과 같은 긍정적인 변화들은 이끌어내지 못했을 것이다.

그렇다고 해서 공개입양이 '무조건' 바람직하다는 것은 아니다. 연구자가 만난 공개입양가족들이 '도전'에 성공할 수 있었던 것은 무엇보다도 엠펙이라는 든든한 지지체계가 있었기 때문이며, 앞으로 닥쳐올 어려움들을 예상하고 충분히 준비했기 때문이다. 완전히 준비하고 도전했을 때, 예상했던 어려움은 '싱겁게' 끝나버리곤 했다. 그리고 그러한 어려움이 한번에 끝나지 않으리라는 것을 알고 지속적으로 대처하려는 태도 역시 중요했다. 엠펙의 공개입양가족들은 공개를 하고 난 이후에도 다음에 만날 수 있는 어려움들에 대해 공부하고 함께 고민하여 대처해가고자 하였다. 아마도 용기가 적었다면, 지속적으로 철저하게 준비하지 않았다면, 엠펙이라는 지지체계 없이 혼자서 대처했다면 이들의 도전은 실패했을 가능성이 높다. 따라서 공개입양을 진행하는 데 있어서는 기꺼이 어려움에 맞서려는 용기와 태도, 어려움을 해결하기 위한 지식과 기술, 그리고 함께 해결해 가며 지지와 격려를 받을 수 있는 지지체계가 필수적이라 할 수 있다.

제 2 절 연구의 함의

1. 이론적 함의

본 연구를 통해 얻을 수 있는 이론적 함의는 다음과 같다.

첫째, 본 연구는 공개입양가족의 적응에 대한 한국적 이론을 형성하는 데 기여하였다. 연구자는 공개입양 자조모임에 대한 참여관찰과 면접 등을 통해 연구참여자들로부터 '생생한' 자료를 수집하고 이를 기반으로 공개입양가족의 적응과정을 분석하였다. 앞으로 이러한 분석결과를 가지고 한국의 공개입양가족들을 대상으로 실천하며 이를 다시 이론적으로 검증함으로써 한국의 문화와 현실에 맞는 이론을 형성해 갈 수 있을 것이다.

둘째, 본 연구는 사회복지실천의 주요 초점인 개인과 환경간의 관계에 대한 새로운 관점을 제시하였다. 즉, 개인을 환경의 요구에 수동적으로 대처하거나 위험과 역경으로 표현되는 환경으로부터의 '도전'을 극복하는 '대상'이 아니라 오히려 자신을 둘러싼 환경에 먼저 적극적으로 도전함으로써 그러한 환경을 변화시켜가는 주체로 보았다. 이러한 관점은 적응유연성을 중심으로 하는 최근의 '강점관점'보다 적극적이고 긍정적인 의미를 가지며 주체의 능력을 더욱 강조하는 것으로 볼 수 있다. 이러한 관점은 앞서의 이론적 틀을 형성해 가는 과정에도 기여할 수 있을 것이다.

셋째, 본 연구는 국내 입양가족들을 대상으로 한 초기 연구들 중의 하나로서 본 연구에서 밝혀진 결과들은 국내 입양가족들에 대한 본격적인 연구가 진행되도록 하기 위한 기초 자료로 활용될 수 있을 것이다. 비밀입양 전통으로 인해 입양가족의 적응에 대한 정보가 거의 없는 상황에서, 실무자들과 이론가들, 그리고 입양부모들은 입양가족을 이해하기 위해 외국의 연구자료들을 활용하여 왔으나 한국의 입양가족을 이해하는 데는 부족했다. 본 연구는 국내 입양가족들의 생활에 대한 살아있는 정보를 제공함으로써 입양가족을 이해하고 이들에 대한 더욱 구체적인 연구를 진행해 가는 데 도움을 줄 수 있을 것이다.

넷째, 본 연구를 통해 국내 공개입양가족들의 적응과정을 구체적으로 이해할 수 있었으며, 이러한 적응과정에 영향을 미치는 요인들 간의 역동적인 관계를 확인할 수 있었다. 이러한 이해를 기반으로 공개입양가족들 뿐만 아니라 입양가족들의 적응과정을 일반화하고 이론화하는 데 기여할 수 있을 것이다.

다섯째, 본 연구는 연구목적을 달성하기 위해 사회복지분야에서는 그동안 거의 적용되지 않았던 문화기술지 연구방법을 활용함으로써 앞으로 사회복지분야의 연구주제에 대한 방법론적인 지평을 넓힐 수 있을 것이다. 그동안 사회복지분야에서는 '지나치게' 양적인 방법론만을 고집해 온 경향이 있었으며, 이로 인해 문화적 맥락에서 한국의 사회복지대상자들을 이해하는 데 한계가 있었다. 앞으로 문화기술지를 비롯한 다양한 질적 연구방법론들을 활용함으로써 연구대상자들에 대한 심층적인 이해가 이루어질 수 있을 것이다.

2. 실천적 함의

본 연구의 결과가 사회복지실천에 시사하는 함의는 다음과 같다.

첫째, 본 연구의 결과는 공개입양의 활성화에 기여할 수 있을 것이다. 그동안 여러 입양기관과 입양부모 자조모임을 통해 공개입양에 대한 홍보가 지속적으로 이루어져 왔으나 실증적인 근거가 부족하여 이를 뒷받침해 줄 수 없었다. 본 연구는 공개입양에서 경험할 수 있는 어려움과 이를 해결하는 데 도움을 줄 수 있는 구체적인 방법들을 제시함으로써 공개입양을 활성화하는 데 도움이 될 수 있을 것이다. 공개입양부모들이 공개입양 과정에서 고려해야 할 내용들을 구체적으로 제시하면 다음과 같다.

먼저, 입양사실의 공개는 장기적, 맥락적으로 이루어져야 한다. 이것은 입양을 일반화하라는 말과 같은 의미이다. 즉, 입양아동들이 오랫동안, 어디에서나 '입양'을 접함으로써 그것에 익숙해지고, 그래서 입양이 특별하거나 다른 것이 아닌 일상적인 것으로 받아들여질 수 있도록 해야 한다는 것이다. 입양과 관련된 기존 문헌들에서는 공개의 시기에 대한 논의를 하고 있는데, 이러한 논의들은 주로 입양아동에게 '결정적 순간'에 입양사실을 공개해야 하는 것처럼 제시하고 있다. 본 연구에서 제안하는 것은 아동이 입양의 본질적 의미를 깨달을 수 있는 연령이 되었을 때(기존 문헌들에서는 그 시기를 만 6~9세 사이로 보고 있다(배태순, 1998). '입양'이라는 말을 제시할 필요도 있지만, 그 전부터 입양이라는 단어에 대해 익숙해지도록 해야 한다는 것이다. 연구결과에는 제시되지 않았지만, 학령기 이전의 많은 입양아동들은 입양을 긍정적인 것으로 인식하고, 그것을 다른 사람들에게 자랑스럽게 이야기하는 모습을 보였다. 물론, 학령기에 접어들면서 외부의 영향으로 그러한 인식과 태도가 억제되는 경향이 있기는 하지만, 입양아동들에게 어릴 때부터 입양의 긍정적인 측면들을 인식시켜줌으로써 이후 입양에 대해 부정적인 태도를 취하는 전통문화의 저항에 도전하는 힘을 갖도록 할 수 있을 것이다.

또한 입양아동들이 어디에서나 '입양'을 접하도록 함으로써 그것을 일상적인 것으로 받아들일 수 있도록 하는 것이 바람직할 것이다. 그런데 이러한 장기적, 맥락적 공개를 위해서는 입양부모 자신들만의 노력으로는 부족하며, 현재의 상황에서는 자조모임의 참여가 필수적이라고 할 수 있다. 엠펙을 비롯한 자조모임은 정기적, 비정기적인 모임과 행사를 통해 입양부모들이 공개입양을 수행하고, 유지할 수 있도록 도우며 다른 입양부모와 입양아동들을 접하고 관계를 형성하여 사회적 관계망을 확대시키도록 함으로써 공개의 맥락적 조건을 제공해준다.

둘째, 본 연구는 공개입양가족이 경험하는 입양 과정과 공개 과정, 그리고 각 과정에서 경험하는 이슈들과 대처방법을 제시함으로써 입양실무자들이 입양가족들을 돕는 데 활용할 수 있도록 하였다. 또한 이러한 내용들을 입양가족의 관점에서 제시함으로써 입양가족에 대한 공감적 이해와 개입을 가능하도록 하였다.

이러한 연구결과들을 근거로 하여 먼저 입양실무자들이 공식적인 입양 절차에서 고려해야 할 내용들을 제시하면 다음과 같다. 첫째,

입양실무자들은 입양부모들에게 필요한 지식과 기술을 갖추고 이를 예비입양부모와 입양부모들에게 제공해 주어야 할 것이다. 많은 예비 입양부모들에게는 입양기관이 '유일하게' 의지할 곳인 경우가 많다. 이들은 입양하려는 동기만 있을 뿐, 앞으로의 절차에 대해서도 모르고 있으며, 입양가족이 된다는 것의 의미도 모르고 있고, 앞으로 입양아동을 양육하는 과정과 공개입양을 수행하는 방법에 대해서도 무지한 경우가 많다. 따라서 입양 실무자들은 입양부모들에게 필요한 지식과 기술들을 갖추고 필요에 따라 제공해 주어야 한다. 최근에는 대부분의 입양기관들이 예비입양부모들과 입양부모들을 대상으로 한 교육을 실시하고 있지만, 일회적인 교육으로는 충분하지 않다. 장기적으로 입양가족을 지원하기 위한 사례관리 체계를 갖추고 지속적인 교육과 서비스를 제공해야 할 것이다.

물론, 비밀입양이 대부분인 현재의 상황에서 사례관리를 확대, 실시하는 데는 한계가 있을 것이다. 대부분의 입양부모들이 사후관리 기간을 지나고 나면 연락이 단절되는 경향이 있기 때문이다. 그러나 연구자가 제안하는 것은 이미 공개입양으로의 전환이 빠르게 진행되고 있기 때문에 지금부터 미리 준비해 두어야 한다는 것이다. 또한 공식적인 입양절차와 사후관리 과정에서 더욱 '공격적'으로 개입함으로써 입양부모들이 장기적으로 입양기관과 연락을 유지하고, 어려움이 있을 때는 언제든 도움을 청할 수 있도록 해야 할 것이다. 이미 상당히 많은 입양기관들이 이런 움직임을 보이고 있는데, 앞으로 점차 확대, 강화해야 할 것이다. 물론 이러한 과정에서도 입양부모들의 비밀보장과 자기결정권은 존중되어야 할 것이다. 즉, 장기적으로 연락할 수 있는 체계는 갖추되 이를 입양부모들이 선택할 수 있도록 하고, 입양부모의 요청에 의해 개입이 진행될 수 있도록 함으로써 연락과정에서 우발적으로 입양사실이 노출되지 않도록 해야 할 것이다.

지금까지의 문제점은 입양가족들이 경험하는 문제가 '극단적인' 수준에 이르러서야 개입을 요청한다는 것이었다. 우선 이러한 경향을 예방하려는 노력이 필요한 것이다.

둘째, 입양부모들을 대상으로 한 교육 프로그램에서 다루어야 할 내용을 제시하면 다음과 같다. 먼저, 입양부모와 입양아동간의 '다름'에 대해 다룰 필요가 있다. 연구결과에서, 입양아동이 입양부모의 기대에 미치지 못함으로 인해 입양가족의 구성원들간에 적응하는 데 어려움을 경험할 수 있다는 사실을 알 수 있었다. 이는 입양부모들이 자신과 입양아동이 다른 체계에서 왔음을 인식하지 못하는 데에서 비롯된 것이다. 입양아동을 그 자체로서 인정하고 이해해야 한다는 것을 인식하도록 해야할 것이다. 또한, '심리적 임신기간'에 대한 교육이 필요하다. 이는 공식적인 입양절차가 시작되면서 곧바로 이루어져야 할 것이다. 입양과 출산의 차이점 중에 대표적인 것이 '예측불가능성'인데, 입양부모는 정확한 입양시기를 예측할 수 없어 신청후 대기기간에 정서적으로 어려움을 경험할 수 있고, 반면에 너무 빨리 입양이 이루어져도 적응하는 데 어려움을 겪을 수 있다. 따라서 이러한 심리적 임신기간이 있을 수 있음을 미리 고지하고 대비하도록 해야 할 것이다. 또한 입양실무자들도 예비입양부모들의 이러한 어려움을 이해하고 배려하려는 노력이 필요하다.

셋째, 공개입양을 확대하기 위한 개입과 홍보활동을 수행해야 할 것이다. 지금까지 대부분의 입양기관들은 한국의 비밀입양 전통을 유지하는 한 축으로 기능해 왔다. 또한 그 때문에 입양가족에 대한 장기적인 사후서비스도 제공할 수 없었다. 물론, 입양기관으로서도 이러한 오랜 전통에 도전하기는 어려웠을 것이다. 그러나 최근 공개입양으로의 전환이 빠르게 일어나고 있다. 한 입양기관의 자체조사에 따르면 예비입양부모의 70% 정도가 공개입양을 하겠다고 응답하였다고 한다. 이미 일반인들과 예비입양부모들에게는 공개입양을 더 바람직한 대안으로 인식하는 경향이 증가하고 있는 것이다. 입양기관과 실무자들은 이러한 흐름에 민감하게 대처해야 할 것이다. 사실, 이러한 흐름의 변화는 그동안 언론을 통한 홍보활동에 전념해 온 공개입양자조모임-엠펙의 공이 크다고 하겠는데, 입양기관들은 이 자조모임과의 협력을 통해 공개입양을 활성화하고 공개입양을 진행하는 데 필요한 지식과 기술의 기반을 갖추어야 할 것이다. 한편, 아직 많은 입양기관들은 공개입양에 대해 유보적인 태도를 취하고 있는 것으로 보인다. 사실, 이러한 태도는 정당한 것이기도 하다. 아직 한국의 상황에서 공개입양의 효과에 대한 실증적인 증거가 없기 때문이다. 그런데 이러한 실증적 증거는 입양기관들에 의해 만들어졌어야 하는 것도 사실이다. 입양실무자들은 더욱 적극적인 개입을 통해 입양부모들이 공개입양을 수행할 수 있도록 지원하고 그러한 과정과 결과를 실증적으로 검토해야 하며, 그러한 결과를 개입의 이론적 기반으로 삼아야 할 것이다.

넷째, 입양 실무자들은 입양가족과 접촉하는 모든 과정에서 입양가족의 입장을 고려한 개입과 서비스를 제공해야 한다. 본 연구의 참여자들은 입양기관의 '차가움'에 대해 지적하였다. 즉 많은 입양기관 실무자들이 예비입양부모들을 사무적으로 대하고 있다는 것이다. 입양 실무자들은 입양기관이 '사회복지서비스' 기관이라는 것을 염두에 두어야 할 것이다. 예비입양부모들 중 상당수는 오랜 불임과 불임치료 과정을 거치면서 생물심리사회적으로 어려움을 겪어왔으며, 마지막 대안으로 입양을 선택한 경우가 많다. 이러한 상황에서 입양실무자들의 '차가운' 태도는 입양하려는 의지를 저하시킬 수 있으며, 심지어 상처를 덧낼 수도 있다. 앞으로 입양실무에서 예비입양부모들에 대한 공감적 태도와 개입이 우선되어야 할 것이다.

다음으로 입양실무자들이 공개입양 과정에서 고려해야 할 내용들은 다음과 같다. 무엇보다도 먼저, 입양을 하기에 앞서 공개입양에 대한 동기를 강화시키고 이를 유지할 수 있는 기제를 제공하는 것이 바람직하다. 동기를 강화시키기 위해서는 공개입양의 긍정적인 측면들을 이론적으로 제시할 뿐만 아니라 실제 사례를 통해 보여주어 모델링하도록 하는 방법이 적절할 것이다. 또한 공개입양을 유지할 수 있도록 하기 위해서는 입양실무자들의 체계적인 관리와 함께 자조집단 참여가 필수적이다. 다행히 최근에 여러 입양기관들에서 입양부모들의 지지집단을 구성하거나 지원하려는 움직임을 보이고 있는데, 이런 모임들을 통해서 공개입양이 활성화되고 지속될 수 있어야 할 것이다.

둘째, 공개입양을 진행하기 위한 구체적인 방법에 대해 교육할 필요가 있다. 위에서 제시한 바와 같이 공개입양의 장점들이 일반인들에게 인식되기 시작하면서 공개입양을 지향하는 입양부모의 비율도 증가하고 있다. 그러나 공개입양이 바람직하다는 사실을 알게 되더라도 이를 실제 행동으로 옮기는 것은 매우 어렵다. 많은 입양부모들은 공개입양을 어떻게 준비하고 수행하며, 지속해야 할지 잘 모르고 있으며, 안다 하더라도 미래에 대한 불안감 때문에 오래도록 망설이게 되고 때로는 '때'를 놓치는 경우도 많다. 그동안 입양기관 등에서 실시하는 입양부모 교육은 주로 입양 자체에만 초점을 두어 영유아기 양육에 대한 지식만을 전달해 왔다. 앞으로는 공개입양의 절차와 방법에 대한 교육을 병행하여 실시해야 할 것이다. 또한 사례관리를 통해 자원을 제공할 뿐만 아니라 공개입양을 지속적으로 진행해 갈 수 있도록 도와야 할 것이다.

오랜 비밀입양 전통으로 인해 입양실무자들도 사후관리 기간이 지난 후에 입양가족들을 지원하기 위한 방법에 대해서는 잘 모르고 있는 실정이다. 지금의 상황에서는 공개입양 자조모임인 엠펙의 구성원들이 입양실무자들보다 더 풍부한 지식과 기술, 경험을 가지고 있는 것으로 보인다. 역시 다행히도, 최근 여러 입양기관들이 공개입양 자조모임들과의 협력을 통해 이러한 지식과 경험들을 공유하고 확대하려는 노력을 하고 있다.

셋째, 앞으로 입양기관과 자조모임간의 적극적인 파트너십과 역할 분담이 필요할 것으로 보인다. 입양기관의 실무자들은 아동양육, 공개입양 등에 대한 정보제공자, 상담자, 사례관리자로서의 역할을 담당하고, 자조모임은 정서적 지지 제공자로서의 역할을 수행하는 것이 적절할 것이다. 입양과 공개입양에 대한 홍보활동은 양측이 협력적, 전략적으로 수행할 필요가 있다. 그동안 입양기관은 입양기관대로, 자조모임은 자조모임대로 홍보활동을 수행해 왔는데, 메시지의 전달 방식과 내용이 달라 효과가 그리 크지 않았다. 두 당사자들의 장점들을 통합하여 홍보활동을 수행한다면 시너지 효과를 낼 수 있을 것이다. 즉, 자조모임은 공개입양가족의 실제 생활모습들을 보여줄 수 있는 사례를 제시해 주고, 입양기관은 매체를 관리하고 전략적인 메시지를 구성하여 전달하는 것이 바람직할 것으로 보인다.

넷째, 본 연구는 입양가족의 적응에 있어서 무엇보다도 자조모임의 필요성과 중요성을 부각시켰다. 연구대상 입양가족들에게 있어서 자조모임은 절대적인 지지 자원인 것으로 나타났으며, 입양가족들의 성공적인 적응을 위해서는 자조모임의 참여가 꼭 필요하다는 것을 확인시켜 주었다. 본 연구의 연구대상 집단처럼 전체 사회에서 '소수'의 지위를 차지하고 있는 경우 자조모임의 필요성은 더욱 커진다.

공개입양을 효과적으로 진행하기 위해서는 자조모임의 참여가 필수적이다. 비밀입양이 입양유형의 대다수를 차지하고 있는 현재의 상황에서는 자조모임이 가장 다양한 도움을 제공해 줄 수 있다. 엠펙을 비롯한 자조모임들은 고유기능인 정서적 지지를 제공해 줄뿐만 아니라, 입양부모들간의 모임을 통해 입양아동 양육, 공개입양에 대한 정보를 공유하고, 실제적인 지식과 기술들을 제공하고 있다. 또한 향후 입양아동 자조모임을 형성함으로써 입양아동들간의 정서적 지지를 제공할 수 있을 것이다. 입양가족과 입양아동이 아직은 소수집단으로서 편견의 대상이 되는 상황에서 이러한 자조모임들은 입양가족들이 주류 문화에 도전하고 어려움을 해결할 수 있도록 하는 강한 지지기반이 될 수 있는 것이다.

3. 정책적 함의

본 연구의 결과가 제공하는 정책적 함의를 제시하면 다음과 같다.

첫째, 본 연구의 결과는 입양가족들을 위한 정책적, 제도적 지원을 촉구한다. 연구결과 중 특히 입양 과정에서 입양수수료 지원이나 완전양자 제도와 같은 이슈들은 현재 첨예한 논쟁거리가 되고 있다. 본 연구 결과가 이러한 논의를 구체화하는 데 도움이 될 수 있을 것이다. 정책적 차원에서 고려해야 할 내용들을 구체적으로 살펴보면 다음과 같다.

먼저, 입양과 관련된 정보의 공유와 공개 제도를 도입해야 할 것이다. 잠재적인 입양부모를 포함한 일반 국민들은 입양에 대해서는 많이 들어왔지만 구체적인 입양절차와 방법에 대해서는 잘 모르는 상황이다. 따라서 이에 대한 홍보가 필요하며, 일단 입양 절차를 진행하게 되면 이후의 모든 절차들을 이해할 수 있도록 정보를 제공해야 할 것이다. 연구결과에서 제시된 것처럼, 입양기관들마다 입양부모에 대한 심사기준이 달라서 입양부모들이 입양기관들을 떠돌아다니는 현상까지 발생하고 있다. 각 입양기관들은 명확하고 구체적인 심사기준을 제시하고 심사절차에 대한 정보도 공개하는 것이 바람직할 것이다. 또한 정부기관의 홈페이지 등을 통해 각 입양기관들의 심사기준과 절차를 알 수 있도록 하는 방안도 고려해 볼 수 있다.

둘째, 완전양자제도의 도입을 추진해야 할 것이다. 이는 입양아동을 입적하는 과정에서 나타나는 문제들을 해결하기 위한 것이다. 현재는 합법적인 입적 절차를 거치게 되면 입양아동이 호적에 '양자'로 표기되도록 되어 있는데, 비밀입양을 하고자 하는 입양부모들은 이것이 비밀입양을 유지하기 어렵게 하기 때문에, 그리고 공개입양부모들은 입양아동에 대한 '미안함' 때문에 동사무소에 '거짓말'을 해서 친자로 입적을 하는 것이 일반적이다. 그리고 입양기관과 행정기관들도 이를 공공연한 사실로 받아들이고 있는 현실이다. 이러한 문제들을 해결하기 위해 현재 여성부와 여성단체들을 중심으로 '친양자 제도' 도입이 추진되고 있는데, 이 제도는 주로 '재혼' 가정의 자녀들을 위한 것으로 구성되고 있다. 따라서 입양아동들을 위해서는 완전양자제도를 도입할 필요가 있다.

셋째, 입양알선 비용을 지원하거나 현실화하고 지불방식을 개선해야 할 것이다. 현재 국내에서 입양기관을 통해 입양을 할 때는 평균 200만원의 입양알선 비용을 지불하도록 되어 있다. 이러한 비용부담 때문에 많은 잠재적인 입양부모들이 입양을 포기하고 있고, 연구결과에서 제시된 것처럼, 이러한 비용을 부담하고 입양을 한 입양부모들은 '아동을 사고판다는' 느낌을 갖게 된다. 이는 입양알선 비용을 입양기관에 직접 지불하는 방식 때문이라고도 할 수 있다. 최근 정부에서 이러한 입양알선 비용을 지원하기 위해 협의 중인 것으로 알려지고 있는데, 가능한 전액 지원하는 것이 바람직하며, 그럴 수 없다면 비용을 현실화하고 지불방식을 바꿔야 할 것이다. 즉, 입양알선 비용에 포함된 내역을 구체적으로 공개하고, 이것을 정부기관을 통해 간접적으로 지불하는 방식을 생각해 볼 수 있다.

둘째, 입양기관에 대한 제도적 지원을 할 필요가 있다. 현재 입양기관들은 정부의 지원을 많이 받지 않고 있다. 이로 인해 기관 정책의 왜곡을 경험하기도 한다. 입양기관은 입양부모와 입양아동, 친생부모의 복지를 향상시키기 위한 최일선 기관으로 작동해야 할 것이다. 이를 위해서는 재정적인 지원과 이에 대한 관리체계가 선행되어야 할 것으로 보인다.

제3절 후속 연구에 대한 제언

후속연구에 대한 의견을 제안하면 다음과 같다.

먼저, 공개입양의 역사가 오래되지 않아 본 연구가 진행된 시점에서는 자조모임에 소속되어 있는 입양가족의 아동들이 대부분 영유아기에 머물러 있었고, 학령기 아동은 소수에 불과했다. 이 때문에 청소년기나 성인기 입양인들을 이해하는 데는 어려움이 있었다. 공개입양과 관련된 이슈들을 폭넓게 이해하기 위해서는 앞으로 학령기와 청소년기, 성인기에 이르는 발달단계별로 다양한 입양인들을 대상으로 연구해야 할 것이다.

둘째, 본 연구의 정보제공자들은 대부분 적극적으로 활동하는 입양부모들이었으며, '잘' 적응해가는 사람들이었다. 현재 적응상에 어려움을 경험하는 입양가족들을 포함하였다면 더 폭넓은 논의가 가능하였을 것이다. 후속 연구에서 높은 적응수준을 가진 가족들과 낮은 적응수준을 가진 가족들을 비교함으로써 이러한 논의가 가능할 것이다.

참고문헌

[국내 문헌]

김영화(2002). "국내입양가정의 가족기능에 관한 연구". 숭실대학교 박사학위
　　논문.
김현용 외(1997). 『현대사회와 아동―아동복지의 시각에서』. 소화.
두산동아편집부(2002). 『동아 새국어사전』. 두산동아.
박미현(1994). "국내입양 파양에 관한 사례 연구". 이화여자대학교 석사학위
　　논문.
박인선(1994). "해외입양인의 뿌리찾기에 관한 연구". 이화여자대학교 박사학
　　위논문.
박지원(1985). "사회적 지지 척도 개발을 위한 일 연구". 연세대학교 박사학
　　위논문.
변용찬·이삼식·김유경(1999). "우리 나라 입양제도 개선에 관한 연구". 한
　　국보건사회연구원.
배태순(1998). 『입양의 이해와 입양의 성공』. 경남대학교 출판부.
보건복지부(2001). 『보건복지통계연보』.
오승환(2001). "저소득 결손가족 청소년의 적응 결정요인". 서울대학교 박사
　　학위논문.
윤현선(2001). "국내입양부모의 사회적 지지와 부모역할수행 자신감, 가족적
　　응력간의 관계". 가톨릭대학교 석사학위논문.
이미선(2001). "해외입양인의 심리사회적 적응에 영향을 미치는 요인에 관한
　　연구". 서울여자대학교 박사학위논문.
이현정(2002). "입양 형태에 따른 입양부모의 양육경험 사례연구". 숙명여자
　　대학교 석사학위논문.
장인협·오정수(1993). 『아동·청소년 복지론』. 서울대학교출판부.
장휘숙(1998). 『발달정신병리학의 이해』. 학지사.
정기원·김만지(1993). "우리나라 입양의 실태 분석". 한국보건사회연구원.
최준식(1997). 『한국인에게 문화는 있는가』. 사계절.

허남순(1985). "미국 가정에 입양된 한국 아동들의 적응에 관한 연구". 사회
복지, 83. 한국사회복지협의회.
홀트아동복지회(2002). 『한사랑 부모교육』. 홀트아동복지회.

[외국 문헌]

Barth, R. P. & Berry, M. (1988). *Adoption and Disruption: Rates, Risks, and Responses*.
New York: Wiley.

Bohman, M. & Sigvardsson, S. (1990). Outcome in Adoption: Lessons from
Longitudinal Studies. *The Psychology of Adoption*. Oxford: Oxford University
Press.

Brinich, P. M. (1980). Some potential effects of adoption on self and object
representations. *Psychoanalytic Study of the Child*, 35, 107-133.

Brodzinsky, D. M. (1987). Adjustment to adoption: A psychosocial perspective.
Clinical Psychology Review, 7, 25-47.

Brodzinsky, D. M. (1990). A Stress and Coping Model of Adoption Adjustment.
The Psychology of Adoption. Oxford: Oxford University Press.

Brodzinsky, D. M., Schechter, D. E., & Brodzinsky, A. B. (1986). Children's
knowledge of adoption: Development changes and implications for
adjustment. In R. Ashmore & D. Brodzinsky(Eds.). *Thinking about the family:
Views of parents and children*. Hillsdale, NJ: Erlbaum.

Brodzinsky, D. M., Schechter, M. D., & Henig, R. M. (1992). *Being adopted: the
lifelong search for self*. New York: Doubleday.

Brodzinsky, D. M., Singer, L. M., & Braff, A. M. (1984). Children's understanding
of adoption. *Child Development*, 55, 869-878.

Conway, P. & Valintine, D. (1988). Reproductive Loses and Grieving, In D.
Valentine, (ed.), *Infertility and Adoption: A Guide for Social Work Practice*. NY:
Howarth Press.

Crane, J. G. & Angrosino, M. V. (1992). *Field Projects in Anthropology: A Student
Handbook*. 문화인류학 현지조사방법. 한경구·김성례 역(1996). 일조각.

Creswell, J. W. (1998). *Qualitative inquiry and research design: choosing among five traditions*. CA: Sage.

Currier, S. (1991). *The Impact of the Family Environment on the Adjustment of Adopted Adults as Compared to Biological Counterparts*. Ph. D. Dissertation. California School of Professional Psychology.

Germain, C. B. (1979). *Social Work Practice: People and Environments*. N.Y.: Columbia University Press.

Hofstede, G. (1991). *Culture and Organizations: Software of the Mind*. London: McGraw Hills. 세계의 문화와 조직. 차재호·나은영 역(1995). 학지사.

Kadushin, A. (1980). *Child Welfare Services*. N.Y., Macmillan.

Kirk, H. D. (1964). *Shared fate: A theory of adoption and mental health*. London: The Free Press of Glencoe.

Lawton, J., & Gross, S. (1964). Review of the psychiatric literature on adopted children. *Archives of General Psychiatry*, 11, 633-644.

Lazarus, R. S. (1977). *Personality and Adjustment*. Englewood Cliffs, NJ: Prentice Hall.

Lincoln, Y. S., & Guba, E. (1985). *Naturalistic Inquiry*. Beverly Hills, CA: Sage.

McCubbin, H. I., McCubbin, M. A., & Tompson, A. I. (1993). Reseliency in families: the role of family schema and appraisal in family adaptation to crises(pp. 153-177). In T. H. Brubaker(ed.). *Family Relations: Challenges for the future*. Newbury Park, CA: Sage Publications.

Nickman, S. L. (1985). Losses in adoption: The need for dialogue. *Psychoanalytic Study of the Child*, 40, 365-398.

Partridge, S. Hornby, H., & McDonald T. (1986). *Learning from adoption disruption: Insight for practice*. Portland, ME: Human Services Develop- ment Institute.

Pederson, D. R., & Gilby, R. L. (1986). Children's concepts of the family, In R. Ashmore & D. Brodzinsky (Eds.). *Thinking about the family: Views of parents and children*. Hillsdale, NJ: Erlbaum.

Piaget, J. (1964). *Judgement and reasoning in the child. Paterson*, NJ: Littlefield, Adams.

Rubin, A., & Babbie, E. R. (1997). *Research Methods for Social Work*. Pacific Grove, CA: Brooks/Cole. 사회복지조사방법론. 성숙진·유태균·이선우 역

(1998). 나남.

Singer, L. M., Brodzinsky, D. M., & Braff, A. M. (1982). Children's belief about adoption: A developmental study. *Journal of Applied Development Psychology*, 3, 285-294.

Slobodnik, N. J. (1996). *Communication about Adoption, Personality Development and Attachment in Adoptive Families*. Ph. D. Dissertation. Seton Hall University.

Spradley, J. P. (1979). *Ethnographic Interview*. New York : Holt, Rinehart and Winston. 문화기술적 면접법. 박종흡 역 (2003). 시그마프레스.

Spradley, J. P. (1980). Participant Observation. New York : Holt, Rinehart and Winston. 문화탐구를 위한 참여관찰방법. 이희봉 역 (2000). 대한교과 서주식회사.

Walsh, F. (1998). *Strengthening Family Resilience*. New York: Guilford Press. 가족과 레질리언스. 양옥경 · 김미옥 · 최명민 역 (2002). 나남.

[인터넷 홈페이지]

한국입양홍보회 http://www.mpak.org

부 록

[부록 1] 연구참여 동의서

연구 참여 동의서

아래 정보들은 귀하가 본 연구에 대한 참여의사를 결정하는 데 도움을 주기 위해 제공되는 것입니다. 귀하는 연구에 대한 참여 여부를 자유롭게 결정할 수 있으며 연구자와의 관계에 영향을 주지 않고 언제든 참여를 중단할 수 있습니다.

이 연구의 목적은 국내 공개입양가족들이 입양자녀에게 입양사실을 공개한 이후 상호 적응해 가는 과정을 이해하고자 하는 것입니다.

연구를 위한 면접은 이후 여러 차례에 걸쳐 이루어질 수 있으며, 자료수집은 문헌, MPAK 홈페이지, 면접, 관찰 현장노트를 통해 이루어집니다. 자료수집에 포함될 사람은 귀하를 포함한 가족 구성원들이 될 것입니다.

참여하기 전이든, 참여하는 중이든 언제든 연구에 대해 질문하십시오. 연구가 끝난 다음에 저는 연구결과들을 귀하와 기꺼이 나눌 것입니다. 그러나 귀하의 이름은 어떤 방식으로든 연구결과에 제시되지 않을 것이며 참여자로서 귀하의 신분은 연구자만 알고 있을 것입니다.

이 연구와 관련된 위험요인이나 불편사항은 아직 알려진바 없습니다.

본 연구 참여와 관련되어, 귀하는 다른 입양가족들이 입양사실 공개 이후 적응해 가는 과정과 구체적인 대처방법에 대한 정보를 얻을 수 있을 것입니다.

절차의 특성과 목적을 이해하시고 동의하시면 사인해 주십시오. 이 동의 양식의 사본은 귀하에게도 드릴 것입니다.

날 짜 _____

참여자 _____ 사인 _____

연구자 : 서울대학교 사회복지학과 박사과정 권지성

연락처 : ○○○-×××-○○○○

[부록 2] 면접 질문지

[입양부모용] 면접 질문지

I. 개인적 특성

1. 이　　름:
2. 생년월일:
3. 종　　교:
4. 학　　력:
5. 소득수준:

II. 입양관련 내용

1. 입양하셨을 때 귀하의 나이는 몇 살이었습니까?
2. 입양하게 된 동기는 무엇입니까?
3. 입양 전에는 입양에 대해 어떻게 생각하셨습니까?
4. 입양 후에는 입양에 대해 어떻게 생각하십니까?
5. 입양을 한 기관과 절차는 어떠했습니까?

III. 적응양상

1. 현재 입양자녀와의 관계는 어떻습니까?
2. 친척들, 친구들, 이웃들과의 관계는 어떻습니까?
3. 입양아동의 부모로서 자기 자신에 대해 어떻게 생각하십니까?

IV. 적응과정과 대처방법

1. 언제 입양사실을 공개하셨습니까?
2. 입양사실을 공개할 당시 상황은 어떠했습니까?
3. 입양사실을 말했을 때 아동은 어떤 반응을 보였습니까?
4. 입양아동의 반응에 대해 어떤 생각, 느낌이 드셨습니까?

5. 입양아동의 반응에 대해 어떻게 대처하셨습니까?
6. 입양사실의 공개 이후 귀하와 귀하의 가족들이 경험한 어려움에는 어떤 것들이 있습니까?
7. 그러한 어려움들에 대처해 온 과정과 방법들에 대해 말씀해 주십시오
8. 입양과 관련하여 이전에 아동에게 이야기한 적이 있습니까?
9. 그때 아동의 반응은 어떠했습니까?

V. 가족관련 내용

1. 입양사실을 공개하기 전에 아동과의 관계는 어떠했습니까?
2. 입양사실의 공개 이전에 형제들간의 관계는 어떠했습니까?
3. 이러한 가족간의 관계가 입양사실을 공개한 이후 적응하는 데 영향을 미쳤습니까?
4. 구체적으로 어떤 영향을 미쳤습니까?

VI. 사회문화적 환경 특성

1. 입양사실을 가족 외에 누가 알고 있습니까?
2. 그들은 입양아동을 어떻게 대해주었습니까?
3. 그들은 입양아동을 제외한 귀하의 가족들을 어떻게 대하였습니까?
4. 그들이 입양사실의 공개 이후 적응하는 데 영향을 미쳤습니까?
5. 구체적으로 어떤 영향을 미쳤습니까?
6. 입양가족으로서 살아가는 데 어려움을 주는 다른 요인들이 있습니까?
7. 그런 요인들은 구체적으로 어떤 영향을 미치고 있습니까?

[입양아동용] 면접 질문지

I. 개인적 특성

1. 이   름:
2. 생년월일:
3. 종   교:
4. 학   력:

II. 입양관련 내용

1. 입양되었을 때 나이는 몇 살이었습니까?

III. 적응양상

1. 현재 부모님과의 관계는 어떻습니까?
2. 친구들과의 관계는 어떻습니까?
3. 학교생활은 어떻습니까?
4. 자기 자신에 대해 어떻게 생각하십니까?

IV. 적응과정과 대처방법

1. 언제 입양사실을 알게 되었습니까?
2. 입양사실을 들었을 때 어떤 생각, 느낌이 들었습니까?
3. 입양사실을 들었을 때 어떻게 행동하였습니까?
4. 입양사실을 들은 이후 어떻게 대처하였습니까?
5. 입양사실의 공개 이후 귀하와 귀하의 가족들이 경험한 어려움에는 어떤 것들이 있습니까?
6. 그러한 어려움들에 대처해 온 과정과 방법들에 대해 말씀해 주십시오
7. 입양과 관련하여 이전에 부모님과 이야기한 적이 있습니까?
8. 그때는 입양에 대해 어떤 생각이 들었습니까?

V. 가족관련 내용

1. 입양사실을 알기 전에 부모님과의 관계는 어떠했습니까?
2. 입양사실을 알기 전에 평소 부모님은 어떻게 대해주었습니까?
3. 입양사실의 공개 이전에 형제들간의 관계는 어떠했습니까?
4. 이러한 가족간의 관계가 입양사실을 알게 된 이후 적응하는 데 영향을 미쳤습니까?
5. 구체적으로 어떤 영향을 미쳤습니까?

VI. 사회문화적 환경 특성

1. 입양사실을 가족 외에 누가 알고 있습니까?
2. 그들은 귀하를 어떻게 대해주었습니까?
3. 그들은 귀하를 제외한 가족들을 어떻게 대하였습니까?
4. 그들이 입양사실의 공개 이후 적응하는 데 영향을 미쳤습니까?
5. 구체적으로 어떤 영향을 미쳤습니까?
6. 입양인으로서 살아가는 데 어려움을 주는 다른 요인들이 있습니까?
7. 그런 요인들은 구체적으로 어떤 영향을 미치고 있습니까?

[부록 3]

자주 하는 질문들[15]

1. 입양은 결혼한 사람만 할 수 있나요?

현재 입양특례법에 의하면 양부모 되실 조건이 나오는데 결혼한 부부가 입양하실 수 있는 기본 조건입니다.

2. 이혼한 경우 남편의 아이를 혼자 입양 보낼 수 있나요?

현재 입양기관에서는 보호자가 있는 아동의 경우, 입양이 어려운 상태입니다. 부모가 이혼을 했을지라도 보호자가 있는 아동으로 간주합니다. 특히 호적이 있는 아동은 입양이 거의 불가능합니다.

현재 귀하의 자녀 경우는 위와 같은 이유로 입양이 불가능한 상태이며, 형편이 어려우시더라도 아이 입장에서 신중히 생각하시고 아버지와 의논하셔서 양육하시는 것이 어떠실지요.

3. 자녀가 있어도 입양할 수 있나요?

최근 입양에 대한 의식들이 많이 달라지셔서 친자가 있으신 가정의 입양이 점차적으로 늘어가는 추세입니다. 친자가 있는 경우도 입양은 가능하지만, 친자녀를 어느 정도(약 2~3세)까지 양육하신 다음 입양 하시는 것이 친자녀나 입양아의 양육에 좋으실 듯 합니다.

친자녀가 있으신 경우 친자녀에게 동생이 입양되었다는 사실을 알리실 것인지, 그 사실이 친자녀나 입양아의 성장에 어떠한 영향을 줄 수 있는지를 가장 먼저 고려하셔야 할 듯합니다.

4. 입양가정의 자격은 어떻게 되나요?

입양가정의 요건은 경제적, 사회적, 심리적으로 아동 양육에 가장 좋은 여

---

15) 출처: 한국입양홍보회 홈페이지(www.mpak.org)

건이 되는 것이 기본입니다. 하지만 외적인 조건이 아무리 좋다하더라도 아동을 사랑하는 마음이 없다면 곤란하겠죠.

가정이 사랑으로 안정되고 일정한 수입이 있으시고, 아동을 양육시킬 수 있는 기본적인 교육수준이 있으시면 입양이 가능하십니다.

일단 두 분이 어떠한 마음으로 입양을 진행하시는가 하는 것이 가장 중요한 입양요건이므로 가까운 입양기관에 내방하셔서 상담하시면 더 좋으실 것 같습니다.

5. 입양 후 친부모가 아기를 찾아오는 경우는 없나요?

친부모가 아기를 입양 보낼 때에는 친권포기와 입양동의라는 것을 합니다.

이러한 서류상의 절차를 밟아 입양간 아기를 다시 찾는 일은 거의 없다고 생각하시면 됩니다. 또한 양부모의 인적사항이나 친부모의 인적사항은 비밀보장의 원칙에 따라 입양기관을 통해 쌍방으로 교환되지 않으므로 걱정하지 않으셔도 됩니다.

6. 입양절차가 왜 이렇게 까다로운가요?

입양이란 실제로 자녀를 양육하는 것이기 때문에 부모의 사랑과 희생을 필요로 합니다.

종종 입양하신 후 실패하시는 경우가 있는데, 그러한 경우 아동이나 양부모님께 돌이킬 수 없는 상처가 되기 때문에, 입양은 신중히 생각하셔야 합니다. 그러한 이유로 입양 상담이나 진행절차가 까다롭다고 느끼는 분이 많은 듯합니다.

7. 나는 친자식이 벌써 있다. 입양한 아이를 내 친자식처럼 사랑할 수 있을지 두렵다.

입양아동에게 좋은 환경은 아이가 이미 한명 이상 있는 가정입니다. 친자인 형제가 있는 가정은 입양아동이 가정에 적응하기에 수월하며, 입양이 입양아동이나 친자녀 모두에게 도움이 될 수 있습니다.

실제로 많은 부모님들이 이러한 걱정 속에서 입양을 하지만, 입양 후에는 똑같은 마음으로 친자와 입양아동을 사랑하게 되었다는 이야기를 많이 듣게 되곤 합니다. 가정이 없는 아이를 가정에 받아들이기로 마음먹는 것 자체가 이미 큰 사랑의 선택이며, 아이가 가정의 구성원이 된 후에는 아이가 정말 사랑스러운 존재임을 알게 되기 때문입니다.

우리는 우리가 누군가를 사랑하는 것이 자신이 선택하는 것임을 알 필요가 있습니다. 우리는 배우자를 사랑하기로 선택했습니다. 친구도 역시 그렇습니다. 다른 모든 사람을 사랑하는 것과 마찬가지로 입양아동을 사랑하는 것은 우리의 선택에 달린 문제입니다.

8. 나는 입양아동이 나중에 잘못될까봐 두렵다. 주변에서 그런 이야기를 많이 들었다.

역사와 경험은 우리에게 입양아동이 친자녀만큼 정상적인 사회인으로 자란다는 것을 말해줍니다. 오히려 연구조사는 입양아동이 훌륭한 사회적 지위를 얻는 비율이 친자녀보다 높음을 말해주고 있습니다. 친자녀의 출생은 많은 경우 특별한 계획 없이 일어나나 입양은 치밀한 계획과 준비 속에서, 부모가 특별한 사랑을 가지고 아동을 양육하기 때문입니다.

친부모 밑에서 자란 아동들도 학교나 사회에서 낙오되는 경우가 많습니다. 입양아동들도 충분히 그럴 가능성이 있습니다. 그러나 입양아동이 문제를 일으키면, 대부분의 한국 사람들은 실패 원인을 입양아동이기 때문이라고 말합니다. 자극적인 내용을 원해서 성급한 결론을 내는 언론보도 때문이기도 합니다.

아동 양육에 대한 실패의 두려움은 입양아동에게만 있는 것이 아니라 친자녀에게도 있는 것입니다. 두려움에 떨 필요는 없습니다. 가족으로서의 기쁨을 나누고, 사랑 받으며 자란다면, 사랑스럽고 책임감 있는 아이로 성장할 것입니다.

9. 내 아이에게 입양되었다는 말을 하기가 두렵다.

입양아동이 자신의 입양사실을 알아야 하는 가장 중요한 이유는, 자신의 출생에 대한 진실을 알 권리가 있기 때문입니다. 아무리 아픈 과거가 있더라도 그 아이는 자라면서 자신의 과거와 현 상황을 받아들이고 성숙해 갑니다. 특히 입양부모로부터 받는 사랑이 그 성숙과정에 큰 힘이 됩니다. 따라서 생각만큼 두려워하실 일이 아닙니다.

또한 '아이에게 입양했다는 말을 하기가 두렵다.'라는 생각보다, '아이에게 입양했다는 말을 하지 않을 때가 더 두렵다.'라고 생각하셔야 됩니다.

10. 아이가 나중에 우리를 자신의 부모로 받아들일까?

'입양자녀가 당신을 부모로 받아들이지 않으면 어떻게 하나'하는 것은 지나친 우려입니다. 대부분 아이들이 자신을 낳아준 부모보다 자신을 사랑하는 사람을 더 기억합니다. 아마 이래서 '낳은 정 보다 기른 정이 더 크다'라는 말이 생긴 것 같습니다. 입양아가 당신을 부모로 인정하고 받아들이도록 하는 제일 좋은 방법은 당신이 그 아이를 친자식처럼 받아들이고 사랑하는 것 밖에 없습니다.

당신이 입양자녀를 진실로 사랑한다면 그 아이는 그 사실을 알 것입니다. 그 아이는 그 사랑을 기억하며 늘 당신과 함께 할 것입니다. 아이가 나중에 당신을 자기의 부모로 받아들일까 하는 염려보다 당신이 어떠한 일이 있어도 그 아이를 진실로 친자식같이 사랑하겠다하는 마음가짐이 더 중요하다고 생각합니다. 그러하면 그 아이는 반드시 당신을 친부모로 받아들일 것입니다.

11. 입양을 하고 싶으나 경제적인 제한이 있다.

당신이 자신의 아이처럼 사랑하고 받아들이기를 갈망하면 경제적인 어려움은 극복할 수 있습니다. 아주 가난한 가족들도 그들의 자녀들이 있고 살기 위해 최선을 다합니다. 만일 진정으로 아이를 입양하기를 원한다면 언제나 방법은 있습니다. 사람들은 차를 사거나 집수리를 위해 2만 불이나 3만 불을 지출합니다. 돈이 없을 경우 빌립니다. 그러나 많은 사람들이 가정이 없는 아이를 위해 돈을 쓰는 것은 두려워합니다. 무엇이 우선인가에 달려있습니다. 또한 가정의 행복이 경제적 조건에 달려 있는 것은 아닙니다. 사랑으로 아이를 키우세요.

[부록 4]

입양촉진 및 절차에 관한 특례법

[일부개정 2005.3.31 법률 7448호]

제1장 총칙

제1조 (목적)

이 법은 요보호아동의 입양을 촉진하고 양자로 되는 자의 보호와 복지증진을 도모하기 위하여 필요한 사항을 규정함을 목적으로 한다.

제2조 (정의)

이 법에서 사용하는 용어의 정의는 다음과 같다. <개정 2000.1.12, 2005.3.31>
1. "아동"이라 함은 18세미만의 자를 말한다.
2. "보호를 필요로 하는 아동"이라 함은 아동복지법 제2조제2호의 규정에 의한 보호를 필요로 하는 아동을 말한다.
3. "입양아동"이라 함은 이 법에 의하여 입양된 아동을 말한다.
4. "부양의무자"라 함은 「국민기초생활 보장법」 제2조제5호의 규정에 의한 부양의무자를 말한다.

제3조 (책임)

① 모든 아동은 그가 태어난 가정에서 건전하게 양육되어야 한다.
② 국가 및 지방자치단체는 태어난 가정에서 아동이 건전하게 양육될 수 있도록 지원하고 태어난 가정에서 양육이 곤란한 아동에게는 건전하게 양육될 수 있는 다른 가정을 제공하기 위하여 필요한 조치와 지원을 하여야 한다. <개정 2005.3.31>
③ 모든 국민은 입양아동의 건전한 양육에 협력하여야 한다.
④ 국가 및 지방자치단체는 요보호아동의 입양 활성화 및 입양 후 가정생활의 원만한 적응을 위하여 다음 각호의 사항을 실시하여야 한다. <신설 2005. 3.31>
  1. 입양정책의 수립 및 시행
  2. 입양에 관한 실태조사 및 연구
  3. 입양 및 사후관리 절차의 구축 및 운영

4. 입양 및 가족 지원
5. 입양 후 원만한 적응을 위한 상담 및 사회복지서비스 제공
6. 입양에 대한 교육 및 홍보
7. 입양 모범사례 발굴
8. 그 밖에 보건복지부령이 정하는 필요한 사항

제3조의2 (입양의 날)

① 건전한 입양문화의 정착과 국내입양의 활성화를 위하여 5월 11일을 입양의 날로 하고, 입양의 날부터 1주일을 입양주간으로 한다.
② 국가 및 지방자치단체는 제1항의 규정에 의한 입양의 날 취지에 적합한 행사 등 사업을 실시하도록 노력하여야 한다. [본조신설 2005.3.31]

제2장 입양의 요건

제4조 (양자될 자격)

이 법에 의하여 양자가 될 자는 요보호아동으로서 다음 각호의 1에 해당하는 자이어야 한다. <개정 1999.9.7>

1. 보호자로부터 이탈된 자로서 특별시장·광역시장·도지사(이하 "시·도지사"라 한다) 또는 시장·군수·구청장(자치구의 구청장에 한한다. 이하 같다)이 부양의무자를 확인할 수 없어 국민기초생활보장법에 의한 보장시설(이하 "보장시설"이라 한다)에 보호의뢰한 자
2. 부모(부모가 사망 기타 사유로 동의할 수 없는 경우에는 다른 직계존속) 또는 후견인이 입양을 동의하여 보장시설 또는 제10조의 규정에 의한 입양기관에 보호의뢰한 자
3. 법원에 의하여 친권상실의 선고를 받은 자의 자로서 시·도지사 또는 시장·군수·구청장이 보장시설에 보호의뢰한 자
4. 기타 부양의무자를 알 수 없는 경우로서 시·도지사 또는 시장·군수·구청장이 보장시설에 보호의뢰한 자

제5조 (양친될 자격등)

① 이 법에 의하여 양친이 될 자는 다음 각호의 요건을 갖춘 자이어야 한다. <개정 1997.12.13>
  1. 양자를 부양함에 충분한 재산이 있을 것
  2. 양자에 대하여 종교의 자유를 인정하고 사회의 일원으로서 그에 상응한

양육과 교육을 할 수 있을 것

3. 가정이 화목하고 정신적·신체적으로 양자를 부양함에 현저한 장애가 없을 것

4. 양친이 될 자가 대한민국 국민이 아닌 경우 본국법에 의하여 양친이 될 수 있는 자격이 있을 것

5. 기타 양자로 될 자의 복지를 위하여 보건복지부령이 정하는 필요한 요건을 갖출 것

② 양친은 양자를 천한 직업 기타 인권유린의 우려가 있는 직업에 종사하지 아니하도록 하여야 한다.

제6조 (입양의 동의)

① 제4조 각호의 1에 해당하는 자를 양자로 하고자 할 때에는 부모의 동의를 얻어야 하고, 부모가 사망 기타 사유로 동의할 수 없는 경우에는 다른 직계존속의 동의를 얻어야 하며, 부모나 다른 직계존속을 알 수 없는 경우에는 후견인의 동의를 얻어야 한다. 다만, 제4조제2호에 해당하는 자를 양자로 하고자 할 때에는 보호의뢰시의 입양동의로써 입양의 동의로 갈음할 수 있다.

② 15세이상인 자를 양자로 하고자 할 때에는 제1항의 규정에 의한 입양동의외에 양자로 될 자의 동의를 얻어야 한다.

③ 후견인은 가정법원의 허가를 받지 아니하고 제1항의 규정에 의한 입양의 동의를 할 수 있다.

④ 제1항 내지 제3항의 규정에 의한 입양의 동의는 서면에 의하되, 동의에 필요한 서류 기타 필요한 사항은 보건복지부령으로 정한다. <신설 1999.1.21>

제3장 입양절차

제7조 (입양의 효력발생)

① 이 법에 의한 입양은 호적법이 정하는 바에 의하여 신고함으로써 그 효력이 생긴다.

② 제1항의 신고는 양친이 될 자가 양자로 될 자의 후견인과 함께 서면으로 하되, 다음 각호의 서류를 첨부하여야 한다.

1. 양자로 될 자가 제4조 각호의 1에 해당하는 자임을 증명하는 서류

2. 제5조제1항의 규정에 의한 양친이 될 자의 가정상황에 관한 서류

3. 제6조의 규정에 의하여 입양을 동의한 사실을 증명하는 서류

③ 제2항제1호 및 제2호의 규정에 의한 서류는 대통령령이 정하는 기관이 당해

서류의 작성에 필요한 조사·확인을 한 후 이를 발급하되, 당해서류의 신청절차 기타 서류의작성등에 관하여 필요한 사항은 보건복지부령으로 정한다. <신설 1999.1.21>

제8조 (양자)

① 이 법에 의하여 양자로 되는 자는 양친이 원하는 때에는 양친의 성과 본을 따른다.
② 제1항의 규정에 의하여 양친의 성과 본을 따른 양자가 입양이 취소되거나 파양된 경우에는 본래의 성과 본을 따른다. 이 경우 그 양자이었던 자는 본인이 제4조 각호의 1에 해당하였던 자임을 증명하는 서류를 갖추어 호적법이 정하는 바에 의하여 신고하여야 한다.

제9조 (입양취소청구의 소의 제한)

이 법에 의하여 입양되어 6월이 경과된 때에는 양자·양친·친부모 기타 관계인은 다음 각호의 1에 해당하는 때를 제외하고는 입양취소청구의 소를 제기할 수 없다. <개정 2005.3.31>
1. 약취 또는 유인에 의하여 보호자로부터 이탈되었던 자가 양자로 된 때
2. 사기 또는 강박으로 인하여 입양의 의사표시를 한 때

제4장 입양기관

제10조 (입양기관)

① 입양기관을 운영하고자 하는 자는 사회복지사업법에 의한 사회복지법인으로서 보건복지부장관의 허가를 받아야 한다. 다만, 국내입양만을 알선하고자 하는 자는 시·도지사의 허가를 받아야 한다. <개정 1997.12.13>
② 제1항의 규정에 의하여 허가받은 사항중 대통령령이 정하는 중요한 사항을 변경하고자 하는 경우에는 신고하여야 한다. <개정 1999.1.21>
③ 외국인은 입양기관의 장이 될 수 없다.
④ 입양기관의 장이 입양을 원하는 국가나 그 국가의 공인받은 입양기관과 입양업무에 관한 협약을 체결한 때에는 보건복지부령이 정하는 사항을 보건복지부장관에게 보고하여야 한다. <개정 1997.12.13, 1999.1.21>
⑤ 입양업무에 관한 협약에 포함되어야 할 사항은 대통령령으로, 입양기관의 시설 및 종사자의 기준과 허가 및 변경신고등에 관하여 필요한 사항은 보건복지부령으로 정한다. <개정 1999.1.21>

제11조 삭제 <1999.1.21>

제12조 (입양기관의 의무)

① 입양의뢰된 자의 권익을 보호하고, 대통령령이 정하는 바에 의하여 부모에게 충분한 입양상담을 제공하며, 부모를 알 수 없는 경우에는 우선 부모 등 직계존속을 찾는 노력을 다하여야 한다. <개정 2005.3.31>

② 입양기관의 장은 입양알선을 행함에 있어 그 양친이 될 자에 대하여 제5조 제1항 각호의 사실을 조사하여야 한다.

③ 입양기관에 종사하는 자 또는 종사하였던 자는 그 업무에 관하여 알게 된 비밀을 누설하여서는 아니된다.

④ 입양기관의 장은 양친이 될 자에게 입양전에 아동양육에 관한 교육을 실시하여야 하며, 입양성립후에는 보건복지부령이 정하는 바에 의하여 입양아동과 그에 관한 기록등을 양친 또는 양친이 될 자에게 인도하고 그 결과를 시장·군수·구청장에게 보고하여야 한다. <개정 1999.1.21>

⑤ 입양기관의 장은 입양성립후 6월까지 양친과 양자의 상호적응상태에 대하여 보건복지부령이 정하는 사후관리를 하여야 한다. 다만, 국외로 입양되는 자의 사후관리는 그 국가의 국적을 취득할 때까지로 한다. <개정 1997.12.13>

⑥ 입양기관의 장은 국외로 입양된 자를 위하여 입양된 자가 그 국가의 국적을 취득한 후에도 모국방문사업등 대통령령이 정하는 사업을 시행하여야 한다. <개정 1999.1.21>

제13조 (입양기관의 장의 후견직무)

입양기관의 장은 입양을 알선하기 위하여 보장시설의 장, 부모, 다른 직계존속 또는 후견인으로부터 입양될 자를 인수한 때에는 그 인수한 날부터 입양이 완료될 때까지 후견인으로서의 직무를 행한다. <개정 1999.9.7>

제14조 (무적아동의 취적)

입양기관의 장은 입양될 아동을 호적이 없는 상태에서 인수한 때에는 그 아동에 대한 취적절차를 거쳐 일가창립을 할 수 있다.

제15조 (입양알선이 곤란한 자등의 보호)

① 입양기관의 장은 다음 각호의 1에 해당하는 자가 있는 경우에는 시·도지사 또는 시장·군수·구청장에게 이를 보고하여야 한다.

1. 제4조제2호의 규정에 의하여 보호의뢰된 자로서 입양알선이 곤란한 자

2. 이 법에 의한 입양이 취소되거나 파양선고를 받은 자로서 그 보호자가 입

양기관에 보호를 요청한 자

② 시·도지사 또는 시장·군수·구청장은 제1항의 규정에 의한 보고를 받은 자에 대하여 아동복지법 제10조의 규정에 의한 보호조치를 지체없이 취하여야 한다.<개정 2000.1.12>

제16조 (국내에서의 국외입양)

외국인이 국내에서 제4조 각호의 1에 해당하는 자를 양자로 하고자 할 때에는 그 외국인은 후견인과 함께 양자로 될 자의 본적지 또는 주소지를 관할하는 가정법원에 보건복지부령이 정하는 바에 의하여 다음 각호의 서류를 갖추어 입양인가의 신청을 하여야 한다. <개정 1999.1.21>

1. 제7조제2항 각호의 서류
2. 양자로 될 자가 제4조제1호·제3호 또는 제4호에 해당하는 자인 경우에는 부양의무자를 확인하기 위한 공고사실이 있었음을 증명하는 서류

제17조 (외국에서의 국외입양)

① 외국인으로부터 입양알선을 의뢰받은 입양기관의 장이 입양알선을 하고자 할 때에는 제16조 각호의 서류를 갖추어 보건복지부장관에게 그 양자로 될 자의 해외이주에 관한 허가(이하 "해외이주허가"라 한다)를 신청하여야 한다. <개정 1997.12.13>

② 양자로 될 자가 해외이주허가를 받고 출국하여 그 국가의 국적을 취득하는 때에는 입양기관의 장은 보건복지부령이 정하는 바에 의하여 지체없이 이를 법무부장관에게 보고하고, 법무부장관은 직권으로 그의 대한민국 국적을 말소할 것을 본적지 관할 호적관서에 통지하여야 한다. <개정 1999.1.21>

③ 제1항의 규정에 의한 신청을 받은 보건복지부장관은 다음 각호의 1에 해당하는 경우에는 해외이주허가를 하지 아니할 수 있다. <개정 1997.12.13>

1. 양자로 될 자가 미아 기타 보건복지부령이 정하는 자인 경우
2. 입양기관의 장이 입양을 원하는 국가나 그 국가의 공인받은 입양기관과 입양업무에 관한 협약을 체결하지 아니한 경우
3. 입양을 원하는 국가가 대한민국과 전쟁상태 또는 적대상태에 있는 국가인 경우

제18조 (지도·감독 등)

① 보건복지부장관, 시·도지사 또는 시장·군수·구청장은 입양기관을 운영하는 자에 대하여 소관업무에 관하여 필요한 지도·감독을 하며, 필요한 경우 그 업무에 관하여 보고 또는 관계서류의 제출을 명하거나 소속공무원으로 하여

금 입양기관의 사무소 또는 시설에 출입하여 검사 또는 질문하게 할 수 있다.
② 제1항의 규정에 의하여 검사 또는 질문을 하는 관계공무원은 그 권한을 표시하는 증표를 지니고 이를 관계인에게 내보여야 한다. [전문개정 1999.1.21]

제19조 (허가의 취소 등)

① 보건복지부장관 또는 시·도지사는 입양기관이 다음 각호의 1에 해당하는 때에는 6월이내의 기간을 정하여 업무의 정지를 명하거나 제10조제1항의 규정에 의한 허가를 취소할 수 있다. <개정 1997.12.13>
  1. 제10조제5항의 규정에 의한 시설 및 종사자의 기준에 미달하게 된 때
  2. 제12조제1항의 규정에 위반하여 입양의뢰된 자의 권익을 해할 행위를 한 때
  3. 정당한 사유없이 제18조의 규정에 의한 보고를 하지 아니하거나 허위로 한 때 또는 조사를 거부·방해하거나 기피한 때
  4. 이 법 또는 이 법에 의한 명령에 위반한 때
② 제1항의 규정에 의한 행정처분의 세부적인 기준은 그 행정처분의 사유와 위반의 정도등을 감안하여 보건복지부령으로 정한다. <개정 1997.12.13>

제20조 (비용의 수납 및 보조)

① 제10조제1항의 규정에 의한 입양기관은 대통령령이 정하는 바에 의하여 양친이 될 자로부터 입양알선에 실제 소요되는 비용의 일부를 수납할 수 있다.
② 국가 및 지방자치단체는 양친이 될 자에게 제1항의 입양알선에 실제 소요되는 비용의 전부 또는 일부를 보조할 수 있다. [전문개정 2005.3.31]

제5장 입양아동 등에 대한 복지시책

제21조 (요보호아동의 발생예방)

국가 및 지방자치단체는 요보호아동의 발생예방에 관한 필요한 시책을 강구하여야 한다.

제22조 (사회복지서비스)

국가 및 지방자치단체는 입양기관의 알선을 받아 아동을 입양한 가정에 대하여 입양아동의 건전한 양육에 필요한 상담, 사회복지시설의 이용등의 사회복지서비스를 제공하여야 한다.

제23조 (양육보조금등의 지급)
① 국가 및 지방자치단체는 입양기관의 알선을 받아 입양된 장애아동등 입양아
동의 건전한 양육을 위하여 필요한 경우에는 대통령령이 정하는 범위안에서
양육수당·의료비 그 밖의 필요한 양육보조금을 지급할 수 있다. <개정
2004.3.5>
② 국가 및 지방자치단체는 입양기관의 운영비와 국민기초생활보장법에 의하여
지급되는 수급품외에 가정위탁보호비용을 보조할 수 있다. <개정 1999.1.21,
1999.9.7>
③ 제1항의 규정에 의한 양육보조금의 지급과 제2항의 규정에 의한 입양기관의
운영비 및 가정위탁보호비용의 보조에 관하여 필요한 사항은 대통령령으로
정한다. <개정 1999.1.21>

제6장 보칙

제24조 (청문)
보건복지부장관 또는 시·도지사는 제19조제1항의 규정에 의하여 허가를 취소
하고자 하는 경우에는 청문을 실시하여야 한다. [전문개정 1997.12.13]

제25조 (권한의 위임)
이 법에 의한 보건복지부장관 또는 시·도지사의 권한은 그 일부를 대통령령이
정하는 바에 의하여 시·도지사 또는 시장·군수·구청장에게 위임할 수 있다. <개
정 1997.12.13>

제26조 (민법과의 관계)
입양에 관하여 이 법에 특별히 규정되어 있는 사항을 제외하고는 민법이 정하
는 바에 의한다.

제7장 벌칙

제27조 (벌칙)
① 제10조제1항의 규정에 의한 허가를 받지 아니하고 입양알선업무를 행한 자
는 3년이하의 징역 또는 2천만원이하의 벌금에 처한다. <개정 1999.1.21>
② 제10조제2항 또는 제12조제3항의 규정에 위반한 자는 1년이하의 징역 또는

300만원이하의 벌금에 처한다.

제28조 (양벌규정)

법인의 대표자, 법인 또는 개인의·사용인 기타의 종사자가 그 법인 또는 개인의 업무에 관하여 제27조의 위반행위를 한 때에는 행위자를 벌하는 외에 그 법인 또는 개인에 대하여도 동조의 벌금형을 과한다.

부 칙 <제4913호, 1995.1.5>
① **(시행일)** 이 법은 공포후 1년이 경과한 날부터 시행한다.
② **(입양인가에 관한 경과조치)** 이 법 시행당시 법원에 계속중인 입양인가에 관하여는 종전의 규정에 의한다.
③ **(입양알선기관에 관한 경과조치)** 이 법 시행당시 종전의 고아입양특례법 및 종전의 규정에 의하여 허가 또는 지정받은 입양알선기관은 제10조의 규정에 의하여 허가받은 입양기관으로 본다.

부칙(행정절차법의시행에따른공인회계사법등의정비에관한법률) <제5453호, 1997.12.13>
제1조 **(시행일)** 이 법은 1998년 1월 1일부터 시행한다. <단서 생략>
제2조 **생략**

부칙(정부부처명칭등의변경에따른건축법등의정비에관한법률) <제5454호, 1997.12.13>
이 법은 1998년 1월 1일부터 시행한다. <단서 생략>

부칙 <제5670호, 1999.1.21>
① **(시행일)** 이 법은 공포후 3월이 경과한 날부터 시행한다.
② **(입양기관의 변경허가 신청에 관한 경과조치)** 이 법 시행전에 종전의 규정에 의하여 입양기관의 변경허가에 관한 서류를 제출한 자는 제10조제2항의 개정규정에 의하여 변경신고를 한 것으로 본다.
③ **(입양업무에 관한 협약체결의 승인에 관한 경과조치)** 이 법 시행전에 종전의 규정에 의하여 입양업무에 관한 협약체결의 승인을 신청한 자는 제10조제4항의 개정규정에 의하여 동 협약의 체결에 관한 보고를 한 것으로 본다.
④ **(벌칙에 관한 경과조치)** 이 법 시행전의 행위에 대한 벌칙의 적용에 있어

서는 종전의 규정에 의한다.

부칙(국민기초생활보장법) <제6024호, 1999.9.7>
제1조 (시행일) 이 법은 2000년 10월 1일부터 시행한다. 다만, 제5조제1항의
　　　규정은 2003년 1월 1일부터 시행한다.
제2조 생략
제3조 (다른 법률의 개정) ① 생략
② 입양촉진및절차에관한특례법중 다음과 같이 개정한다.
제4조제1호중 "생활보호법에 의한 보호시설(이하 "보호시설"이라 한다)"을 "국
민기초생활보장법에 의한 보장시설(이하 "보장시설"이라 한다)"로 하고,
제4조제2호 내지 제4호 및 제13조중 "보호시설"을 각각 "보장시설"로 하며, 제
23조제2항중 "생활보호법에 의하여 지급되는 보호금품"을 "국민기초생활보장법에
의하여 지급되는 수급품"으로 한다.
③ 내지 ⑩생략
제4조 내지 제13조 생략

부칙(아동복지법) <제6151호, 2000.1.12>
제1조 (시행일) 이 법은 공포후 6월이 경과한 날부터 시행한다.
제2조 생략
제3조 (다른 법률의 개정) ① 생략
② 입양촉진및절차에관한특례법중 다음과 같이 개정한다.
제2조제2호중 "요보호아동"을 "보호를 필요로 하는 아동"으로, "아동복지법 제
2조제3호"를 "아동복지법 제2조제2호"로 하고, 제15조제2항중 "아동복지법 제11
조의 규정에 의한 보호조치 또는 제12조의 규정에 의한 시설보호조치"를 "아동복
지법 제10조의 규정에 의한 보호조치"로 한다.
제4조 생략

부칙 <제7183호, 2004.3.5>
이 법은 공포후 6월이 경과한 날부터 시행한다.

부칙 <제7448호, 2005.3.31>
이 법은 공포 후 6월이 경과한 날부터 시행한다.

입양촉진및절차에관한특례법시행령
[일부개정 2004.9.6 대통령령 제18535호]

제1조 (목적)
이 영은 입양촉진및절차에관한특례법에서 위임된 사항과 그 시행에 관하여 필요한 사항을 규정함을 목적으로 한다.

제2조 (조사·확인기관)
입양촉진및절차에관한특례법(이하 "법"이라 한다) 제7조제3항에서 "대통령령이 정하는 기관"이라 함은 다음 각호의 1에 해당하는 기관을 말한다.
1. 양자로 될 자의 자격에 관한 확인기관 : 양자로 될 자의 거주지를 관할하는 시장·군수·구청장(자치구의 구청장을 말한다. 이하 같다)
2. 양친이 될 자의 가정상황에 관한 조사기관
   가. 양친이 될 자의 거주지를 관할하는 시장·군수·구청장
   나. 법 제10조제1항의 규정에 의한 입양기관(이하 "입양기관"이라 한다)의 장
   다. 아동복지법 제8조제1항의 규정에 의하여 설치된 아동상담소의 장
[전문개정 1999.4.19]

제3조 삭제 <1999.4.19>

제4조 (입양기관의 변경신고 <개정 1999.4.19>)
법 제10조제2항의 규정에 의하여 입양기관의 장이 허가받은 사항중 변경신고를 하여야 하는 중요한 사항은 다음 각호와 같다. <개정 1999.4.19>
1. 입양기관의 명칭
2. 입양기관의 소재지
3. 입양기관의 업무폐지 또는 휴지

제5조 (입양에 관한 협약체결)
법 제10조제4항의 규정에 의하여 입양기관의 장이 입양을 원하는 국가등과 입양업무에 관한 협약(이하 "입양협약"이라 한다)을 체결하는 경우에는 입양협약에 다음 각호의 사항을 포함하여야 한다.

1. 양친이 될 자의 가정조사
2. 아동 인수절차 및 국적정리
3. 양자와 양친간의 적응상태조사·양육지도등 사후관리
4. 제1호 내지 제3호의 업무를 수행할 수 있는 충분한 수의 아동복지전문가의 확보에 관한 사항
5. 입양협약의 해지에 관한 사항

제6조 (모국방문사업등)
법 제12조제6항에서 "모국방문사업등 대통령령이 정하는 사업"이라 함은 다음 각호의 사업을 말한다. <개정 1999.4.19>
1. 모국방문사업
2. 모국어연수사업
3. 모국에 관한 자료지원사업
4. 기타 보건복지부장관이 필요하다고 인정하는 입양아동의 사후관리사업

제7조 삭제 <1999.4.19>

제8조 (입양알선비용)
입양기관이 법 제20조의 규정에 의하여 양친이 될 자로부터 수납할 수 있는 입양알선비용은 다음 각호의 비용을 합산한 금액으로서 보건복지부장관이 인정하는 금액이내로 한다.
1. 입양알선에 소요되는 인건비
2. 아동양육비
3. 입양알선절차에 소요되는 비용
4. 입양기관의 운영비 및 홍보비

제9조 (양육보조금의 지급)
① 법 제23조제1항에서 "장애아동등 입양아동"이라 함은 다음 각호의 아동을 말한다. <개정 2004.9.6>
   1. 장애인복지법 제2조의 규정에 의한 장애인에 해당하는 아동
   2. 분만시 조산·체중미달·분만장애·유전등으로 인한 질환을 앓고 있는 아동
   3. 기타 생활이 어려운 입양가정으로서 보건복지부장관이 양육지원이 필요하다고 인정하는 가정에 입양된 아동
② 법 제23조제1항의 규정에 의하여 장애아동등 입양아동을 양육하는 가정에 지급되는 양육보조금의 범위는 다음 각호와 같다. <개정 2004.9.6>

1. 입양된 장애아동등을 양육하는 가정에 정기적으로 지급하는 수당(이하 "양육수당"이라 한다)
2. 의료비
3. 그 밖의 필요한 양육보조금으로서 보건복지부장관이 정하여 고시하는 비용

③ 제2항제2호의 규정에 의한 의료비는 다음 각호의 비용중 당해 입양아동의 진료·상담·재활 및 치료에 소요되는 비용을 말한다. <개정 2004.9.6>

1. 의료급여법 제7조제1항 및 제12조의 규정에 의한 의료급여 또는 요양비에 대한 본인부담금
2. 국민건강보험법 제39조제1항 및 제44조의 규정에 의한 요양급여 또는 요양비에 대한 본인부담금
3. 사회복지사업법·장애인복지법·정신보건법 등 다른 법령에 의하여 제공되는 진료·상담·재활 및 치료에 소요되는 비용중 본인부담금

제10조 (양육보조금의 지급절차 등)

① 법 제23조제3항의 규정에 의하여 양육보조금을 지급받고자 하는 자는 지급신청서에 보건복지부령이 정하는 서류를 첨부하여 시장·군수·구청장에게 제출하여야 한다.

② 제1항의 규정에 의하여 지급신청을 받은 시장·군수·구청장은 필요하다고 인정하는 경우에는 관계공무원으로 하여금 입양아동의 장애·질환상태등을 조사하게 할 수 있다.

③ 제2항의 규정에 의하여 조사를 하는 공무원은 그 권한을 표시하는 증표를 지니고 이를 관계인에게 보여야 한다.

④ 양육수당은 이를 지급하기로 결정한 달의 다음 달부터 지급하고, 의료비 그 밖의 필요한 양육보조금은 지급하기로 결정된 날부터 3월이내에 지급한다. <개정 2004.9.6>

제11조 (비용의 부담)

① 법 제23조제3항의 규정에 의한 양육보조금은 국가와 지방자치단체가 부담하되 그 부담 비율은 보조금의예산및관리에관한법률시행령 제4조의 규정에 의한다.

② 국가와 지방자치단체는 법 제23조제3항의 규정에 의하여 입양기관의 운영에 필요한 비용을 매년 예산의 범위안에서 보조할 수 있다.

제12조 (가정위탁보호)

① 국민기초생활보장법 제32조의 규정에 의한 보장시설의 장 또는 입양기관의

장이 당해 보장시설 또는 입양기관에 보호의뢰된 법 제4조 각호의 1에 해당하는 입양대상아동을 타인의 가정에 위탁하여 보호하는 경우에는 국민기초생활보장법 제21조의 규정에 의하여 시장·군수·구청장에게 당해 아동에 대한 급여를 신청할 수 있다. <개정 1999.4.19, 2004.9.6>

② 제1항의 급여신청을 받은 시장·군수·구청장이 당해 아동에 대하여 급여의 결정을 한 경우에는 국민기초생활보장법 제9조의 규정에 의하여 수급품을 위탁받은 가정에 지급한다. <개정 2004.9.6>

제13조 삭제 <1997·12·31>

부칙 <제14782호, 1995.10.16>

① (시행일) 이 영은 1996년 1월 6일부터 시행한다.

② (입양협약에 관한 경과조치) 이 영 시행당시 입양기관이 입양을 원하는 국가나 그 국가의 공인받은 입양기관과 체결한 입양협약은 제5조 각호의 사항이 포함된 입양협약으로 본다.

부칙(행정절차법의시행에따른관세법시행령등의개정령) <제15598호, 1997. 12.31>

이 영은 1998년 1월 1일부터 시행한다.

부칙 <제16252호, 1999.4.19>

이 영은 1999년 4월 22일부터 시행한다.

부칙 <제18535호, 2004.9.6>

① (시행일) 이 영은 2004년 9월 6일부터 시행한다.

② (의료비에 관한 적용례) 제9조제3항의 개정규정에 따른 의료비의 지급은 이 영 시행후 최초로 실시하는 진료·상담·재활 및 치료에 대한 비용분부터 적용한다.

입양촉진및절차에관한특례법시행규칙
[일부개정 2005.6.8 보건복지부령 317호]

제1조 (목적)
이 규칙은 입양촉진및절차에관한특례법 및 동법시행령에서 위임된 사항과 그 시행에 관하여 필요한 사항을 규정함을 목적으로 한다.

제2조 (기타 양친될 자의 자격요건)
입양촉진및절차에관한특례법(이하 "법"이라 한다) 제5조제1항제5호의 규정에 의하여 양친이 될 자가 갖추어야 하는 요건은 다음 각호와 같다. 다만, 입양촉진및절차에관한특례법시행령(이하 "영"이라 한다) 제2조제2호 각목의 1에 해당하는 자(이하 "가정조사기관"이라 한다)가 양친이 될 자의 가정환경이 양자를 건전하게 양육하기에 특별히 적합하다고 인정하는 경우에는 그러하지 아니하다. <개정 1999.5.19>
  1. 25세이상으로서 양자될 자와의 연령차이가 50세미만일 것. 다만, 양친이 될 자가 대한민국 국민이 아닌 경우에는 25세이상 45세미만이어야 한다.
  2. 자녀가 없거나 자녀의 수가 입양아동을 포함하여 5명이내일 것
  3. 혼인중일 것

제3조 (입양의 동의)
① 법 제6조제1항 본문 및 동조제2항의 규정에 의한 입양의 동의는 별지 제1호서식에 의한 입양동의서에 의한다.
② 제1항의 규정에 의한 동의서에는 부모·직계존속 또는 후견인임을 증명하는 서류를 첨부하여야 한다. <개정 1999.5.19>

제4조 (양자될 자의 자격증명)
법 제7조제2항제1호의 규정에 의한 양자로 될 자임을 증명하는 서류는 국민기초생활보장법 제32조의 규정에 의한 보장시설(이하 "보장시설"이라 한다)의 장 또는 법 제10조제1항의 규정에 의한 입양기관(이하 "입양기관"이라 한다)의 장이 별지 제2호서식에 의하여 작성하되, 영 제2조제1호의 규정에 의한 양자로 될 자의 자격에 관한 확인기관에 이를 제출하여 확인을 받아야 한다. <개정 2004.9.6>
[전문개정 1999.5.19]

제5조 (양친될 자의 가정조사)

① 양친이 될 자는 법 제7조제2항제2호의 규정에 의한 가정상황에 관한 서류를 발급받고자 할 때에는 별지 제3호서식에 의한 양친가정조사신청서를 가정조사기관에 제출하여야 한다. 다만, 법 제17조제1항의 규정에 의한 국외입양에 있어서는 입양을 원하는 국가 또는 그 국가의 공인받은 입양기관(이하 "외국입양기관"이라 한다)이 국내의 입양기관에 입양의 알선을 의뢰한 것으로서 양친가정조사신청서에 갈음한다.<개정 1999.5.19>

② 가정조사기관은 제1항의 규정에 의한 신청서를 받은 때에는 담당직원으로 하여금 별지 제4호서식에 의한 양친가정조사서에 따라 가정조사를 실시하게 하여 입양 적격여부를 결정하고 적격자로 결정된 자에 대하여는 양친가정조사서를 그 신청인에게 발급하여야한다. 다만, 제1항 단서의 경우에는 입양을 원하는 국가 또는 외국입양기관이 행한 가정조사서로서 양친가정조사서에 갈음한다.

③ 제2항의 규정에 의한 양친가정조사는 직장·이웃·가정등을 2회이상 직접 방문하여 실시하되 적어도 1회이상은 미리 알리지 아니하고 방문조사하여야 한다.

제6조 (양자될 자의 인도와 보고)

① 법 제7조의 규정에 의한 입양신고, 법 제16조의 규정에 의한 입양인가 또는 법 제17조의 규정에 의한 해외이주허가가 있은 때에는 그 양자로 될 자에게 급여를 행하고 있는 보장시설의 장 또는 입양기관의 장은 양자로 될 자와 그에 관한 기록 및 소유물품을 즉시 양친될 자에게 인도하여야 한다. <개정 2004.9.6>

② 제1항의 규정에 의하여 양자로 될 자를 인도한 보장시설의 장 또는 입양기관의 장은 지체없이 그 소재지를 관할하는 시장·군수·구청장(자치구의 구청장을 말한다. 이하 같다)에게 아동인도보고를 하여야 한다. 법 제13조의 규정에 의하여 보장시설의 장이 입양기관의 장에게 입양될 자를 인도한 때에도 또한 같다. <개정 1999.5.19, 2004.9.6>

제7조 (입양기관의 허가 등)

① 법 제10조제1항의 규정에 의하여 입양기관의 허가를 받고자 하는 자는 별지 제5호서식에 의한 입양기관허가신청서에 다음 각호의 서류를 첨부하여 특별시장·광역시장·도지사(이하 "시·도지사"라 한다)를 거쳐 보건복지부장관에게 제출하여야 한다. 다만,「전자정부구현을 위한 행정업무 등의 전자화 촉진에 관한 법률」제21조제1항의 규정에 따른 행정정보의 공동이용을 통하

여 첨부서류에 대한 정보를 확인할 수 있는 경우에는 그 확인으로 첨부서류에 갈음할 수 있다. <개정 2005.6.8>
1. 법인의 정관 및 등기부등본
2. 입양기관의 설치의결서
3. 입양기관의 평면도(시설의 구조별 면적을 표시하여야 한다)
4. 종사하는 직원명단과 자격증사본(종사자별 업무내용등에 관한 설명을 포함하여야 한다)
5. 입양알선비용의 수납계획서
6. 사업계획서 및 수지예산서
7. 재산목록(토지·건물등에 관한 소유 또는 사용할 수 있는 권리를 증명할 수 있는 서류를 첨부하여야 한다)
8. 재산의 평가조서 및 재산의 수익조서
② 입양기관의 허가관청과 사회복지사업법에 의한 사회복지법인의 허가관청이 같은 경우에는 제1항제1호·제7호 및 제8호의 서류를 제출하지 아니한다.
③ 제1항의 규정에 의한 경유기관이 입양기관허가신청서를 받은 때에는 신청내용에 대한 검토의견을 기재하여 허가관청에 송부하여야 한다.
④ 보건복지부장관 또는 시·도지사는 법 제10조제1항의 규정에 의하여 입양기관을 허가한 때에는 지체없이 별지 제6호서식에 의한 입양기관허가증을 신청인에게 교부하여야 한다.

제8조 (입양기관의 변경신고 등 <개정 1999.5.19>)
① 법 제10조제2항 및 영 제4조의 규정에 의하여 입양기관의 장이 허가받은 사항을 변경하고자 할 때에는 별지 제7호서식에 의한 입양기관변경신고서에 다음 각호의 서류를 첨부하여 제7조제1항의 규정에 의한 경유기관에 제출하여야 한다. <개정 1999.5.19>
1. 허가증
2. 변경사유서
3. 사후처리계획서(업무의 폐지 또는 휴지의 경우에 한한다)
② 보건복지부장관 또는 시·도지사는 법 제10조제2항의 규정에 의하여 입양기관의 허가사항에 대한 변경신고를 받은 경우에는 허가증에 그 변경사항을 기재하여 교부하여야 한다. <개정 1999.5.19>

제9조 (입양협약체결보고 <개정 1999.5.19>)
입양기관이 법 제10조제4항의 규정에 의하여 입양업무에 관한 협약을 체결한 때에는 보고서에 다음 각호의 서류를 첨부하여 협약을 체결한 날부터 1월이내에 보건복지부장관에게 보고하여야 한다. <개정 1999.5.19>

1. 입양협약서
2. 외국입양기관이 본국정부로부터 공인받은 서류 사본
3. 외국입양기관의 시설 및 종사자현황에 관한 서류
4. 외국입양기관의 당해연도 사업계획서 및 전년도 사업실적서
5. 입양아동의 사후관리계획서
6. 제2호 내지 제5호의 서류에 대한 공증서류

제10조 (입양기관의 시설기준)
법 제10조제5항의 규정에 의하여 입양기관이 갖추어야 할 시설기준은 아동복지법시행령 제2조제2호의 영아시설 또는 제3호의 육아시설의 시설기준에 의하되, 상담실은 이를 반드시 갖추어야 한다.

제11조 (입양기관의 종사자기준)
법 제10조제5항의 규정에 의한 입양기관의 종사자기준은 별표 1과 같다.

제12조 삭제 <1999.5.19>

제13조 (입양아동의 사후관리)
① 법 제12조제5항의 규정에서 "보건복지부령이 정하는 사후관리"라 함은 다음 각호의 사업을 말한다.
　　1. 양친과 양자의 상호적응상태에 관한 관찰 및 필요한 서비스의 제공
　　2. 입양가정에서의 아동양육에 필요한 정보의 제공
　　3. 입양기관에서의 입양가정이 수시로 상담할 수 있는 창구의 개설 및 상담
　　　 요원의 배치
② 입양기관은 제1항의 규정에 의한 사후관리를 위하여 입양아동 및 양친된 자에 관한 입양관계서류로서 보건복지부장관이 정하는 서류를 영구적으로 보존하여야 한다.

제14조 (입양인가의 신청)
법 제16조의 규정에 의하여 입양인가를 신청하고자 하는 자는 별지 제9호서식에 의한 입양인가신청서에 다음 각호의 서류를 첨부하여 가정법원에 제출하여야 한다.
　　1. 양자로 될 자의 호적등본
　　2. 별지 제1호서식에 의한 입양동의서
　　3. 별지 제2호서식에 의한 입양대상아동확인서

4. 별지 제4호서식에 의한 양친가정조사서
5. 본국법에 의하여 양친될 자격이 있음을 증명하는 서류
6. 별지 제10호서식에 의한 양친될 자의 입양서약서 및 재정보증서(본국 정부로부터 공인받은 자가 공증한 것을 말한다)
7. 삭제 <1999.5.19>

제15조 (해외이주허가 신청)

① 입양기관의 장은 법 제17조제1항의 규정에 의하여 양자로 될 자의 해외이주허가를 신청하고자 할 때에는 별지 제12호서식에 의한 해외이주허가신청서에 제14조제2호 내지 제6호의 서류를 첨부하여 보건복지부장관에게 제출하여야 한다. 다만, 법 제16조의 규정에 의하여 국내에서 국외입양인가를 받은 외국인의 경우에는 가정법원의 입양인가결정의 내용이 등재된 호적등본만 첨부하여 제출할 수 있다. <개정 1999.5.19>
② 보건복지부장관은 제1항의 규정에 의한 신청을 받아 해외이주허가를 한 때에는 그 사실을 별지 제13호서식에 의한 해외이주허가서에 의하여 신청인과 외무부장관에게 각각 통지하여야 한다.

제16조 (국적취득보고)

입양기관의 장은 법 제17조제2항의 규정에 의하여 국외로 입양된 자가 그 국가의 국적을 취득한 때에는 별지 제14호서식에 의한 국적취득보고서에 국적취득사실을 증명하는 서류를 첨부하여 국적취득의 사실을 안 날부터 1월이내에 법무부장관에게 보고하여야 한다. <개정 1999.5.19>

제17조 (해외이주허가의 제한)

법 제17조제3항제1호의 규정에 의하여 양자로 될 자의 해외이주허가를 하지 아니하는 자는 미아와 친권자가 확인되지 아니한 요보호아동으로서 보장시설 또는 입양기관에 입소된 날부터 6월이내인 기아로 한다. <개정 2004.9.6>

제18조 (행정처분기준)

① 법 제19조제2항의 규정에 의한 입양기관에 대한 행정처분기준은 별표 2와 같다.
② 허가관청이 제1항의 규정에 의하여 행정처분을 한 때에는 별지 제15호서식에 의한 행정처분기록대장에 그 처분내용을 기록・유지하여야 한다.

제19조 (양육보조금의 신청 및 지급)

① 영 제10조의 규정에 의하여 양육보조금을 지급받고자 하는 자는 별지 제16
   호서식에 의한 양육보조금지급신청서에 다음 각호의 서류를 첨부하여 거주
   지를 관할하는 시장·군수·구청장에게 제출하여야 한다. <개정 2004.9.6>
   1. 입양아동이 영 제9조제1항 각호의 1에 해당하는 장애아동등임을 증명하
      는 서류(양육수당의 경우에 한한다)
   2. 입양아동의 진료·상담·재활 및 치료비 영수증(의료비의 경우에 한한다)
   3. 영 제9조제2항제3호의 양육보조금을 지급받기 위하여 필요한 증명서류
      또는 영수증(그 밖의 필요한 양육보조금의 경우에 한한다)
② 제1항의 규정에 의한 양육보조금의 지급신청을 받은 시장·군수·구청장은
   그 지급여부를 결정하여 신청받은 날부터 15일이내에 그 내용을 신청인에
   게 통지하여야 한다.

부칙 <제15호, 1996.1.6>
이 규칙은 1996년 1월 6일부터 시행한다.

부칙 <제109호, 1999.5.19>
이 규칙은 공포한 날부터 시행한다.

부칙 <제296호, 2004.9.6>
① (시행일) 이 규칙은 2004년 9월 6일부터 시행한다.
② (양육보조금 신청서류에 관한 적용례) 제19조제1항제2호의 개정규정은
   이 규칙 시행후 양육아동에 대한 진료·상담·재활 및 치료를 한 자부터 적
   용한다.

**부칙(전자적 민원처리를 위한 「공중위생관리법 시행규칙」등 일부개정
령) <제317호, 2005.6.8>**
① (시행일) 이 규칙은 공포한 날부터 시행한다.
② (서식에 관한 경과조치) 이 규칙 시행당시 종전의 규정에 의하여 작성되
   어 사용중인 서식은 계속하여 사용하되, 이 규칙에 의한 개정내용을 반영하
   여 사용하여야 한다.

저자 권지성

충남대학교 경영학과 졸업
서울대학교 대학원 사회복지학과 졸업
서울대학교 대학원 사회복지학 박사

[현재] 침례신학대학교 사회복지학과 전임강사

[저서]
사회복지척도집(나눔의집 출판사, 공편)
사회복지와 탄력성(나눔의집 출판사, 공역)
질적 연구방법론(학지사, 공역)

[논문]
공개입양가족의 적응과정에 관한 연구 (박사학위논문)
공개입양가족의 적응과정에 대한 문화기술지
종합사회복지관 초임 사회복지사의 직업경험에 대한 현실기반이론적 접근
사회복지조직에서 팀제 조직구조 적용에 대한 사례연구: B종합사회복지관을 중
심으로 등

공개입양가족의 적응

초판 인쇄 | 2005년 12월 10일
초판 발행 | 2005년 12월 20일
지은이 | 권지성
발행인 | 박정희
발행처 | 도서출판 나눔의집
주   소 | (156-713)서울시 동작구 신대방2동 395-69 아카데미타워 3004호
전   화 | 02-835-7845
팩   스 | 02-847-7846
이메일 | nanum@ncbook.co.kr

가   격 | 13,000원
ISBN   89-5810-067-2 (93330)

• 파본은 구입하신 곳이나 당사에서 교환해 드립니다.